【新装版】

京都の歴史を足元からさぐる

洛北・上京・山科の巻

森浩一――著

学生社

ぼくが大学生のときに古代学を提唱しだした。
そのころ父の於菟《おと》次郎《じろう》がぼくの編集していた雑誌の表紙に書いてくれた。
自由奔放な姿は今のぼくの理想である。

新装版　再刊に寄せて

同志社女子大学名誉教授　森　淑子

夫・森浩一が七十歳代の半ばから八十歳代にかけて取り組んだ『京都の歴史を足元からさぐる』シリーズが新装版として再刊されることになり、大変うれしく思います。

夫は人工透析の治療を受けるようになって、それまでのように遠方まで赴くことが難しくなりました。かつて訪ねた地であっても、文章に書く以上は、現状を自分の眼で確かめたい。それができるのは京都だ、ということで、長年住んでいながらあまり文章に書いてこなかった京都を対象に選んだのです。

夫が体調を崩したころ、私は大学の教員を定年退職しました。専門は全く違う分野で、在職中は「あなたはあなた、私は私」という夫婦でした。新婚旅行と中国への団体旅行しか一緒に旅したことはありませんでしたが、夫が京都の調査に私を誘ったのは、自分の仕事を見せたい気持ちもあったのでしょう。夫の解説を聞きながら遺跡や社寺を巡るのは、歴史に疎い私にも面白い体験でした。

嵯峨野の落柿舎では、松尾芭蕉が滞在した四畳半の部屋を訪ねて夫が俳句を詠みました（「嵯峨・嵐山・花園・松尾の巻」所収）。親しかった作家の金達寿さんに「俳句を作るな」と言われていたそうですが、「自分の本だから芭蕉の句と並べて書ける」と愉快そうでした。上醍醐を訪れた折は、弱った脚が山道で音を上げて、教え子の鋤柄俊夫さんと地元の方に両脇から支えられ下山しました。「疲れたけど、今日は行けて良かった」と喜んでいたのを思い出します。

目的地に着いて車を降りると、「この空気を昔の人も吸ったんだ」と感激する。そんなロマンチックな一面が夫にあることに気付きました。地元の資料館など行ける範囲はとにかく回る熱心さも。「洛北・上京・山科の巻」の「はじめに」にも書いていますが、執筆中に二階の書斎から降りてきて「こんなことが分かった、七十歳まで生きてきてよかった」と、とてもうれしそうに話していたのも忘れられません。

これも「丹後・丹波・乙訓の巻」の「はじめに」にありますが、偶然乗ったタクシーの運転手さんに「京都の本、次はいつ出ますか」と尋ねられ、とても喜んでいました。若い研究者からも「そこかしこに考えさせる材料がちりばめられている」との感想をいただきました。今回は軽装となるので、いろいろな方にご活用いただけるよう願っています。再刊を一番喜んでいるのは浩一だと思います。ご尽力くださった皆さまに心より感謝を申し上げます。

はじめに

ふと振返ると『京都の歴史を足元からさぐる』の執筆をおもいたち、書き始めたのは二〇〇六年の暮ごろだった。一冊めの［洛東の巻］は試行錯誤を重ねながらの執筆だったから、リズムというかテンポが快調というほどではなかった。しかし一冊めに何を捨ててしまうか、何に重点をおくべきかの自分なりの基準（見当というべきか）ができたので、二冊めは予定より早く執筆を終えることができた。

手前味噌になるけれども、今回この本の校正をしていて読み返すと、ある程度のテンポを保ちつづけられたように自分では感じた。

ぼくはあと数カ月で満八〇歳になる。高齢というだけでなく、この歳になると健康そうに見えても、いつ頭脳の働きが鈍りだすかも知れない。予定ではこのシリーズは六冊で完成するのだから、少なくともあと三年間は頭脳も健全でありつづけなければならない。もちろん健康の維持には努めるけれども、かなり運まかせになる。運まかせとはいいえ、それを切り拓くのは自分の努力であることはよくわかっている。それとあまり言いたくはないことだが、五年来ぼくは定期的に病院通いを余儀なくされていて、それにかなりの時間がとられている。

最近では病院のベッドのうえでの時間（読書はしにくい）をそれなりに活用することをおぼえた。というのは頭のなかに貯えておいた執筆のための素材を整理したり、書く順序を考えるなど構想を練りあげるときにあてている。これができるようになってから、多少は病院通いもつらくなくなった。

とはいえぼくに充分な時間があるわけではない。それとこのシリーズ六冊の完成が目標であって、面白いからとか、調べることがいくらもあるからといって、特定の場所や事柄に時間を割きすぎることはしたくない。

その意味で寺社などのある場所や事柄についての論文や本の多い場合は、そのすべてに目を通すことは必要ではあるが実行できない場合が生まれてくる。実状をいえば折にふれて著者から送られた論文の抜刷《ぬきずり》や書物を中心にした利用になる。それと目についたとき、いつかいるだろうと思って求めておいた資料や本が役立つ。

今回は、洛北、上京、山科にわたる京都市域の東寄りの帯状の土地を、北から南へと書いてみた。書いていて気づいたことは、さすがに京都の歴史だけのことはあって、懐《ふところ》が深いということである。懐のなかからは知らないことが、つぎつぎにでてくる。

関東や東北との関係が急にあらわれたり、東シナ海の五島を介して中国の江南や長安との関係に引きこまれたり、じつにあわただしかった。京都は東アジアのなかにあるということをあらためて痛感した。

若いころから地域史の重要性を提唱して実践してきたことと、〝考古学は地域に勇気をあたえる〟を自分や考古学界の目標にしてきたことが、今度は京都という土地と歴史の実例を通して、かなり抉《えぐ》りだせたとおもっている。

それより今回の執筆を通して、すでに高齢者といってよい自分が、いままで知らなかったことの多さに驚くとともに、それに気づいたこと（ぼくにとっては〝発見〟）を楽しんでいる。大袈裟にいえば、日々〝発見〟の連続である。

齢をとると〝発見〟の楽しさを感じることに鈍くなる、とある本で読んだことはあるが、それは大嘘であり、つい執筆の手をやすめて、書斎から段階を下りて居間にいる妻にその〝発見〟を早く伝えたくなる。

読者もぼくが味わった〝発見〟の楽しさを共感してもらえるならば嬉しいことである。とにかくここでいう〝発見〟は、古典や研究書を読み現地を訪れることによって身につけることができるのである。

いま、ぼくは東福寺の境内を見下ろす書斎でこれを書いている。机は以前に友人の河内の大工に作ってもらった。長さ二・五メートル、厚さ五センチの一枚板の机で、机の両端は資料や原稿用紙が山積になっている。座っている右側は本の山、左側も本の山で、ぼくは埋もれそうになっている。

この本の山はときどき片付けて小さくなりはするが、二、三日もたつとまた高い山になる。これからもこの状態は続くだろう。なおこの部屋には冷暖房の装置はつけていない。冷暖房をいれると頭の動きが鈍る。以上のことを書きそえて「はしがき」を終えることにする。

森　浩　一

二〇〇八年二月十五日

京都の歴史を足元からさぐる［洛北・上京・山科の巻］――目次

第2章　洛北、岩倉盆地の周辺をさぐる——小野郷と栗栖野郷のほとり——

第3章　上賀茂神社から下鴨神社へ

第4章　出雲郷や花の御所――御霊神社から相国寺のあたりへ――

第5章　山科盆地とその周辺——山科陵から醍醐寺周辺へ——

［編集部注　新装版にあたって初版の口絵を割愛した。］

第1章　賀茂川と高野川の上流へ

——鞍馬・貴船・大原の里——

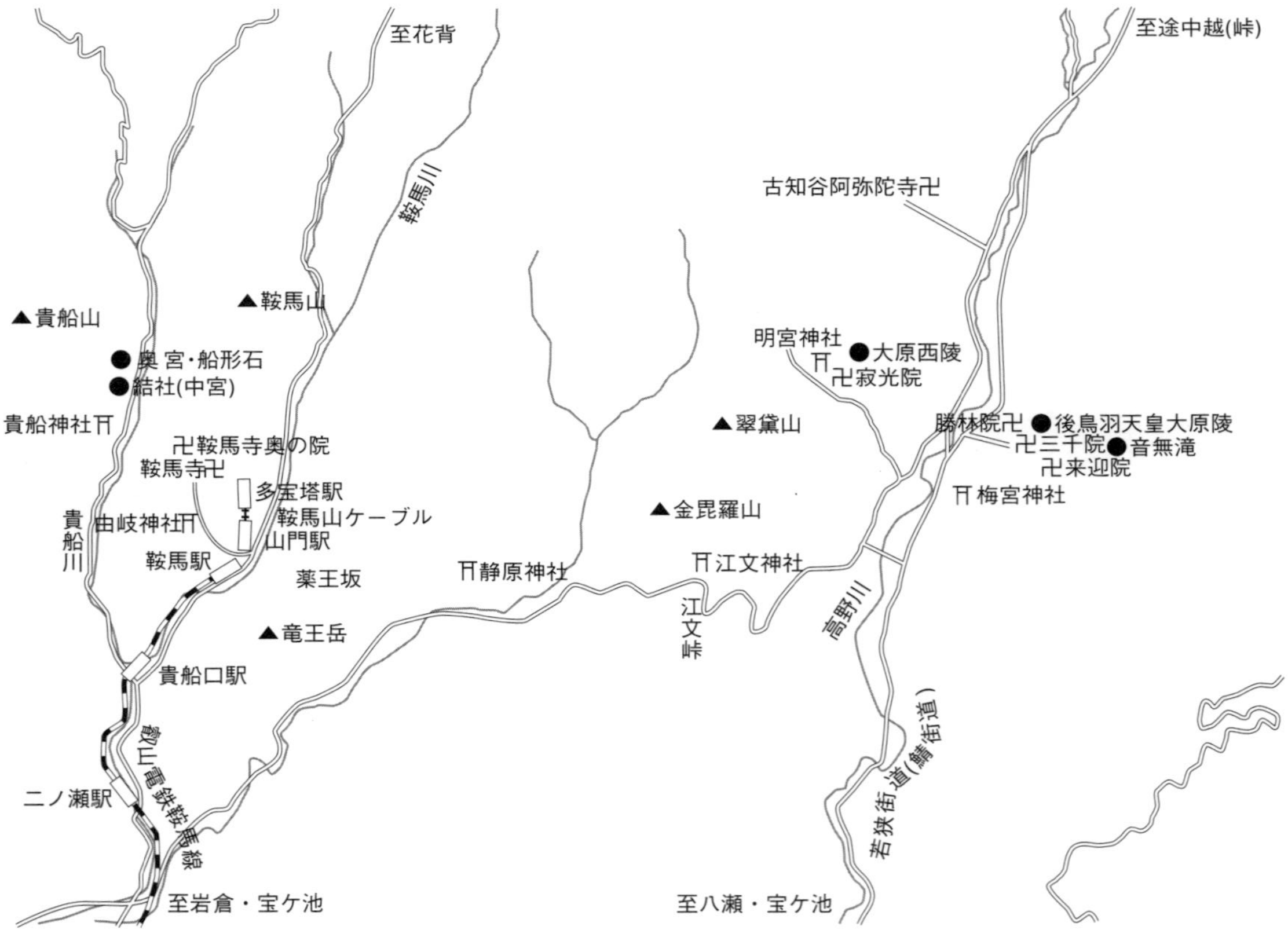

至花背
至途中越(峠)
鞍馬川
古知谷阿弥陀寺卍
▲鞍馬山
▲貴船山
●奥宮・船形石
●結社(中宮)
貴船神社⛩
明宮神社
●大原西陵
⛩
卍寂光院
▲翠黛山
勝林院卍
●後鳥羽天皇大原陵
卍三千院
●音無滝
卍来迎院
卍鞍馬寺奥の院
鞍馬寺卍
多宝塔駅
⛩梅宮神社
鞍馬山ケーブル
山門駅
貴船川
由岐神社⛩
▲金毘羅山
鞍馬駅
薬王坂
⛩静原神社
⛩江文神社
江文峠
高野川
▲竜王岳
貴船口駅
叡山電鉄鞍馬線
若狭街道(鯖街道)
二ノ瀬駅
至岩倉・宝ケ池
至八瀬・宝ケ池

二冊めを愛宕郡《おたぎぐん》の北部から書こうとしている。この郡は南北に広く、その北部は丹波国桑田郡と接している。

丹波の桑田郡に接する地

鞍馬から若狭街道を通って花背峠《はなせとうげ》をこえた広河原《ひろがわら》や花背も、現在は京都市左京区に含まれている。花背には、第六巻で述べるように室町時代に建てられた懸崖造《けんがいづくり》の本堂のある峰定寺《ぶじょうじ》もあるが、花背は一七世紀中ごろまでは丹波国桑田郡《くわたのこほり》だったし、広河原は昭和三二年になって京都市左京区に編入されるまでは桑田郡だった。桑田郡にはこれもすでに述べた（前著、洛東の巻17章）山国《やまぐに》隊発祥の地である山国荘があった。

桑田郡は古くから開けた地だった。山背国《やましろ》とも関係の深い男大迹王《おほどのおう》、つまり継体天皇の越《こし》からの南下事件に関連して語られている倭彦王《やまとひこのおう》は、丹波国桑田郡で見出された。武烈天皇の死後に天皇候補として第一に選び出されたのが丹波にいた倭彦王だった。だが倭彦王はヤマトからの迎えの兵士を見て怖れて山に逃げてしまい、二番めの候補者となったのが男大迹王《おほどのおう》だった（『日本書紀』）。

倭彦王のいた桑田とは亀岡付近とするのが一般的な考えだが、ことによると賀茂川の上流伝いに丹波へ入ると桑田に至るという道筋についての知識があって生まれた伝承であろう。

愛宕郡北部とは鴨川の上流地域であり、すでに述べたように下鴨神社（賀茂御祖《かもみおや》神社）のすぐ南で、賀茂川と高野川が合流してからの下流を現在では鴨川と書きわけている。ただし賀茂川と鴨川をこのように書きわけるのは現代のことで、昔は当《あ》てる漢字にはきまりはなかった。

これらの二川の合流個所は水の祭祀のうえでは重要で、『延喜式』の神名帳には、愛宕郡の二十一座のなかには賀茂御祖神社とは別に鴨川合坐《かものかわあいにいます》小社宅《おこそべ》神社がある。河合《かわい》神社は今日では下鴨神社の摂社になっているが、鴨の川合《かわあい》にある「小社宅《おこそべ》」神社という名であり神格も名神大で高かった。

『方丈記』の筆者である鴨長明の父は、この神社の神職であったから長明も氏名に鴨をなのったのである。『方丈記』は「ゆく河の流れは絶えずして、しかももとの水にあらず」で書き始めているが、その「ゆく河」とは賀茂川のことであろう。

このように、賀茂川と高野川の合流点は信仰上で重要な地ではあるが、二川とはいえ流域は賀茂川のほうが長く、貴船神社が臨《のぞ》む貴船川や、鞍馬寺が臨《のぞ》む鞍馬川は、いずれも賀茂川上流の支流である。

貴船明神と鞍馬寺

貴船神社と鞍馬寺は地図上では東西に約一キロメートルへだたっているが、山道をたどると至近の地である。この地では貴船の神の信仰が先に発生していて、後から鞍馬寺が建立されたのであろう。

そのことは『今昔物語集』巻第十一に「藤原伊勢人《いせど》、始めて鞍馬寺を建てる語《こと》」のなかで語られている。「今は昔、聖武天皇の御代に従四位の藤原伊勢人という人あり。（中略）その時に天皇東大寺を造り給う」でその話は始まる。この部分で「聖武天皇の御代」とあることと「天皇、東大寺を造り給う」は、「桓武天皇の御代」で「天皇、東寺を造り給う」であることは伊勢人の生没年から修正できる。以下話を要約する。

伊勢人は（造東寺長官をしていたので）、自分でも私寺を造りたくそこに観音像を安置することを祈請《きしょう》（祈り願うこと）していた。すると夢をみた。その夢とは、王城（平安京）より北に深い山があり、その山は二つに分かれていて、中間より水が流れており、蓬莱山に似ていた。山の麓にも流れがあって、年老いた翁がいて伊勢人にいう。「おまえはこの地の名を知っているか」。伊勢人が知らないと答えると「汝よく聞け。ここは霊験のあることは他の山よりすぐれている。我はこの山の鎮守の貴布禰《きぶね》ノ明神である。北には絹笠山という峯があり、前には松尾山という岡があり、西には賀茂川という河がある」。ここまで教えると翁は立ち去り夢は終った。

伊勢人は長年のっている白馬を飼っていた。伊勢人は、仏教が天竺から震旦《しんたん》（中国）に伝えられるとき（経巻を）白馬が負ってきた話を聞いていたので、自分の白馬にそのことを言い含めて放った。馬の足跡をたどっていくと馬が北を向いて立っていた。すると萱《かや》のなかに白檀の毗《び》（毘）沙門天《しゃもんてん》が立っていて他国の人が造った像のようだった。

伊勢人は観音像を造ろうと心がけていたのに、現れたのは毘沙門像である。ある夜また夢を見た。歳一五、六の児がでてきて「どうして疑うのか。観音は毘沙門なのだ。我は多聞天《たもんてん》（毘沙門天に同じ）の侍者の禅儞《ぜんに》（膩）師《し》童子である。観音と毘沙門とはたとえば般若経と法華経のような関係だ」といって夢はさめた。

伊勢人はそれから工《たくみ》（匠）や杣人《そまびと》を雇い、山の木を伐りその地に堂を造り毘沙門天を安置した。これが今の鞍馬寺である。馬に鞍をおいて遣《つか》わし、その跡を尋ねたのだから鞍馬というのだろう。夢の教えのようにこの山の毘沙門天は霊験あらたかで、末世まで人の願いをみな満たしてくれること限りない。貴布禰明神が約束したように、いまもこの山を護ってくれているという。

この伝承とほぼ同じ内容が『扶桑略記』にも収められていて、そこでは延暦一五年（七九六）のこととしている。多くの内容が語られているが、一つだけを先に書くと、この地が蓬莱山、つまり不老長寿の聖地として語られている個所である。鞍馬山は松尾山金剛寿命院というように強い寿命を保護するところであった。そのことは貴船の信仰にあらわれていて、山から流れる水のもつ生命力、つまり清らかな水のもつ養老の役割とも関係することであろう。なお毘沙門天と多聞天の関係についてであるが、四天王の一つとして北方を守る場合が多聞天で、四天王ではなく独尊として祠《まつ》られると毘沙門天であり、これについてはさらにふれる。

いま概略を説明した『今昔物語集』の内容は、鞍馬寺を語るうえでは史料的にも古い伝承とみてよかろう。まず鞍馬寺を建立した藤原伊勢人《いせど》から説明しよう。

藤原伊勢人

正しくは藤原朝臣伊勢人で、桓武天皇が造東寺長官に任命した官人である。注意しておいてよいことは、平安前期の基本史料である『日本後紀』などの正史に欠落個所があって、菅原道真が編集した『類聚《るいじゅう》国史』がその穴を埋めるうえで役立つ。

『類聚国史』は六国史《りっこくし》の記事を神祇、帝王、人部などの項目ごとに年代別に編集してあって、伊勢人のことは「人部、薨伝」の項の淳和《じゅんな》天皇五年（天長四年、八二七）四月三日の条にある。「散位従四位下藤原朝臣伊勢人卒す。贈太政大臣正一位の武智麻呂の孫で、参議従三位巨勢麻呂の第七子」であることを述べ、ほかに位のあがった履歴を述べたあと、卒したとき六九歳だったことがわかる。

散位とは位階はあるがそのとき官職についていなかった者のことで、すでに造東寺の仕事は完了していたのであろう。なお伊勢人が造東寺長官だったことは『扶桑略記』でも語られているし、南北朝に成立した『帝王編年記』の記事にもあるが、平安前期の六国史の記事の欠落を考えると信じてよい記事だとおもう。細かいことだが、伊勢人を太政大臣としている本が今回二冊もあることが目についた。それは先ほどの『類聚国史』の記事のなかの、武智麻呂につく贈太政大臣を伊勢人のこととして読み違ったものとみられる。

武智麻呂は藤原不比等の長男で、皇子時代の聖武天皇の養育にあたり、正一位左大臣のときに天然痘にかかって死んだ。贈太政大臣となったのは不慮の死後のことであろう。天平二〇年（七四八）六月四日の藤原夫人の薨伝にも「贈太政大臣武智麻呂の女《むすめ》」とある（『続日本紀』）。『延喜式』諸陵寮の「後阿陁墓」の説明にも「贈太政大臣正一位藤原朝臣武智麻呂　在大和国宇智都（以下略）」とあるから、太政大臣を贈られたことは間違いなかろう。なお奈良県五條市にある栄山寺は、武智麻呂が建立したことはよく知られている。もう一つ注意しておいてよいのは、武智麻呂は近江守《かみ》をしたことがあり、伊吹山や比叡山に登るなどの経歴があったから、ことによると鞍馬のあたりについても知っていたかもしれない。

鞍馬と暗闇

叡山電鉄に乗って鞍馬へ向かう。最初はのんびりと車窓の風景を楽しんでいたが、市原を過ぎるあたりから、ぼくは緊張しだした。ここも京都市内の左京区ではあるが、一〇数年前に宮崎県延岡から五ヶ瀬川ぞいに、日本神話の故郷である高千穂へ向う途中に通った高千穂峡のようであって、京都市内とはとてもおもえなかった。

左右からの木々の枝が窓をたたくように茂り、頭上の視界をすっかり遮《さえぎ》っており、昼というのに薄暗い。細い水流が線路のすぐ横を流れている。高低差があるため水流にはいたるところに瀬ができている。古代人はゆるやかな瀬には「瀬」の字をあて、流れの急な「はやせ」には「湍《たん》」の字を使った。

このように湍が連続する水流ぞいの道は叡山電鉄の路線だけではなく、車で鞍馬や貴船に行くときにも体験できる。要するに木々でおおわれ暗い土地なのである。

鞍馬や貴船付近の地形を読んだ歌枕に暗部山《くらまやま》がある。ぼくの印象では昼でも暗いという土地の特色からついた言葉のようにおもう。

古代の行政区画で使われた地名に、海岸地帯の海部《あま》がある。全国のうち尾張、紀伊、豊後、隠岐の国々に海部郡があり、『和名抄』による発音は「アマ」であって、「海」一字でも同じで部の発音はない。つまり八世紀になってから地名を二字で表記する流行（法令もある）によって発音のない「部」の字を副えたのであって、部民制の海部《あまべ》ではない。この例を参考にすると暗部は暗まの地としての「クラマ」とみてよかろう。

田辺史福麻呂の観察

万葉の歌人に田辺史福麻呂《たなべのふひとさきまろ》がいる。三〇首あまりの作品を『万葉集』にのせていて、ぼくは前に、福麻呂が実在の前方後円墳でよんだ歌の解説を「菟原処女《うなひおとめ》の墓と敏馬《みぬめ》の浦」として書いたことがある（『万葉集の考古学』筑摩書房）。観察力の旺盛な歌人である。

福麻呂は、天平一三年（七四二）ごろに「寧楽京《ならのみやこ》の荒れた墟《あと》を傷《いた》み惜しみて作る歌」として六首の歌をよみ、そのあとに「久邇の新京を讃《ほ》める歌」九首を『万葉集』巻第六にのせている。その一首（一〇五三）にはヤマトにくらべた山背《やましろ》の地形と景観を次の一節によんでいる。「百樹成山者木高之　落多芸都　湍音毛清之」。この個所の読み下しをみるまえに、まず使われている漢字によって光景を頭に浮かべてほしい。

久邇（恭仁）京は山背国相楽郡、今日の京都府木津川市にあって、泉川とよばれた木津川の南北両岸にまたがる都城であり、このあたりでは木津川の幅も流域の野も広く、山からも遠く、福麻呂がよんだ木がおおいかぶさり早瀬のつづく地形はなく、この歌では、ヤマトと山背の地形や景観の違いを「傷む」と「讃める」の立場で強調しようとしたものとおもう。

ぼくの気持をいえば、「百樹《ももき》なす　山は木高《こだか》し　落ちたぎつ　湍《せ》の音《ね》も清し」は、さきほどからの愛宕郡北部の鞍馬あたりがぴったりである。

天平二〇年に造酒司の令史であった福麻呂は、左大臣橘諸兄《もろえ》の使者として越中守《かみ》であった大伴家持の館（富山県高岡市）へ遣《つか》わされ、そこでも歌をよんでいる。前著（洛東の巻）でふれたように諸兄は山背の相楽郡に相楽別業をもっていたし、その近くに井手寺（円提寺）を建立していた。

もう一つ注目してよいことがある。井手と木津川をへだてた地が京田辺市の（元の田辺町）三山木で、ここには奈良時代に建立された三山木廃寺があって、ぼくは田辺氏の氏寺ではないかと推測している。

元の田辺町には、奈良時代に存在したとみられる寺院址が三ヶ所もあって、仏教の盛んな土地であったことがわかる。今のところ南山城には古代に田辺氏がいたことを直接示す史料は見出せない。

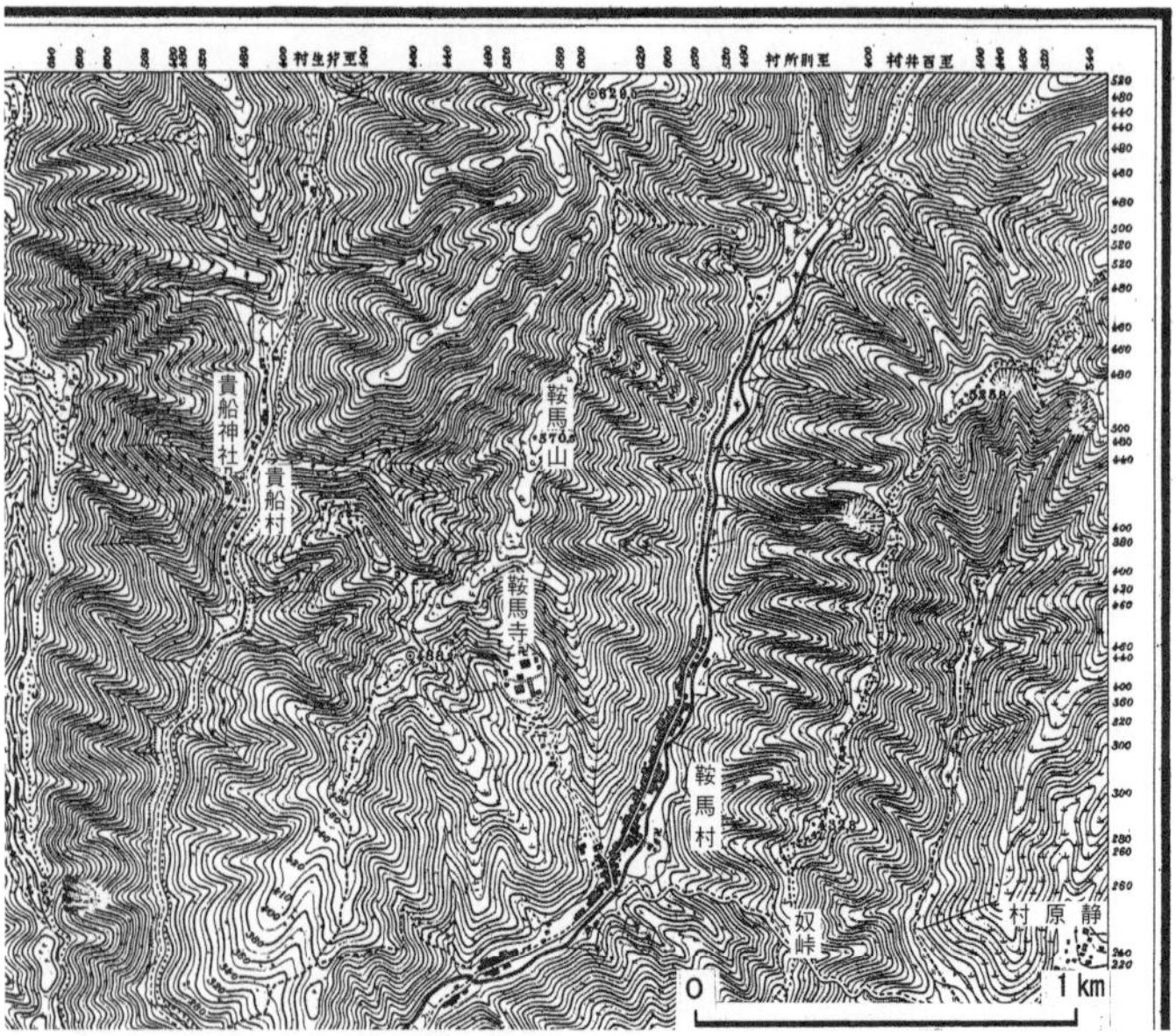

明治22年の鞍馬寺と貴船神社（大日本帝国陸地測量図）

田辺氏、とくに田辺史《ふひと》は史料的にみて河内の飛鳥戸郡や摂津の住吉郡に居住は見出せるし、それぞれの土地に田辺廃寺址がある。

平城京の長屋王邸から多数の木簡が出土して新たに多くのことがわかった。木簡のなかに田辺久世万呂なる者が何度も瓜を長屋王邸へ運んでいる。天平八年八月八日には八七九個も運んでいて、たんなる貢納者ではなく瓜の販売にたずさわっていた商人とみられる。

南山城の瓜作りは古代から名高く、平安初期の歌謡集『催馬楽《さいばら》』や江戸初期に松江重頼が著した『毛吹草』にもでていて、田辺久世万呂が南山城の人だった可能性はきわめて高い。それと田辺史《ふひと》の一族からは奈良時代に多数の写経生や仏師をだしていて、一族が仏教と深くかかわっていたことが推察される（『日本古代人名辞典』田辺の項）。

九折坂《つづらおりざか》と清少納言

三〇年ほど前の一〇月二二日の夜に、ぼくは鞍馬の火祭を見たことはあるし、二〇年ほど前の冬に鞍馬温泉に泊まって冬の鞍馬を体験したことはある。このころから鞍馬は気がかりな土地になりつつあった。

昨年（二〇〇六）から二度も鞍馬へは行っているが、体調のすぐれない日で山麓の仁王門から上へは登らなかった。登れなかったのである。そこで体調と天候の良い日を待って二月一〇日に登ることができた。

仁王門のすぐ上にケーブルカーの乗り場があって、急な斜面を一気にひきあげられると多宝塔前についた。そこから石畳の坂道を歩くと間もなく由岐《ゆき》神社のほうからの山道と合流する。この山道が本来の参詣道で、ケーブルカーができる前は鞍馬寺へ詣る人は誰もが通った道である。

卒塔婆形の町石

ぼくも帰りはこの道で下ったが、九折坂《つづらおりざか》とよばれるように湾曲のきつい道で、清少納言は『枕草子』の「近くて遠きもの」のなかで「鞍馬のつづらをりといふ道」をあげている。彼女も簡単に登れるとおもってやってきて苦労したようである。

この道には太い木の根がむき出しに覆われて

いるところもあって、しっかり足元を見ながら歩く。そのため見落としそうになるが、道ばたには一町ごとに江戸期に建てられた卒塔婆《そとば》形の石製の町石《ちょうせき》がある。ぼくも「二町」と「七町」の間の町石は確認できた。仁王門の横を八町としていて登る人を励ましてくれる。江戸期のものといわれるが古風のただよう町石である。

このような町石は鎌倉時代に高野山《こうやさん》に建てられたものが名高く、ほかに奈良の談山神社や、鹿児島県のさつま町の神興寺《しんこうじ》（現在は廃寺）と古紫尾《ふるしび》神社の間にあるものが知られている。

由岐神社のほうからの山道と合流してからは急な石段がつづく。石段の途中の右側に阿弥陀如来を祠《まつ》る転法輪堂があって、僧の修業によく使われたところである。何度か途中で休みながら本堂（本殿）の建つ南面の山腹にひらけた平坦地についた。

健康な人にとってはこの程度の山登りはさほどのことではなさそうだが、今のぼくにとってはやっと来られたという満足感があった。平坦地の崖っぷちには注連縄《しめなわ》を張った扁平な大石があって、遙拝石とおもわれた。眺望がすこぶる良く前方には空と比叡の山々が見える。

鞍馬の門前の多聞堂という食品店で、牛若丸の名のついたアン入りの栃餅《とちもち》を買っておいたので、ベンチに腰をおろしてそれを食べる。洛北の大原や貴船では栃餅を作るところがあって、鞍馬でも作られている。鞍馬寺の毘沙門天の像は栃《とち》の大木を材料としていて、ぼくの頭には鞍馬寺のキーワードの一つが「栃」なのである。栃餅を食べながら同道の妻に栃のことを話す。

それにしてもここまで来るとたしかに空気が新鮮である。この寺では古くから自然を大切にし、一木一草をも信仰にとりこんできたことを実感できた。木や草の精気のまじった大気をさきほどから吸いこんでいるのである。鞍馬寺では地形も森林も、流れる水も、飛ぶ鳥や土中の百足《むかで》さえも、どれもが仏像に劣らず信仰の主役である。

この寺はたびたびの火災によって地上にある建物はどれもが古くはないが、本堂前の銅灯籠の火袋《ひぶくろ》は鎌倉時代のもので、毘沙門天の見事な陽刻を見ることができる。鞍馬寺にとっての毘沙門天についてはすでに『今昔物語集』の伝承で述べた。なおこの銅灯籠の火袋以外は後世の補作だが、全体の形はよく整っていて、とくに台座を飾る十二支の彫刻はみごとなできである。このような銅灯籠は奈良の東大寺の大仏殿前にあるものが知られているが、例は少ない。この日は仏像などを安置する霊宝館が冬で休んでいた。以下、毘沙門天とこの寺のかかわりを述べよう。

鞍馬寺の銅灯籠

どうして毘沙門天を祠ったのか

『今昔物語集』などにある鞍馬寺の由緒では、この寺を開いた藤原伊勢人《いせど》がはじめに祠《まつ》ろうとしていたのは観音像だったが、白馬の導きによって出現したのは毘沙門天で、しかも「他国の人」の手になることが強調されていた。

毘沙門天の出現で伊勢人が戸惑っていると、毘沙門天の侍者（子でもある）禅膩師童子《ぜんにしどうじ》が夢にでてきて、そのことにはさほどの差のないことを伝え伊勢人を納得させた。以上の入りくんだ複雑さにも鞍馬寺を解く鍵はある。

源頼朝は文治五年（一一八九）に奥州の藤原泰衡《やすひら》を討っている（奥州合戦）。その翌年に頼朝は上洛しているから、この合戦は統一国家の成立にとって大きな意義はあるがここでは略す。

この合戦のあと頼朝は平泉郊外にある田(達)谷窟《たっこくのいわや》を通った。そのとき土地に伝わる話を聞いている。「これは田村麻呂や利仁将軍（鎮守府将軍の藤原利仁）が綸命（天皇命令）をうけて夷（蝦夷）を征したとき、賊主の悪路王たちが塞《とりで》をかまえた岩屋である。（中略、戦のあと）この窟の前に九間四面の精舎を建立し鞍馬寺を模させて多聞天像を安置し西光寺といった」（『吾妻鏡』文治五年九月二八日の条）。悪路王とは前に清水寺の項で述べた阿弖流為《あてるい》の伝説化した名前とみられる。

奥州合戦のころ、このように平泉郊外にも「鞍馬寺を模させて多聞天像を安置」した寺があったのである。この伝説では坂上田村麻呂が主人公となっているが、田村麻呂のころすでに鞍馬寺の多聞天信仰があったかどうかは別問題である。すでに述べたように多聞天は毘沙門天でもある。それにしても、蝦夷の悪路王との戦のとき多聞天が祠られているという伝承は見落としてはならない。東北の岩手県には、毘沙門天の巨像を祠る堂が各地にあることもこの伝承に関連があるだろう。

西域での毘沙門天の出現

鞍馬寺と毘沙門天のかかわりを説明するには、目を中国西方のシルクロードの地域に転じる必要がある。シルクロードの地域は西域《さいいき》ともよばれるが、西域での毘沙門天出現の霊験伝承の主人公である唐の僧不空のことから話を進めよう。

不空（七〇五～七七四）は印度（天竺）の出身で、唐に渡り数多くの経典を中国語に翻訳した。そのため、白馬にのせて経典を運んできた伝説をもつ玄奘《げんじょう》とともに四大翻訳家に数えられている。念力で奇瑞をあらわした話もあって祈雨《きう》をもおこなっている。平安時代に貴船や神泉苑でしばしば祈雨がおこなわれていたことも銘記しておいてよかろう。

問題の毘沙門天の出現話は、『大宋高僧伝』のなかの「唐京兆大興善寺不空伝」で語られている。舞台は新疆省にあった安西府、今日いうところのシルクロードでの出来事である。

「唐の天宝年間（七四二～七五五）に西蕃、大石、康の三国の兵士が西涼府をかこんだ。そこで玄宗皇帝が不空を宮中にまねき玄宗は道場に出られた。不空が香炉を手に持って仁王密語を二七遍となえると、玄宗は五〇〇人の神兵が宮殿の庭にいる光景を見た。玄宗は驚いて不空に問うと『毗沙門天王子が兵をひきいて安西を救いにきたのです。急いで食糧の用意をして出発させて下さい』」。

四月二〇日になると果たして現地からの報告があった。「二月一一日に城の東北三〇里ばかりのところに雲と霧がたちこめるなか、堂々とした体格の神兵が太鼓や角笛をならし山地が崩れるほどで、蕃族らは驚いて潰されてしまった。彼らのところには金色の鼠があらわれ、弓や弩《ど》の弦を断ってしまった。城の北の門楼には光明天王が立って、怒りながら視《にら》むと蕃族の軍は逃げかえりました」。皇帝はこの報告を聞いて不空に感謝した。そこで諸道に命じ城楼に（毗沙天）天王

東寺（教王護国寺）の兜跋毘沙門天立像

像を置かせた。これがそのはじまりである。

天宝年間はわが国では奈良時代の中ごろであり、外敵を防ぐうえでの毘沙門天の信仰はやがて日本にもたらされることになったのである。平安京は完成したとはいえ、唐の最新の知識や文物の摂取を必要とし、今までになかった役割を期待して、遣唐使を派遣するようになったとおもわれる。

その意味で、延暦二三年（八〇四）に出発し翌二四年六月に帰国した藤原葛野麻呂《かどのまろ》を大使とした遣唐使が注目される。この回の遣唐使には、桓武の特別のはからいで最澄と空海、橘逸勢《はやなり》や菅原清公《きよとも》も加えられている。二人の僧は南都仏教とはかかわりのない新進の僧であるし、逸勢はのち三筆の一人といわれる教養人だし、清公は道真《みちざね》の祖父としての文人政治家である。

桓武は東北の蝦夷の鎮定には苦心していたので、北方からの軍事的圧力を仏法の力で押えようとする、新しい毘沙門天信仰がもたらされたとしてもおかしくはない。じつはこの回の遣唐使が持ち帰ったとみられる毘沙門天像が、現在まで東寺に伝わっており、次にそのことにふれよう。

羅城門に置かれた兜跋毘沙門天像

東寺には中国の桜材を用いた毘沙門天像が伝わっていて、唐からの将来品とみられている。もとは、平安京の入口にあった羅城門の楼上に置かれていたとする伝承（『東宝記』）がある。この像は西域の一つの国だった吐蕃《とばん》からでたとみられる兜《と》跋《ばつ》をつけて、兜跋《とばつ》（刀抜・都跋）毘沙門天とよばれる。同類の像は鞍馬寺にもあるし、すでに述べたように岩手県には平安前期の巨像が祠られている。

ぼくが東寺の兜跋毘沙門天像を最初に見たのは、終戦後間もなくひらかれた国宝展だったし、東寺の宝物館に陳列されているので何度も拝観している。日本の仏像は大部分が国産であり、唐からの将来仏はきわめて少なく注目される。簡単に特色をいえば正面に鳳凰の飾りをつけた四面宝冠を頭にのせ、異国風の長い鎧を着用し、腕に籠手《こて》をつけ足には脛当《すねあて》をはめた武装姿で、右手に戟《げき》を持ち左手には何かを奉持する姿勢である。他の例からみると奉持するのは宝塔である（現在は宝塔を後補している）。戟は戈《か（ほこ）》の一種で相手の頸を攻撃する刺突具である。

鞍馬寺の兜跋毘沙門天立像

このように完全武装の姿とはいえ、左手に持つ宝塔によって相手を仏法で屈伏あるいは馴化《じゅんか》させようとしていることを示している。

この像は台座に特色がある。中央

には座った女の地天《じてん》（大地をつかさどる神）が両手で毘沙門天の両足を支えており、その左右には女の鬼が配されている。この台座の構成は厳密に模作され、鞍馬寺にある兜跋毘沙門天像にも忠実に写されている。この像はもと僧正ケ谷にある不動堂に安置されていたもので、平安後期の作ではあるが、鞍馬寺創建期にあったとみられる毘沙門天像（大治元年（一一二六）の火災で失われた）を推測するうえで重要である。

岩手県には花巻市の成島毘沙門堂、江刺市の藤里毘沙門堂、北上市の立花毘沙門堂に平安前期の兜跋毘沙門天があるが、どちらの像でも台座は女の地天が手で毘沙門天の足を支えている姿を忠実に写している。しかし左右の女の鬼は台座からは離されている。この女の地天には特別の意味がありそうだが宿題にしておこう。ぼくは成島毘沙門堂を訪れたことはあるが、山のなかにお堂があり、高さ四メートル七三センチの巨像には圧倒された。なお台座には二鬼の像はないが、別づくりの二鬼の像を台座の左右に置いている。

トチの木で作られた毘沙門天像

鞍馬寺が丹波や若狭へ通じる街道ぞいにあることはすでに述べた。つまり平安京にとって北方への重要な出入口でもあった。元弘の乱の直後に、六波羅探題《たんだい》の残兵を召し捕ることを後醍醐側の武将である名和長年《なわながとし》が鞍馬寺に依頼した手紙（鞍馬寺文書）があって、鞍馬寺の位置の重要性がわかる。

すでに述べたことだが、藤原伊勢人は自分の私寺としては観音を祠《まつ》りたかったが、毘沙門天《びしゃもんてん》を祠ることになった。というのは桓武は平安京に私寺を営むことを禁止していたが、造東寺長官を務めた伊勢人は、平安京の北の出入口に毘沙門天を祠ることの必要性を考えたのであろう。その意味では、鞍馬寺の造営は平安京の構造上からいっても画龍点晴を果たしたという側面があった。

遣唐使で大使をつとめた藤原葛野麻呂《かどのまろ》も、若いころには平安京造営にたずさわっていて、羅城門に毘沙門天を安置するだけでなく、平安京の北方にも置くことを考えたのであろう。

鞍馬寺の縁起を述べた。『今昔物語集』での毘沙門天の出現の個所では、その像が白檀《びゃくだん》を用いた「他国の人が造った像」、つまり輸入された像であるとわざわざ書いていた。ことによると兜跋毘沙門天は唐から二つもたらされ、一つは鞍馬寺に置かれたのであろうか。

鞍馬寺には平安後期に作られた国宝の毘沙門天像があって、左手をかざしていて南方の平安京を凝視する姿だといわれている。この像には毘沙門天の配偶神とされる吉祥天《きっしょうてん》と子の善膩師童子《ぜんにしどうじ》像がともない、毘沙門天像と善膩師童子は栃《とち》の木で作られている。鞍馬寺の周辺には今日でも栃餅づくりがおこなわれていて、栃の大木があったとみられ、材としての栃の入手にはこと欠かなかったであろう。問題は故意に栃を使ったのか、それとも造仏に適当な材として用いただけなのか、これは宿題としてのこしておこう。

鞍馬と牛若伝説

ここで触れねばならないことがある。牛若、つまり幼少時代の源義経と鞍馬寺の関係である。テレビなどで義経が扱われると鞍馬寺がよくでてくるが、同時代史料にはそのことを裏づけるものはない。室町時代にできた軍記物語（歴史小説）の『義経記《ぎけいき》』で、鞍馬寺と牛若との関係は語られるのである。牛若は『義経記』で用いられ、謡曲の『鞍馬天狗』では牛若丸が使われている。

『義経記』の筋書きでは鞍馬寺で修業をつづけていた牛若を、都と陸奥との交易に従事する大

由岐神社の割拝殿（鳥居の下からのぞむ。奥にみえるのは「願かけ杉」）

福長者の吉次が牛若を陸奥平泉の藤原秀衡《ひでひら》のもとへ連れてゆく。陸奥で力を蓄えた義経が頼朝に協力して数々の武勲をたて平家を滅亡においやる。だがその直後に頼朝とは不和となり、北陸をへて再び平泉に逃れるが、秀衡の死後その地で殺され平泉の藤原氏も滅亡する。

このように、小説とはいえ毘沙門天が守る北方と武力衝突という二点がからむ鞍馬寺が重要な舞台となったことに、物語の作者の意図を感じることができる。『義経記』で語られていることには作者の創作の部分もあるだろうが、当時伝わっていた伝承をもとりこんでいるとみられる。遮那王《しゃなおう》と名を変えた牛若が、

「日々に多聞ににっとう（入堂）して謀反の事をぞ
　祈られける」

と『義経記』（巻一）にあるように、多聞天つまり毘沙門天に祈願したのであろう。なお平家を倒すことを『義経記』では謀反とよび、頼朝が治承四年に伊豆で挙兵したことをも「頼朝謀反起し給ひ」と書いている。

由岐神社と靫

鞍馬寺の仁王門から本堂へいたる昔からの参詣道の、急な坂道の途中に由岐《ゆき》神社がある。ユキは矢をおさめる武具のこと、漢字一字では靫《ゆき》で、この神社も靫明神とか靫大名神ともよばれた。毎年の秋の夜におこなわれる勇壮な鞍馬の火祭りはこの神社の祭礼である。

由岐神社の本殿

珍しくおもったのは由岐神社の拝殿である。本殿の前方にある急な斜面の参道をまたいで建てられていて割拝殿《わりはいでん》とよばれる。正面から見ると拝殿の床を支える長い柱が並んでいて、清水寺の舞台とよばれる本堂に似た建物である。この建物は、匂欄《こうらん》につく擬宝珠《ぎぼし》の銘文から豊臣秀頼が慶長十五年に造営したものであることがわかる。徳川氏の政策によって豊臣家がここでも負担を強いられていたのである。

靫《ゆき》は矢をいれる武具ではあるが、胡籙《ころく(やなぐい)》が鏃《やじり》を下に羽を上にしておさめるのにたいして、靫は羽を下にし鏃を上にしていれている。もっともこの区別は日本の古墳時代中期からの慣用であり、武具にあらわれた日本文化の特色でもある。

さらに詳しく見よう。靫では鋭い鏃の部分が外から見えるようにしてあり、ぼくは実用というより威嚇用武具だとみている。とくに、五世紀代には大古墳で、上部に大きな鏃を並べた靫の埴輪がよく用いられているし、六世紀の古墳壁画でも靫はよく描かれていて、威嚇用の武具が大王や豪族の権威の象徴としての役割を果たしたことがわかる。

靫負《ゆげい》とよばれる武人がいた。ランドセルのように靫を背負って行列に加わったり、歩くのが役目で、そのような武人がいることも大王や豪族の武力的な誇示には必要だったのである。平安京の諸門を守る衛門府が「ゆげいのつかさ」とよばれるのも古くからの伝統を示すのであろう。

神話の史料だが靫の重要性のわかる例がある。神武の東征軍が奈良盆地で在地勢力の長髄彦《ながすねひこ》軍と決戦をすることになった。長髄彦軍には神武よりもかなり以前に九州から東遷してきた伝承をもつ饒速日《にぎはやひ》が参加していて、神武は広義の同族と戦う破目となった。そのとき饒速日が本当に同族なら必ずそれを証明できる表物《しるしのもの》があるはずとなり、長髄彦側が見せたのは矢一隻《ひとは》と歩靫《かちゆき》だった。おそらく靫負《ゆげい》に背負わせた靫のことだろう。

このとき神武側も矢一隻《ひとは》と歩靫《かちゆき》を見せ、饒速日が帰順して物部氏の遠祖となったという。余談になるが六世紀後半に物部守屋が蘇我馬子や聖徳太子の連合軍に敗れ、物部の本宗家が滅亡したのは、神武のときの曖昧《あいまい》さにやっと決着をつけたのである。

以上の話は神話伝承のようではあるが、靫のもっていた重要性をよく示している。靫《ゆき》の重要性とは鏃のもつ霊力のことでもあり、いずれ賀茂川を流れた矢のことで語るだろう。なお社伝によれば、由岐神社はもと宮中にあったが、それを十世紀にこの地に勧請《かんじょう》したという。靫の重要性から考えるとありうる話である。

靫は以上のように大王や豪族の権力の保持のためには不可欠の武具だったのだが、『徒然草』第二〇三段には由岐神社の靫のことが説明されていて次に述べる。

「勅勘《ちょくかん》（勅令による譴責）をうけた家の門に靫をかける作法は今はたえて知る人はいない。天皇の病気や流行病で世間が騒がしいときは五条の天神に靫をかける。鞍馬のゆぎの明神というのも靫をかけた神である。看督長《かどのおさ》（検非違使《けびいし》の下級役人）の背負った靫を家（の門）にかけられた家は人の出入ができない。この事が忘れられてからは、当世ではその家の門に封をするようになった」。

『徒然草』のこの話では、靫を「ゆぎ」と読ませているのは新しい発音であろう。ぼくなりの定義では、靫は威嚇目的をもたせた武具であり、この点は仏法の力によって相手を威圧しようとする鞍馬寺の毘沙門天の信仰とも関係しそうである。そういえば三〇貫もある大松明《たいまつ》を持って練り歩く火祭りにも、見る人を威圧する役割があったようにもおもえる。なお五条の天神は、今日も松原通の南側で西洞院通に東面して鎮座する五条天神社であり、『義経記』では、五条の天神の前で太刀奪いの悪事を働く武蔵房弁慶と牛若が最初に出会ったことになっている。いずれ松原通を扱うときにこの神社について書くだろう。

貴布禰神社から貴船神社へ

鞍馬寺の創建についての『今昔物語集』巻第十一の話は、すでに説明したように貴布禰《きふね》ノ明神として書かれているし、『延喜式』の神名帳では愛宕郡二十一座の一社として貴布禰神社として記されている。

貴布禰神社は、平安遷都後の朝廷からは賀茂川の水源、ひいては平安京に水を供給する川上の水神として篤い信仰をうけるようになった。次々に神階は昇り、崇徳天皇の保延六年（一一四〇）には極位の正一位に昇った（『日本紀略』）。これはすでにふれたことだが、祈雨（ときには逆の止雨と祈晴）の霊験ある神として朝廷からの信仰をえたことはいうまでもない。

前著（洛東の巻）の八坂神社の項で述べたように、八坂神社の社名は明治初年の政府による神仏分離の強行のさいにつけられた名称で、明治以前にはなかった。貴布禰神社にも同じことがあって、明治四年（一八七一）に官幣中社に列せられるさいに貴船神社と改められた。だから明治四年から現代のことについては貴船神社と表記するが、それ以前には貴布禰神社と区別しよう。歴史を足元からさぐるための基礎的な配慮である。

貴布禰神社とその周辺はしばしば和歌によまれていて、一々の例は省くが木船川とか貴船など、ようするに「布禰」の個所を「船」の字で表したこともある。さきにあげた室町時代に成立した『義経記』では牛若が「貴船詣」をしたとしており、すでに貴船という通称が生まれていたようである。ぼくは鎌倉時代の慈円にはどこか親しみをおぼえやすいが、慈円の和歌を集めた『拾玉集』を書架から探してみた。幸い編者の多賀宗隼《たがむねはや》氏が索引をつけてくれていて、次の和歌がでてきた（一九三二）。

さりともと　たのみてこそは　きふね河　かくひきかへて　物はおもはし

注意してよいことは、この歌では「きふね河」が使われている。この歌はよく紹介されているが、「貴船川」の字で印刷されることはあるが、原文は「きふね河」である。ぼくの推測では「きふね」に貴船とか黄船などの字をあてるようになるのは、玉依姫《たまよりひめ》が黄船に乗って川を遡ってきたとする社伝の成立とも関係するようである。

本来の貴布禰神社の意味は、貴船神社が発行している「貴船神社要誌」で述べているつぎの文に賛成できる。「境内にある御神木・桂の木の姿に象徴されるように、大地全体から生命生気である気が龍の如く立ち昇るところ、気の生れる嶺、気生根《キフネ》と呼ばれるようになったともいう」。

この見方は『日本の神々』（第五巻）の「貴船神社」の項で下坂守氏が説くように、「樹木の茂った山林を意味する「木生根」（木生嶺）にもとづく」の説明も補完するとみてよかろう。樹木の生い茂る「暗闇」の景観については、さきに「鞍馬と暗闇」の項でぼくも述べたが貴布禰にも通じることである。

もとの社殿のあった奥宮

今日の貴船神社の場所は古くは遙拝所のあったところで、本来の社殿は、さらに貴船川の五〇〇メートル上流の川のほとりにある奥宮の地だったと伝えられている。

本来の社殿が川のすぐそばにあったため、しばしば洪水の被害（水流の損）をうけ、天喜三年（一〇五五）五月に現在地に移った（『扶桑略記』）。このとき朝廷からの奉幣使が賀茂と貴布禰の両社に派遣されていて、これ以前から上賀茂社と推定される賀茂社と貴布禰社の関係が深まりだしたとみられる。

このことから、のちに賀茂社の項で説明する木津川をへて、さらに賀茂川をさかのぼったとする風土記の玉依姫の伝承が貴布禰神社にも持ちこまれ、玉依姫が黄船（貴船）で川をさかのぼったという話が付会されるようになったとみられる。

貴船神社の主たる祭神は高龗《たかおかみ》神である。この神は『日本書紀』の神代第五段の第七の一書にでている。創造神としてのイザナキが火の神のカグツチを三段に斬ったとき最後に為《な》った（生れた）のが高龗としていて、第六の一書での同類の話のなかの闇龗《くらおかみ》と同じで、谷の龍神つまり水神とされている。貴船神社には禁足地になっている龍王ケ滝がある。ここが昔の祈雨のおこなわれた霊場とされているが、いかにも高龗神にふさわしい。

奥宮には石で楕円形に囲った船形石がある。これも玉依姫伝承がもちこまれてからの造形物ではあろうが、古風がただよっていて神話の世界にひきこまれるおもいがした。

神木の桂

久しぶりに貴船神社を訪れてみた。前に来たときには印象にのこらなかったが、現本殿の前に神木となっている桂の大木がある。高さが三〇メートルほどもあって枝の張りがみごとである。

京都の地酒に「月の桂」という濁り酒がある。月のなかに桂の大木が生えているという、中国の古い俗信に由来する商品名とみられる。

中国で作られた唐鏡や宋代の鏡のなかには、この信仰を図柄とした月宮鏡がある。唐鏡は漢式鏡のあとに現れ、厳密にいえば隋唐鏡である。日本では明日香の高松塚古墳のころから、漢式鏡ではなく隋唐鏡を副葬している。

月宮鏡では鏡の形を月にみたて、中央には桂の大木がそびえ、木の右下に臼と杵とで仙薬を作る兎、木の左下には嫦娥《じょうが》とよばれる仙女とガマガエルを描いている。嫦娥は仙薬を盗んで飲んだら身体が軽くなり月に昇ったと伝えられている。『万葉集』には、天智天皇の孫の湯原王がよんだ歌に「月の内の楓《かつら》」がある（六三二）。この場合の楓はヲカツラのこと、厳密にいえば桂はメカツラである。

　京都の西郊に桂離宮があることはよく知られている。桂離宮は桂の里にある。風土記逸文では、桂の里に湯津桂の樹があって、月読命《つきよみのみこと》がその樹に降臨したとする伝説をのせている。湯津は聖なるという形容詞で、神木の桂の木がある里であることがわかる。桂の里については月宮の信仰と神仙思想がからんだ神秘の里という考え方が奈良時代にはあって、平安時代になると藤原道長も桂の院という別邸をつくっている。桂の里については松尾神社をも含め、さきでも説明しよう。

貴船神社の桂の木

　貴船神社では磐長姫《いわながひめ》を祠《まつ》る中宮《なかみや》（末社）の結社《ゆいのやしろ》にも桂の大木がある。結社は奥宮《おくみや》との中間にあるが、奥宮の奥にも桂の大木があって、貴布禰を考える一つの手がかりになる。

　桂は神木の第一とされることがあり、

これから述べる賀茂の葵祭《あおいまつり》でも桂の枝を用いる。出典は明らかではないが、推古天皇の時代に太《うず》秦《まさ》の里に大囲い（太い）の桂の樹があって、その樹の洞に蜂が集まっていたので、その地を蜂岡と名付けて寺を建立したのが蜂岡寺だと江戸中期の著述家の秋里籬島は述べている（『都名所図会』）。

磐長姫を祠る結社

貴船神社中宮《なかみや》（末社）の結社《ゆいのやしろ》は磐長姫《いわながひめ》を祠《まつ》っている。姫は『日本書紀』の神話に登場する。天孫のニニギ尊が海浜で美女に出会った。コノハナサクヤ姫である。この時、コノハナサクヤ姫は姉の磐長姫のいることを告げ、二人を娶《めと》ってほしいと伝えた。だがニニギ尊は妹を娶り姉をしりぞけた。

磐長姫は「自分が生む児は磐石のように長命になるだろうが、妹の生む児はコノハナのように短命だろう」といったという。磐長姫の容姿は美しくはなさそうだが、岩石のように頑健な女性というイメージがある。健康な子孫をのこすための教訓を含んだ神話である。なおコノハナサクヤ姫は気性の激しい女として描かれ、それもあって火の山の神として富士山麓の浅間《せんげん》神社に祠《まつ》られている。

さき（「洛東の巻」）に伏見稲荷神社の項で、和泉式部が夫の愛情が遠のいたとき貴布禰で敬愛の秘事をおこなおうとしたことを述べた。敬愛の秘事とは、巫女のとりしきりによって執行する露骨な秘事であり、どうして水の神である貴布禰でそのような秘事があったのだろうか。

江戸時代にはこの神社は「夫婦いもせの御神」としての信仰を集めたというが、さかのぼれば玉依姫や磐長姫の伝説に起因するのだろうか。このことは伏見稲荷神社でも同じで、霊験のある神の応用編（力）とみてよかろう。

虎杖祭《いたどり》

一七世紀の京都の歴史研究者である黒川道祐の『日次記事《ひなみきじ》』は、上賀茂と貴布禰の神事を主に集めたといってよいほど二社のことが多く収められていて、両社の関係の深さがわかる。四月の項には貴布禰の更衣《こうい》の神事について詳しく書いている。

　この日の供物として「雉《きじ》、鯛《たい》、鯉《こい》、鮹《たこ》、蟹《かに》、鰹、文鰩魚《とびうお》、小豆、高苣《ちさ》、蕗、海帯《あらめ》」など山海や野と川の幸を献じ、上賀茂の社司が馬にのって参詣し供物を献じるという。面白いのは「帰路各々虎杖《いたどり》を採り野中村北方の連理芝や後方重井の両芝原でその（採った虎杖《いたどり》）大小を競う」という。野中村は上賀茂と貴布禰の中間にある。

　四月の御更衣祭《ごこういさい》は、かつて虎杖祭《いたどりさい》ともよばれたように、虎杖が重要な役割を果たしている。イタドリは形がステッキのように棒状で、形からの漢字のあてようである。『枕草子』では「いたどりはまいて虎の杖と書きたるとか」（一五四段）とあるから、平安時代にはすでに虎杖の表記ができていたとみられる。このほか痛み取りの薬効のあることから「疼取《いたどり》」となったとする説もある。いずれにしても先に発音が生まれ、後になって漢字にあてたのであろう。

　ぼくは二一年間一回も欠かさず一日三食の食材の統計をとった（『森浩一、食った記録』）ことがあり、虎杖を四回食べている。二一年間で四回だけだが、食べたときの印象は強く、旨いものである。

　子供のころ南河内の野原に「スカンポ」という丈の長い草があった。「スカンポ」は虎杖の方言で、大人になってからイタドリと同じだと知った。ポキンと折って口にいれてしがんで（かみつぶして）汁をすすったことがある。だがその頃はわが家の食卓にはのぼらなかった。虎杖も注意しておいてよい野草である。

大原と大原女

同志社大学に勤めていたころ、花をいっぱい積んだ車をひく大原女《おはらめ》をときどきみかけた。大学のある上京《かみぎょう》は室町時代に足利義満の室町殿（花の御所）と相国寺《しょうこくじ》があって、その周辺にひらけた町である。町のあちこちから西陣の下請けの機《はた》を織る音が聞こえてきたり、店先に木や草の根を干す染料問屋などがあって、昔の面影がただよっていた。

大原女は頭に手拭《てぬぐい》をかぶり藍染の着物に前掛を垂らし、腕には手甲《てこう》をはめ足には脚絆《きゃはん》の姿で全身を日光から防禦していた。足元は白足袋だが、草鞋《ぞうり》はもう見られず運動靴だった。日本画家の浅井忠や土田麦僊《ばくせん》が描いた「大原女」の姿よりは少し変わっていたように記憶する。それでも「花いりまへんか」を繰り返す声がまだ耳にのこっている。

ぼくが見た大原女は花を商《あきな》っていたが、家庭用のガスや電気が普及する以前は、大原で産する炭、薪、柴を商うことが多かったようだ。タキギ（マキ）は材木を切ったり割ったりした燃料、シバはすぐ火のつきやすい小枝を束ねた燃料、ちょっとした調理にはシバを使ったが風呂焚はタキギを使った。タキギやシバを軽視してはいけない。古代には天皇や豪族に、支配下の者は毎年タキギを貢納する義務と慣行があったし、炭、薪、柴の産出は山村や島の重要な収入源だったのである。

大原女の活躍は古く、すでに鎌倉時代の歌人藤原定家の自選の『拾遺愚草』で京へ商いに来た大原女が家路を急ぐ姿をよんでいる。

秋の日に　都をいそぐ　賤《しず》の女《め》の　帰るほどなき　大原の里

ぼくの知っている大原女は車を使っていたが、昔は一人が持てるだけの柴を頭の上にのせて売り歩いていたのである。頭上運搬だが、それにくわえて馬にも柴をになわせて曳くこともあった。大原は小原とも書き、八瀬以北の高野川上流の地域である。大原女を「おはらめ」と発音するのは、本来は小原女であったからであろう。享和二年（一八〇二）に京都に二四日間滞在した江戸の文人滝沢馬琴は、『羇旅漫録《きりょまんろく》』で「見てうれしきもの。八瀬大原の黒木うり」をあげている。黒木はタキギをいぶして火のつきをよくしたものという。

ところで大原は行きどまりの盆地ではなく、若狭街道を通って途中越《とちゅうごえ》（峠）をこすと、滋賀県の安曇川《あずみがわ》の上流の地域に入る。この道筋を北へとると、朽木《くちき》をへてさらに向きを西にとると、若狭の中枢部にいたる。いわゆる鯖街《さばかい》道《どう》のメインルートである。

大原女
（浅井忠画、三重県立美術館蔵）

途中越（峠）をこしてすぐのところを東へとると、琵琶湖西岸の和邇《わに》や小野にいたる。古代のワニ氏系氏族の重要拠点であり、大原は近江のワニ氏系氏族と山背《やましろ》のワニ氏系氏族との交流の道筋でもあった。

このように交通の要衝としての大原も大切だが、炭、薪、柴だけでなくシバ漬の産地であることも見落としてはならない。シバ漬は大原でとれる赤シソの葉と細かく切ったミョウガ、ナス（ときにはキュウリ）との調和した漬物で、昔は大原の冬の保存食だった。ぼくもときどき食べる。ぼくは大原へ行くと青シソの実だけを漬けたものを探したが、今のところ遭遇したことはない（千本の「近為《きんため》」にある）。シソの実は古代には重要な食材だった。

尼寺の寂光院

大原と聞くとなぜか哀愁がただよう。これは『平家物語』からの影響が大きい。『平家物語』の最後の巻である「灌頂巻《かんちょうのまき》」の末尾は「女院死去」の項で終っている。このように大原は女院の隠棲《いんせい》と死を迎える地なのであった。

ここでいう女院とは後白河法皇の子である高倉天皇の中宮であり、二人の間の子が安徳天皇である。つまり安徳天皇の母の建礼門院、名は徳子《とくこ》のことである。門院とは、天皇の生母につける尊号であり、上皇に準じる待遇をうけることができたのだから、権勢の大きさが察せられるであろう。

徳子は平清盛の子であるから宗盛や重衡とは兄弟であり、さらに後白河法皇の猶子（養子）になってから宮中に入内した。ところが運命の激変によって平家滅亡のあと尼となり、失意の後半の生涯を静かにすごしたのが大原の寂光院だった。

寂光院は由緒の古い天台宗の尼寺で、大原のなかでも北西にある庵とよぶにふさわしい小さな寺である。さきほど述べた大原女やシバ漬についても、建礼門院との関係をいう伝説がある。元禄期にできた仕事や職業を図解した『人倫訓蒙図彙』の「柴売女」の項で、

「むかし平家の運かたぶきて後、女院大原のおくにすみ給ふ。其下女ども此所に住居《すまい》したが、世わたるよすがなふして、柴をうりけるが、さすがにおもてを恥て、うしろむきてみせける、其遺風なりとかや」

と説明している。このような伝説が生まれるなど、世間は女院を同情の目で注視していたのであろう。

平家一門が壇ノ浦で滅亡したとき、女院も海に身を投げたが源氏の武士に救われた。そのあと京に戻ってから長楽寺の僧によって出家を果し、ある女房が「大原山のおく、寂光院と申所こそ、閑《しずか》にさぶらへ」といったので、女院は文治元年（一一八五）九月上旬に寂光院に入ったという。女院は「寺のかたわらに方丈の庵室をむすび、一間をば御寝所にしつらひ、一間をば仏所に定、昼夜朝夕御つとめ長時不断の御念仏、おこたる事なくて、月日を送らせたまひけり」という。

世が世ならば、門院といえば大寺を建立できるほどの財力があり広大な邸に住む身であるのに、女院の後半の人生はつつましく淋しい限りであった。ぼくは女院のたどった数奇な運命を、『平家物語』で語りたかった基礎部分だと読める。

『平家物語』での建礼門院の初出は、早くも巻第一の「吾身栄花」のなかで清盛の子供たちを語る個所にでている。娘のうちの一人が、「后に立たせたまふ。王子御誕生ありて、皇太子に立ち位につかせ給しかば、院号かうぶらせ給ひて建礼門院とぞ申ける。入道相国（清盛）の御娘な

るうへ、天下の国母にてましましければ、とかう申に及ばず」と言葉をつくしている。

寂光院はぼくが前著（洛東の巻）でとりあげたどの寺よりも小ぢんまりしている。ゆるやかな石段の突き当たりに、地蔵菩薩立像を安置する本堂がある。この像は平成一二年の出火で損傷をうけたが、その後復元されて安置されている。堂内には尼姿の建礼門院の像と女院に仕えた阿波内侍の尼姿の像も祠られている。阿波内侍は、平治の乱で自害した少納言の藤原通憲《みちのり》（信西《しんぜい》）の娘とされる。『平家物語』では、出家後の女院に使え女院の死をみとった老衰たる尼としている。土地の伝承では大原女のモデルになったとして親しまれている。

大原御幸と補陀落寺《ふだらくじ》

『平家物語』の終章での圧巻は「大原御幸《おはらごこう》」である。後白河法皇が尼となった女院の大原での生活を見ようと、文治二年にわずかの供をつれて「鞍馬どほりを通って」でかけた。そのさい大原の手前の静原の山中にあった補陀落寺《ふだらくじ》に立寄っている。この寺は現在はないが、当時は千手観音の霊場としてよく知られていた。寂光院へ行くまえになぜこの寺に立寄ったのか、まず補陀落寺を検討しよう。

『平家物語』では「清原の深養父《ふかやぶ》が補堕落寺」とあるように、清原深養父の建立した寺である。深養父は『古今集』に一七首の作品をのせた歌人で、清少納言の曽祖父でもある。

ここで注目してよいことがある。源頼朝が陸奥平泉の藤原泰衡《やすひら》を滅ぼしたことは鞍馬寺の項で述べたが、同じとき平泉にあった寺々のことを『吾妻鏡』は書いている。そのなかの毛越寺《もおつじ》の吉祥堂について「洛陽補陀落寺本尊を模し奉る。観音。生身之由託語あり」と記している。藤原基《もと》衡《ひら》の建立した毛越寺は法勝寺をモデルとした大寺で、広大な庭園と延年の舞が伝承されている

（新本堂がある）。

延年の舞は、前に兵庫県篠山市の春日神社の能舞台でおこなわれた機会に拝見したことがある（「能舞台の大甕」『交錯の日本史』所収）。それと毛越寺という寺の名に関心がある。「越《こし》」は日本海沿岸の中央部から東部にかけての地域名、とすると「毛」は北関東の毛（毛野《けぬ》、のちの上野《こうづけ》と下野《しもつけ》）とみると、それらの地域にまたがって影響をもてる寺の意味とみられ、陸奥の藤原氏のいだいていた政治的な野望がうかがえる。

それにしても平泉の田（達）谷《たっこくのいわや》窟でも本尊が鞍馬寺の多聞天（毘沙門天）を模したものだった。毛越寺でも大原の補陀落寺の観音を模していたとなると、愛宕郡北部と平泉との交流の深さを感じるが、これは宿題として先へ進もう。

補陀落寺の寺名となった補陀落信仰は、南方海上に観音が住むという補陀落山があって、そこへ行こうとする信仰である。平安時代から熊野信仰にともなって、補陀落渡海を決行した僧があらわれた。一種の即身成仏である。

『今昔物語集』巻一五には補陀落寺を開いた天台の僧延昌の次の話をのせている。概要を述べよう。今は昔、比叡山の西塔に延昌僧正がいた。まだ下級の僧のころ、京の北山で修行中に、大原山の北西で迷ってしまった。すると小さな家があった。声をかけると一人の女がでてきたので今夜の宿をかりたいといった。

しばらくすると年老いた法師が物を荷《にな》って帰ってきた。女は荷をほどき中のものを刀で小さく切って鍋に入れて煮だした。そのあと法師と女は食べた。女は法師の妻でやがて二人で臥した。

延昌は二人が馬や牛の肉を食っているのを見て、餌取《えとり》の家に来たのだとわかった。ところが深夜になると、法師は起きて湯で沐浴し着替えもし家を出て行った。延昌があとをつけると、家のうしろの庵（持仏堂とも）に入り火をともし香をたいて弥陀の念仏を唱えだした。聞くうちにきわめて貴く思いはじめた。

夜が明けて行《おつとめ》が終ると、餌取の法師は身の上を語りだした。一緒にいる女は自分の妻で、食べる物がなくなり餌取の取残した馬や牛の肉をもらってきてそれを食って養ってきた。それでも念仏を唱えることは続けてきた。自分が死ぬときは、必ずあなたに告げるから、死んだあとここに寺を造ってほしい。以上の約束をしてから延昌は山の西塔の房にかえった。

延昌は餌取法師との約束を忘れていた。すると三月の晦方《みそかかた》（最終日に近い頃）、西の方から微妙の音楽が聞こえ、房の戸を叩く者がいる。それは件《くだん》の乞匃《かったい》（この場合は老法師が自分を卑下していった言葉）の法師だった。「今、極楽からの迎えがきた。前に約束したので、それをあなたに告げに来た」。以上の夢を見た。

驚いた延昌は弟子とともに北山の家へ行ってみた。すると法師の妻が泣いていて「夜半に夫は念仏を唱えながら死んだ」という。

延昌は以上のことを村上天皇に申して、そこに補陀落寺を造ったという。この話を聞く人は、肉食をしても念仏を唱えれば極楽にまいれるのだと噂しあったという。なお『今昔物語集』にはこの話に続いてほぼ同じ内容の話をもう一つ語っており、そこでは法師とその妻の尼は同時に合掌しながら死んだことになっている。

補陀落寺については『扶桑略記』が天徳三年（九五九）四月二九日の条に「延昌僧正が補多楽寺を供養」したことを記している。大勢の僧による供養だったが、雪山を下りた鳩が集まったし音楽も奏でたという。

小さなことだが、先ほどの『今昔物語集』の延昌の話にも微妙の音楽が聞こえている。大原は仏教音楽としての声明《しょうみょう》の盛な土地で、後で述べる三千院は呂《ろ》川と律《りつ》川とにはさまれている。二つあわせると呂律《りょりつ》、今は言葉の調子を「ろれつ」というのはその名残である。

後白河法皇は蓮華王院（三十三間堂）の千一体の観音像に守られる位置に、自らの陵を定めた。このことについては前著（洛東の巻）で述べたが、それだけでなく法住寺殿の南に新熊野《いまくまの》神社を祠るなど熱心に熊野信仰をもおこなった。観音と熊野信仰、このことも補陀落寺を訪れた理由であろう。

女院の生活を偲ぶ

『平家物語』の最後の巻は、「女院出家」、「大原入」、「大原御幸」、「六道之沙汰」、「女院死去」の順で終っている。見事な文学作品になっていて筆者の博学と筆致の巧さに感心する。

「大原御幸」では女院の庵室のあった寂光院の描写が詳細をきわめ、どのような資料によって書かれたかについて関心がある。細かい点にわたっての臨場感があって、まるで筆者が御幸に随行したようである。

女院の寝所には竹のさを（竿）に「あさ（麻）の御衣、紙の御衾《ふすま》（夜具）なンどかけられたり」と記していて、夜具の粗末さを伝えている。紙の衾についてだが、今でも東大寺二月堂のお水取では、僧たちが儀式の間はずっと紙衣《かみこ》を着て生活をする。

平家の全盛期には、本朝や漢土から集めた「綾・羅・錦・繍」などの贅《ぜい》をつくした寝具を使えた身分の人だから、この描写は運命の激変ぶりをよく伝えている。

後白河法皇と対面した女院が、自分のたどった運命の激変の過程を延々と述べる件《くだり》がある。絶頂期の生活から木曽義仲の襲撃によって都を逃れ、大宰府も緒方惟義に攻められ、ついには陸上に身をおくところがなく瀬戸内海を船団でただよう生活となった。

「みつきもの（貢物）もなかりしかば、供御を備ふる人もなし。たまたま供御はそなへんとすれ共、水なければまゐらず。大海にうかぶといへども、うしほ（海水）なればのむ事もなし。是又餓鬼道の苦とこそおぼえさぶらひしか」

の状況だった。

船上での平家の人たちは、食事の準備はおろか水の補給にも不自由していたのであろうが、ぼくの推測では、船上での女性たちがもっとも困ったのは排便だろう。

ぼくは長崎県の西彼杵《にしそのぎ》半島の大瀬戸で、子供のころ家船生活を体験した漁民から話をうかがったことがある。その人が困ったのは舟での用便で、舟の艫《とも》（船尾）で大便をするのだが、汚すと父に叱られるので苦労したという話を聞いた。おそらく船上での女性たちもそのことに悩んだであろう。

後白河法皇が寂光院を訪れてから女院の死までの時間を、『平家物語』はとくには語っていない。換算すると大原御幸のとき女院は三一歳だったから、死までの二七年間を大原で送ったはずである。二七年の間、女院はどのように大原での生活を過ごしたのだろうか。『平家物語』の語らないこの間のことをどなたかが小説にしているように思うが、ぼくはまだ知らない。

女院の墓は寂光院のすぐ背後に、大原西陵として今も宮内庁が守っている。五輪塔の下に女院は埋まっていることだろう。

大原と魚山の地名

寂光院を出たあと夕暮の大原を散策して三千院の手前にある魚山園《ぎょざん》についた。大原で一度、夜を過ごしたかったのでこの旅館を予約しておいた。

魚山園では、通された二階の部屋から丹波との境の山々がよく見える。檜の風呂につかる。最近は旅にでることが少なくなったので、広い風呂でくつろぐのは久しぶりである。部屋での食事も一品ずつの量が適当であり、のこさず食べ終えた。それと給仕してくれた女性が、どの料理についても、尋ねると即座に食材の説明ができたのは気持がよかった。

ところで宿の名の「魚山《ぎょざん》」であるが、元は中国の山東省東亜県の山の名である。魏《ぎ》の曹植《そうしょく》がこの山で妙なる音楽を聞いて感心し、仏教音楽としての梵唄《ぼんばい》を作ったという。梵唄とは声明《しょうめょう》のことである。その声明を天台の僧円仁《えんにん》（慈覚大師）が入唐したさい学んできた。ちなみに円仁は下野《しもつけ》の壬生《みぶ》氏の出で、唐での旅行記『入唐求法巡礼行記』はぼくもときどき読む。

円仁によってもたらされた声明は叡山でおこなわれるようになり、三千院をはじめとする大原で盛んとなり、いつしか大原が魚山とよばれるようになった。

いつも感心することだが、キリスト教は牧師による説教と賛美歌とよばれる宗教音楽が盛んで、その流れからヘンデルやバッハなどの作曲家がでるようになった。仏教でも僧による説教はよく

三千院の阿弥陀堂

おこなわれるが、宗教音楽はキリスト教の賛美歌ほどは普及していない。けれども仏教にも声明《しょうみょう》がある。信者が声をあげて唱える御詠歌《ごえいか》も宗教音楽に含めてよかろう。とはいえ仏教音楽からは、名の知られた作曲家は生まれなかった。

　僧の説教について一言述べよう。京都の繁華街の新京極通に面して浄土宗の誓願寺がある。明治初期の仏教の弾圧以前の誓願寺は境内も広く、ぼくには新京極は誓願寺の門前町としてうつる。

　江戸初期の誓願寺に安楽庵策伝《さくでん》という僧がいた。説教の名手で、話に「落《おち》」がつくというのでいつしか落語の祖といわれるようになった。今日でも誓願寺の本堂では策伝にちなんで若手落語家による席がひらかれることがある。誓願寺だけでなく、近くの鰻屋の「かねよ」の二階でもときどき落語の寄席がひらかれている。そういえば落語には仏教にちなんだ話題が多い。

　話はそれたけれども、大原は声明を聞くのにふさわしい静かな環境である。朝おきてまず宿の窓から山々を眺めると、霧だろうか靄《もや》だろうか、それとも下ってきた雲だろうか、目の前にあっ

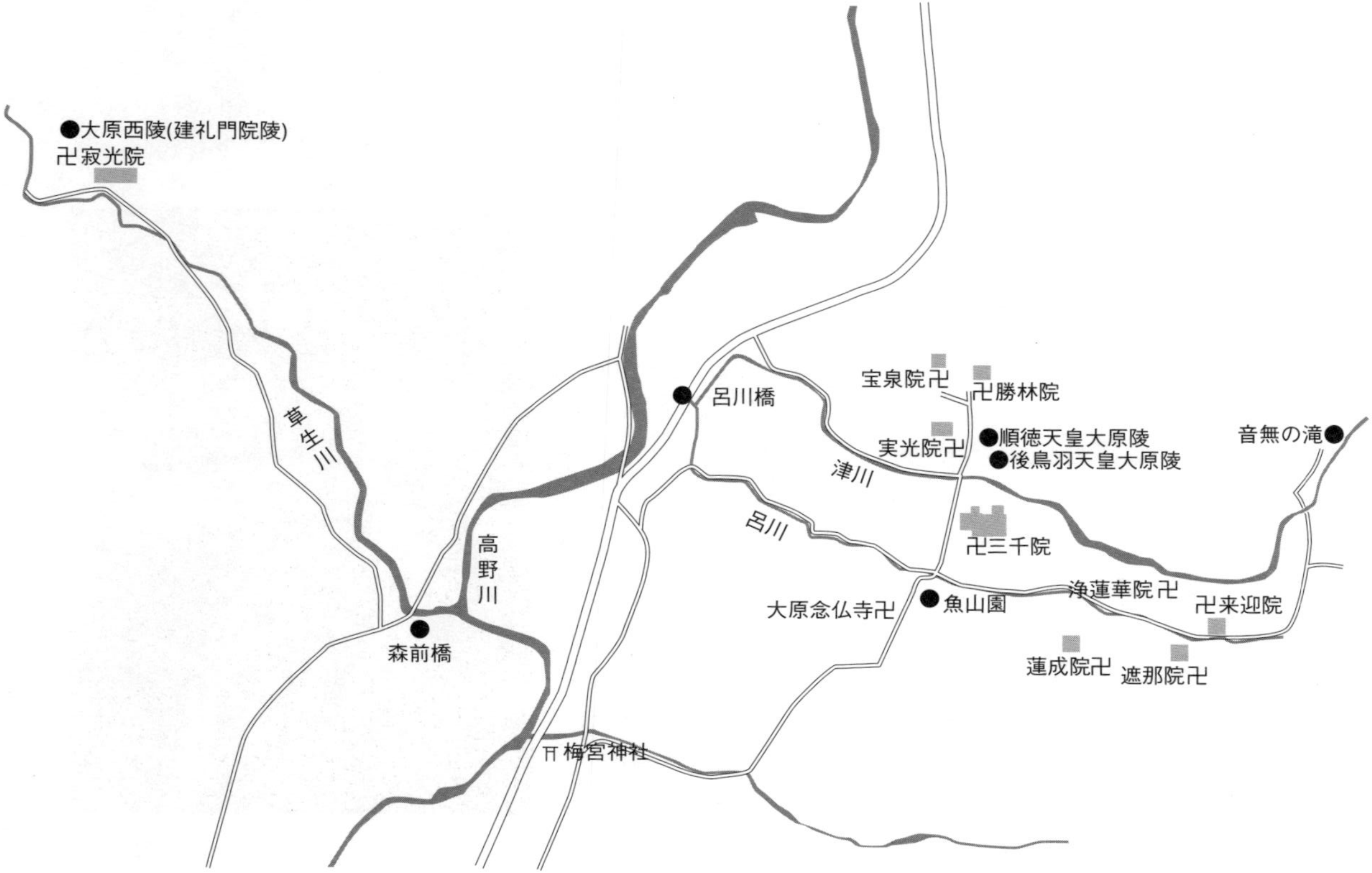
大原西陵(建礼門院陵)
寂光院
草生川
森前橋
高野川
呂川橋
宝泉院
勝林院
実光院
順徳天皇大原陵
後鳥羽天皇大原陵
音無の滝
津川
呂川
三千院
浄蓮華院
来迎院
大原念仏寺
魚山園
蓮成院
遮那院
梅宮神社

たはずの山々がすっかり白い物で隠されていた。このような光景はわが家のある東山では一度も接したことがなく、しばらく見とれてしまった。

三千院とその環境

大原は心の休まる里である。朝おきるといつもの家での習慣で、妻が「テレビをつけますか」という。ぼくは即座に「いらない」と答えた。そうなんだ。この里には人工の音は似あわない。わずかの風で木々の梢も声をだしているし、昨晩の雨で濡れた岩も何かを囁《ささや》いているようだ。それに耳を澄ますとせせらぎも聞こえる。微《かす》かな音ではあるが、これらが混じりあって自然が奏《かな》でる梵唄《ぼんばい》のように感じる。

宿から少し坂道をのぼると、まるで城の門のようないかめしい三千院の御殿門があり、左右に石垣とその上に高い白塀がつづく。これはかつて三千院に梶井門《もん》跡《ぜき》とか梨本門跡があったころの名残である。

阿弥陀堂と金色水（右手前）

ぼくは門跡《もんぜき》の歴史には関心がない。だが子供のころ梨本宮という宮家があって、名を記憶している。その宮家は戦後すぐに皇籍を離れ梨本家となった。この梨本宮は梨本門跡の流れをくむのだから、梨本について解説しておこう。

寺伝によると叡山の東塔南谷に梨の大木があり、最澄がこの木の下に一宇を建立して円融院ができたのが梨本門流の始まりという。その院の里坊が三千院の起源とつながるようである。

御殿門を入って広い客殿を通り庭園を眺められるところまで進むと、この寺が昔は民衆の近づきがたい皇族から住職のでる門跡寺院であったことを忘れさせた。というのは現在の三千院は人々へ積極的に寺に親しんでもらえるようにとの姿勢が随所で伝わってくる。うれしいことである。第一にお堂や部屋のあちこちに由緒のありそうな仏像が安置されていて、仏像は皆さんに見ていただくものというねらいがあるようである。

弥陀三尊

三千院の阿弥陀三尊

それとなく要所には若い僧が配置されていて訪ねる人の質問に丁寧に答えている。どなたかが三千院という名についてお尋ねになった。その答えがぼくの耳にも聞こえてきた。若い僧が答えていたのだが、なかなか学殖があってよくこなして話しておられる。それに読経や声明で鍛えた声のようで響きがよい。

ここ数年で出会った僧はたくさんいるが、働きぶりとか身のこなし、発言の内容などで感心したのはこの日に阿弥陀堂におられた僧のほか、春桃会の日に三十三間堂で雑踏する人々を誘導したり説明していた妙法院の若い僧たち、青蓮院《しょうれんいん》の庭の掃除をしていてぼくが尋ねた青不動の画像について答えてくれた若い僧、いずれも天台系の僧である。このほか滋賀県大津市坂本の天台宗務庁で講演したとき、会場の大会議室のある二階への階段をぼくが妻に左から支えられながらゆっくり登っていると、いつの間にか右から手をさしのべてくれた年配の僧も印象にのこった。

往生極楽院と大和坐り《やまとすわ》の菩薩たち

本堂の往生極楽院阿弥陀堂は古くは三千院とは別だったが、十六世紀ごろから梶井門跡の一院となり、今では三千院といえばこの阿弥陀堂を人びとは想い浮かべるようになった。お堂の前方に小さな朱雀門があるのはその当時の名残であろう。

木々でかくすようななかにお堂はあり、前方右手には金色水《こんじきすい》とよばれる山からの流水を溜めた泉がある。竹筒から落ちる水を一口ふくんでみたがうまかった。阿弥陀堂にとっては重要な泉のように思える。

平安時代になると、叡山の僧たちによって浄土教がとかれるようになり、中期には源信（恵心僧都）が『往生要集』を著し、浄土教はますます盛んになった。この阿弥陀堂も、源信が父母の菩提のため妹の安養尼を住まわせた持仏堂の旧跡という寺伝がある。

現在の阿弥陀堂は、平安後期の久安年間（一二世紀中ごろ）建立の小ぢんまりとした建物で、屋根もこけら葺きである。こけらは木端《こっぱ》のことだから、瓦葺きにくらべ木々の繁る環境にとけこみやすい。年代の点でいっても京都では古い建築物の一つである。

お堂には阿弥陀三尊を安置している。中尊の阿弥陀如来の坐像は脇侍《きょうじ》にくらべると大きく、それを納めるため天井を船底型の構造にしている。脇侍としては右に観世音菩薩、左に勢至《せいし》菩薩を配しており、顔の表情といい姿態のあでやかさといい、ぼくの大好きな仏像である。

観世音菩薩は蓮台を両手で持って往生する者を乗せようとしているし、勢至菩薩は合掌し、両脇侍とも少し前屈になって跪坐《きざ》している。このような坐り方を大和坐《やまとすわ》りというようである。ただし普及した言葉がどうかは不明である。ぼくには来迎《らいごう》中の仏たちがまさに立つ動作にうつる直前の姿に見える。胎内の墨書銘から久安四年（一一四八）に造られたとみられる。

ぼくは最初にこの阿弥陀三尊を拝観したとき強い印象をうけた。それからしばらくして華北を旅行した。洛陽郊外では龍門《りゅうもん》の石窟を見学できたし、大同郊外では雲岡《うんこう》の石窟を見学した。

二ヶ所で大石窟寺院をはじめて見て圧倒された直後、大同にある遼時代にはじまり金時代におよぶ華厳《けごん》寺に案内された。石窟を見たあとだから期待せずに訪れた。すると上、下どちらの華厳寺だったかに往生極楽院で見たのに似た跪坐の仏像があるではないか。滞在時間も短く、それがどういう仏像だったかはもう憶えていないが、大同でこの坐り方の仏像に接したことは強烈な印象となった。

ぼくはそのころ中国史のなかでも遼とか金（女真族がたてた国）とか、周辺でおこった大国を軽視していた。渤海や西夏にも同じことがいえる。これはぼくだけではなく中国史の専門家にもそういう傾向があった。

十世紀の朱雀天皇の時代に、都の人を震駭《しんがい》させた事件がおこった。平将門《まさかど》の乱である。伝説にすぎないが、比叡山には将門が腰をおろして京都を見下ろし天下を取ろうとした将門岩がある。

この事件についてはたんなる騒乱としてみるだけではなく、坂東のエネルギーの爆発した早い例としてぼくは注目しているが、成立の早い軍記物として知られている『将門記《しょうもんき》』に注目される一節がある。

将門が新皇をとなえ天皇から独立した政権をうちたてた直後に宣言したなかで、「去《い》ぬる延長年中の大赦契王のごときは、正月一日をもて渤海の国を討ち取りて、東丹の国に改めて領掌せり」と例をあげて正統性を唱えている件がある。

これは中国でも洛陽や長安での事件ではなく、辺境といってよい北東アジアの政治の動向についての情報を、都を介さず坂東独自のルートで得ていたとみてよいとおもう。情報を得ていたというのは、北東アジアに関心をもっていたことによるのであろう。

延長年間は醍醐天皇の晩年のことで、東丹国はのちに遼となる。また大赦契王とあるのは大契《きっ》丹《たん》王の誤記であろう。このように遼のことにも坂東の人は情報をもっていたのだから、さきほどの大同の華厳寺の仏像は注意してよい。

ついでにもう一つ述べる。前著（洛東の巻）の法勝寺の項で、出土の泥塔がインドのストゥーパの形に似ていて直接の影響が予想されることを指摘した。インドは遼や金よりはるかに遠方にあるけれども、古代の京都の教養人には、知識のうえでの天竺はそれほど遠いものではなかったのである。『今昔物語集』にも天竺の話はすこぶる多い。

『神道集』という神社の縁起を説いた説話集がある。神々のうち諏訪の神の縁起は近江出身の甲賀三郎を主人公としている。三郎が魔王にさらわれた妻をうばい返すためにたどる苦難の遍歴を根幹として語られている。もちろん架空の話ではあるが、三郎が遍歴で訪れる国々はユーラシア大陸の各地を想定していて構想の雄大さには驚くばかりで、当時の日本人の関心は中国の都だけではなく、はるかに遠方の土地をも知識のうちでは訪れていたのである。

将来の課題にはなるが、京都には東アジアはおろか、もっと遠方の北東アジアはもとより、インドやペルシャなどからも影響をうけた文物を見出せることであろう。そのことを可能にするためには、よほど物を見る側の目を広げておく必要があることはいうまでもない。そういう意味で大原や鞍馬は、遠方へと目をひろげてくれる土地でもある。

阿弥陀三尊で両脇侍が跪坐《きざ》している例は愛媛県八幡浜市の保安寺（梅之堂）にみられる。平安後期の作であるが、愛媛も朝鮮半島や中国の江南との交流のあった土地であり、跪坐の仏像のあることは注目してよい。丹波の南丹波市の西乗寺にも一例がある。

阿弥陀堂では、一人の女性が見動きもせずじっと仏に対しているのが印象にのこった。何かの出来事のあと救いを見出そうとしているのであろうか。ぼくも次の機会がいつあるかわからないので、かなりの時間を坐りつづけた。女性はぴくりとも動く気配はない。百メートルほどお堂から遠ざかってからふり返ると、まだ仏たちと女性はくっきりと見えた。仏たちはまるでぼくを見守りつづけてくれているようだった。

第2章　洛北、岩倉盆地の周辺をさぐる

――小野郷と栗栖野郷のほとり――

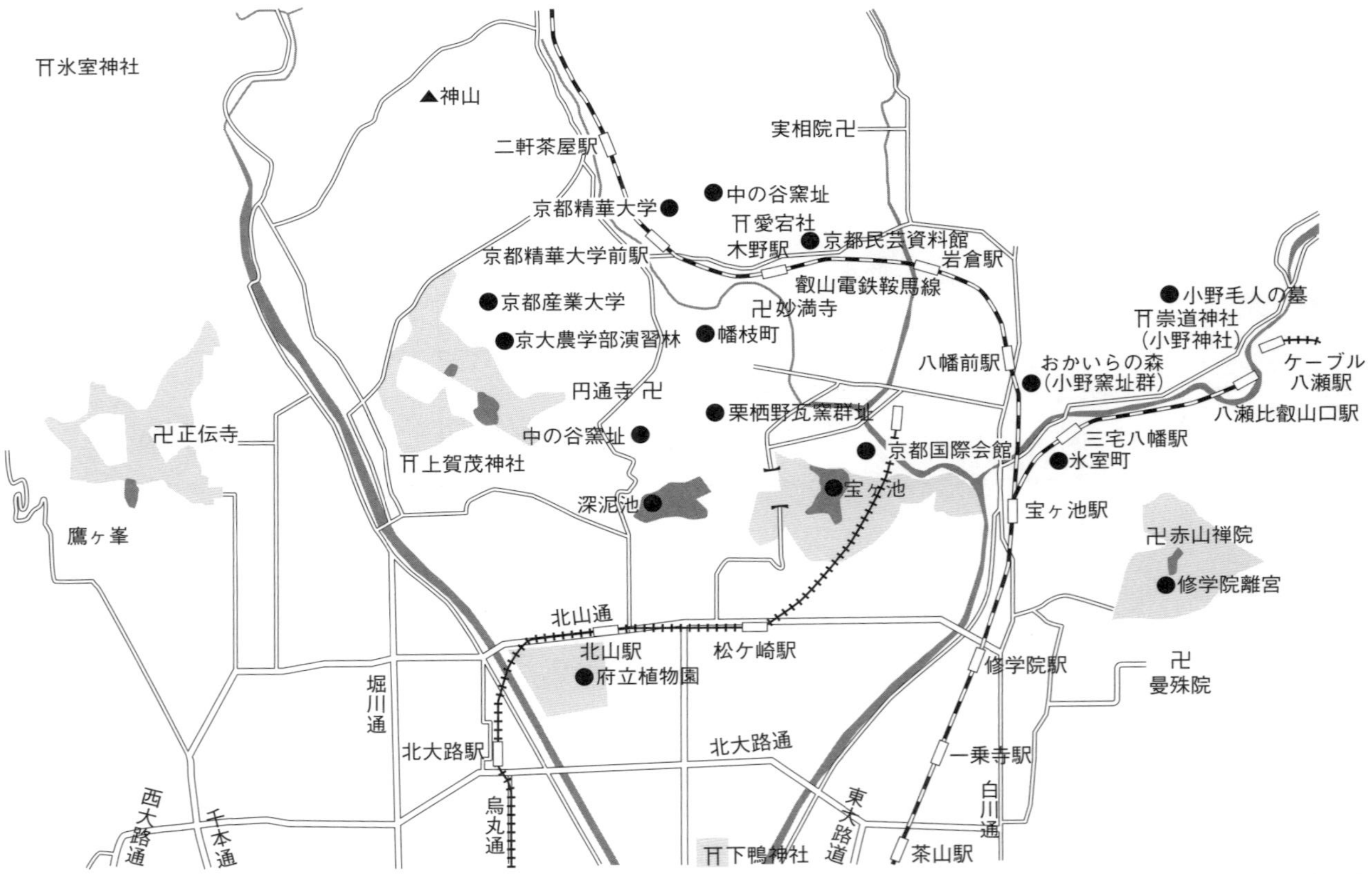

氷室神社
神山
二軒茶屋駅
実相院
中の谷窯址
京都精華大学
愛宕社
京都民芸資料館
木野駅
京都精華大学前駅
岩倉駅
叡山電鉄鞍馬線
京都産業大学
妙満寺
京大農学部演習林
幡枝町
小野毛人の墓
崇道神社
(小野神社)
八幡前駅
おかいらの森
(小野窯址群)
ケーブル
八瀬駅
円通寺
正伝寺
栗栖野瓦窯群址
八瀬比叡山口駅
中の谷窯址
京都国際会館
三宅八幡駅
上賀茂神社
氷室町
宝ヶ池
深泥池
宝ヶ池駅
鷹ヶ峯
赤山禅院
修学院離宮
北山通
北山駅
松ヶ崎駅
府立植物園
修学院駅
曼殊院
堀川通
北大路通
北大路駅
一乗寺駅
西大路通
千本通
烏丸通
東大路道
白川通
下鴨神社
茶山駅

小野と栗野

洛北は広い。ぼくはまだ愛宕《おたぎ》郡の北部を書いている。鞍馬や大原から南へ下ると岩倉《いわくら》盆地とその周辺にいたる。山々にかこまれた土地だが新興の住宅地がつづくようになった。岩倉は幕末から明治にかけて活躍した公家出身の岩倉具視《ともみ》が一時隠棲したところでもある。

大学に勤めだしたころ、この盆地をよく踏査した。遺跡の分布調査である。その頃、住宅地への開発が進みだし、古墳や窯跡が消滅しはじめたので、せめて記録にのこすために踏査したのだった。その踏査はぼくにとって足元から京都をさぐるのに役立った。岩倉盆地とその周辺は古代の郷では小野郷と栗野《くるすの》郷である。

栗野郷は栗栖《くるすの》郷とも栗栖野《くるすの》郷とも表記され、発音は「クルスノ」である。平安遷都の翌年の延暦十四年（七九五）に桓武天皇は栗栖野に遊猟していて、それ以来しばしばこの地に遊猟している。原野と山林の多いこの土地は狩猟に適していたのであろう。

承和十一年（八四四）、十一月四日に鴨上下《かみしも》大神宮の禰宜《ねぎ》、賀茂県主広友《かものあがたぬしひろとも》らが次のように申出た。「鴨川は二神社をへて南へ流れているが、王臣の家人や百姓らが北山で鹿彘《ろくてい》を取って（解体するため）水上で洗う。その末流が流れ来て神社にふれ、そのため汚穢《おえ》の祟《たたり》がしばしば卜《うらない》にでる。禁制をだしてもそれに従う者がいない」（以下略）（『続日本後紀』）。

この史料は九世紀には賀茂神社がすでに上と下の二社になっていたことと、大神宮とよばれるほどの神社だったことなどがわかる。それだけでなく北山での狩猟を王臣家や百姓（庶民の意味）などが盛んにおこなっていたことと、獲物の解体が川の上流でおこなわれていたことなどが知られる。

前著（洛東の巻）の清水寺の項で、坂上田村麻呂が妻に食べさせるため鹿を捕ったことを述べたが、平安京周辺の山々は重要な蛋白食料の供給地であった。賀茂神の力をもってしても、川水をよごすことを制しきれないほど狩猟は盛んだった。なお鹿彘《ろくてい》の「彘」の字は「いのこ」と読み、猪の仔のことである。

栗野郷は地名からみて、栗の木が多かったと推定される。古代に栗は、その他の木とは区別されるほど財産価値が高かったことは、各地の寺の資財帳の記載からわかる。

栗が財として珍重されるには二つの側面がある。一つは木の実の栗の収穫を期待することであり、もう一つは木を成長させて材の獲得を期待することである。木の実を期待しての林は栗栖《くるす》とよばれ、材を期待する場合には栗林とよばれていた傾向が強い。

京都盆地では北方に栗野郷があるだけではなく、南東の宇治郡にも小栗郷があって「オクルス」郷と発音されていた。秋には大量の栗が人びとの食卓にのぼったことだろう。

栗は縄文時代から食物のなかでは脇役的だが重要な食材だったし、栗の幹は望楼の柱などでよく使われていた。『今昔物語集』（巻第十四）には、嵯峨天皇のとき弘法大師（空海）と山階《やましな》寺の僧修円とが、生栗を法力で煮ることをめぐって争った話がでている。山階寺は藤原鎌足の邸宅である陶原家《すえはらのいえ》を寺に改めたと伝えられ、山階精舎《やましなしょうじゃ》ともいって奈良の興福寺の前身である。文献にはしばしばあらわれるが、実態については不明の点が多い。この寺についてはさらに先でふれる。

十年ほど前までは毎年、東福寺の紅葉シーズンになると臥雲橋《がうんきょう》のたもとで、丹波の人が来て炭火で栗を焼いて商っていた。味はとびきりうまく、ぼくは楽しみにしていたが、病気にでもなったのかこの出店はなくなった。栗は強火で荒々しく焼くとうまい。

北山の氷室《ひむろ》

夏が近づき六月になると、昔からある京菓子屋には水無月《みなづき》という外郎《ういろう》を売りだす。外郎に小豆をまぜたり、あるいは氷のように白色のものもある。厚さ二センチほどで三角形に切ってある。これは昔、氷室《ひむろ》から氷を切りだし、宮中にさしだし、群臣にもわけた氷室の節会《せちえ》になぞらえ、民衆も氷塊にみたてて外郎を作りだしたことにちなむといわれている。あるいは公卿が作った氷餅をまねたともいう。氷塊といっても今日よくみる機械で固めた方形の塊ではなく、厚さが三センチぐらいの厚板を割ったものだった。

平安時代の氷室は愛宕郡に五ヶ所あった。小野、栗栖野、土坂（長坂の誤記か）、賢木原《さかきばら》、石前の氷室である。このほか葛野《かどの》郡にも徳岡氷室があった。さらに鞍馬からつづく丹波国桑田郡にも池辺氷室があった（『延喜式』主水司の項）。

氷室は太陽の光の当りにくい、ゆるやかな山腹に深い穴を掘り、その上に小屋をかける。『日本書紀』にはヤマトの闘鶏《つげ》（都介・都祁）に廬《いほ》のような形の作り物があった。土地の人に聞くと氷室だったとある（仁徳六十二年の条）。

廬《いほ》は草葺きの粗末な小屋のこと。闘鶏の氷室は奈良時代にも盛んに利用され、奈良の長屋王邸跡からは都祁にあった氷室の構造や規模を記した木簡が見つかっているし、都介では平安時代と推定される氷室の跡の大きな穴が発掘されている。長屋王邸跡出土の木簡のなかに、「氷司秦国勝秦石床二人米一升」というのがあって、氷室に秦氏系の人がかかわっていたことがわかる。山城の氷室にも秦氏が関与していたのであろうか。

西賀茂氷室町には氷室神社があって、神社の北西の山腹には氷室の跡とみられる窪地がいくつかのこっている。氷室神社へは一度行ってみたが、鷹ケ峯北西約五キロの地で、京見峠からこの小盆地を見下ろすと、京都市内とはおもえないのどかな山村風景がひろがっていた。

この小盆地には溜池が数ケ所あり、冬にはこの池で氷を取って氷室に貯えたという。明治時代になって京都で製氷業が営まれるようになった初期にも、この池で氷を採取していたと伝えられている。

『延喜式』記載の土坂（長坂）の氷室と推定されるが、栗栖野氷室とみる説もある。後に述べるように『延喜式』には栗栖野瓦屋の記載があり、この栗栖野は岩倉の幡枝町に比定され、西加茂氷室町とは六キロも離れているから栗栖野氷室ではないようにおもう。

個々の遺跡と史料のうえでの氷室の対比は将来の研究をまつとして、北山の各地に天然氷を作って貯える施設としての氷室が点在していたのである。なお西加茂氷室町には清原家の江戸時代の墓がある。これは平安後期に清原頼業が主水司の役人をしていたとする伝承にもかかわることであろう。氷室の探索はいずれ産業考古学の重要なテーマになるだろう。

平安京ではどのように氷を利用したのであろうか。夏に高貴な人が死ぬと死骸の腐敗を遅らせるために使われることもあっただろうが、主に食用にされた。水飯といって、飯を冷たい白湯に浸してそこへ氷をいれて食べるのである。『枕草子』四二段には、「あてなるもの」として金鋺《かなまり》にいれた削り氷にあまづら（甘葛）を入れて食べることがでている。今でもカキ氷に甘い蜜やシロップをかけて食べる。栄養になるわけではないが夏を過すためには欠かせない。

岩倉盆地には小野郷と栗野《くるの》郷とがあった。

栗野郷は、栗栖野瓦屋が幡枝《はたえだ》町に比定されることによって所在地の見当がつく。

小野氷室

『延喜式』木工寮の条に、小野と栗栖野の瓦屋から宮中までの車の賃を四十文と定めていて、小野瓦屋も幡枝からそう遠くはないことはわかる。

国の指定史跡になっている栗栖野瓦窯址群の東方約二キロに、「おかいらの森」とよばれる瓦の散布地がある。現在は崇道《すどう》神社のお旅所になっていて、上高野小野町にある。寺跡とみられた時期もあるが、瓦窯址で、しかもここで作った唐草文平瓦の中央に「小乃」の二字を型押していて、ここが小野瓦屋とみられるようになった。ついでに書くと、栗栖野瓦窯址群から出土する唐草文平瓦の中央には「栗」の字を型押していて、栗栖野瓦屋であることがわかる。

小野瓦屋の位置を手がかりに小野氷室について考えてみよう。高野川は叡電の宝ヶ池駅の北方で流路が東に曲がっている。この湾曲部の南にあるのが氷室山で、「おかいらの森」にも近い。おそらくこの氷室山に小野氷室はあったとみてよかろう。なお氷室山の南東に赤山《せきざん》明神をまつる赤山《せきざん》禅院や後水尾上皇が造営した修学院離宮がある。

岩倉盆地とその周辺では土器や瓦の生産、氷の産出にくわえ炭や薪の生産が盛んだった。炭焼窯の調査はまだ進んでいないが、これも産業考古学の重要なテーマである。藤原俊成は小野の炭焼と製氷を対比して、文治六年に次の歌を作っている。

炭竈も　氷室もちかき　小野山は　火と水をこそ　へだて成けり

熱い火で作る炭と冷たい氷とが同じ山で作られているおかしさを詠んだのであろう。

氷室山とは高野川をへだてた山中に、桓武天皇の弟の早良《さわら》親王をまつる崇道《すどう》神社がある。皇太子になっていた親王は長岡京造営中におこった藤原種継の暗殺事件に連座し、皇太子を廃され捕らえられて乙訓《おとくに》寺に幽閉中に自殺した。乙訓寺は長岡京市にあって郡の名をつけた寺である。死後その怨霊がおそれられ、ついには崇道天皇の尊号をおくられた。その尊号が神社の名となっているのである。

小野毛人《えみし》の墓誌と墓

崇道神社の北東約一〇〇メートルの裏山に小野毛人《えみし》の墓がある。山脚の頂部に墓はあって眺望のきく位置である。

慶長一八年（一六一三）に墓は見つかり、石室のなかから金銅の墓誌が発見された。銘文は読みやすい字で刻まれていて、天武朝に仕えた小野毛人の墓誌であることがわかったため、京都在住の学者たちの関心を集め、金石文の貴重な資料としてよく知られるようになった。墓誌は一時、石室に再埋納されたが盗難にあい、それをとりかえしたこともあった。崇道神社の配慮で今では京都国立博物館に出陳されている。

大正十三年に墓誌の保護を目的に石室が調査され、内籐虎次郎氏や喜田貞吉氏らの著名な学者も立会い、それに参加した梅原末治氏が「小野毛人の墳墓とその墓志」と題する論文を『考古学雑誌』に発表した（のち『日本考古学論攷』に所収）。墓誌の研究史や石室の様子はそれに詳しい。

簡単に述べると、石室は板石を組んでいて内法の長さ二・六メートル、幅約一メートル、高さ約一メートルと比較的小さなもので、底に礫を敷いており、終末期古墳の流れのうえにある埋葬施設である。石室を覆う封土は小さく、古墳に含めるよりも墳墓といったほうがよい。なお墓誌が本来どのような状態で埋納されていたかはすでにわからず、その点は惜しまれる。

墓誌は長さ五八・九センチメートル、幅約五・九センチメートル、厚さ三ミリメートルの長方形の銅板で鍍金をほどこしたいわゆる金銅製品である。

銘文は表面と裏面の中央に刻まれている。表面には「飛鳥浄御原宮治天下天皇　御朝任太政官兼刑部大卿位大錦上」とあり、裏面には「小野毛人朝臣之墓」は大きく、以下中央より右によせて「営造歳次丁丑年十二月上旬即葬」とある。

墓の主の小野毛人《えみし》は遣隋使の小野妹子《いもこ》の子であるから、発見当時から注目を集めた。以下いくつかの問題点を検討しよう。

墓誌のなかの丁丑《ひのとうし》年は天武天皇の六年（六七七）に比定されている。ところがその頃には太政官や刑部大卿の官職名はなく、飛鳥浄御原令《きよみはらりょう》制定後の官職名とみられ、墓誌の製作は持統朝から元明朝ごろの間とみられ、したがって墓への追納品であろう。

墓誌の銘文には小野毛人朝臣とあり、位についても大錦上とある。ところが『日本書紀』では天武十三年十一月に、前にあげた粟田臣や山背臣など五十二の氏《うじ》が姓《かばね》を朝臣《あそん》に改められていて、そのなかに小野氏もみえる。天武十三年は六八四年で、これも毛人の死の丁丑年よりはあたらしく、墓誌の製作年を知る手がかりとなる。生前の毛人は臣《おみ》であって朝臣《あそん》ではなかったのである。

小野毛人の子は小野毛野《けの》である。遣新羅使や大宰大弐《だざいのだいに》（次官）に任じられたこともある。和銅七年（七一四）四月に死んだときの薨伝が『続日本紀』にでている。そのなかに「小治田朝《おわりだ》（推古朝）の大徳冠妹子の孫、小錦中毛人の子なり」とあるから、厳密にはこの時点にはまだ毛人は大錦上の位は追贈されていなかったとみられる。

ぼくの推測では位が追贈されたとき、それを記念して墓誌を作り、そのことを銘して墓に追納したのであろう。

小野郷内で小野毛人の墓誌が墓から出土したことは、七世紀末には小野氏がこの地を根拠地にしていたことは間違いなかろう。『延喜式』の神名帳には愛宕郡に小野神社があり、小野氏が奉斎していたとみられる。現在では小野神社は崇道神社の末社となり境内にまつられているが、小野毛人の墓は小野神社の近くでもあったのである。

八瀬《やせ》をへて大原をこすと途中峠にいたる。その峠をすぎて道を東へとると琵琶湖畔の小野神社がある。もとの滋賀郡内にあり小野神社は式内社である。承和元年（八三四）三月二十日の条に次のような勅がだされている。「小野氏神社は近江国滋賀郡にある。彼氏の五位已上（小野氏の五位以上の者）、春秋の祭ごとに官符を待たずとも永に往還するを許す」（『続日本後紀』）。

近江の小野神社の周辺には古墳前期からの前方後円墳を含む小野古墳群があり、ここが古くからの小野氏の根拠地であったとみてよかろう。愛宕郡の小野郷には毛人の墓以前の古墳はみられず、毛人のころになって近江から進出したのであろう。

それはともかく、毛人や毛野は愛宕郡を本貫としながらも、飛鳥浄御原宮や藤原京に出仕していたのである。奈良時代になっても、愛宕郡出身者が役人となって平城京で働く者が多数いた。その数は他の国のどの郡よりも突出した多さであることを、岸俊男氏（故人）は「山背愛宕郡考」（『続律令国家と貴族社会』所収）のなかで指摘している。

元慶二年（八七八）十二月丙戌の条に「山城国愛宕郡小野郷の人、勘解由《かげゆ》次官従五位下の小野朝臣当岑《まさみね》が本居を改めて左京職に貫隷《つ》く」（『三代実録』）とあって本居を小野郷から平安京内に移す者がでていた。勘解由使《かげゆし》は官人の交替事務を監査する令外官《りょうげのかん》である。なお小野郷は宇治郡にもあって、随心院はもと小野曼荼羅《まんだら》寺といい、俗に小野門跡《もんぜき》とよばれるように小野郷にあった。このように、近江の南西部と山城の北東部に小野氏は三ヵ所の居住地をもっていて、なかなかの雄族だったことがわかる。

洛北窯址群

京都盆地のすぐ北辺には東西に低い山々が連なっている。三条大橋の上からみると北山には違いないが、ぼくの意識では北山の前方に横たわる山々である。後に述べる上賀茂神社の御阿礼《みあれ》の山としての神山《こうやま》（海抜三〇二メートル）もその峯の一つである。御阿礼の山とは神が降臨する山で、ぼく流に解釈すると神体山でもあり神奈備《かんなび》山でもあって、今も禁足地である。

この盆地の北辺に東西に連なる低山脈を、仮に神山《こうやま》山脈とよんでおこう。この山脈の南麓には美度《みど》（土）呂池《ろがいけ》とも、仏菩薩池とも書かれた深泥池《みどろがいけ》がある。蓴菜《じゅんさい》や河骨《こうぼね》を産出したが、現在は天然記念物に指定され採取はできない。

蓴菜《じゅんさい》は古代には奴奈波《ぬなわ》とよばれ、寒天状の新芽を食べる。ぼくがときどき酢の物や味噌汁の具として食べるのはたいてい秋田産で、深泥池のものは未経験である。
河骨《こうぼね》は食べたことはないが、根が強壮や止血剤になるし、古代に根蕁とあるのはこれに当るのだろう。室町時代の公卿の山科言継《ときつぐ》の日記である『言継卿記』には、天正一〇年九月一三日に「仏菩薩池へ河骨取ニ罷向了」と記している。『言継卿記』には日常の食事の記録が多くあって注目している。

この深泥池北方の斜面にも瓦窯《がよう》址があったから、洛北窯址群の南限は深泥池北岸の斜面といってよい。洛北窯址群は深泥池のすぐ北方にある幡枝がほぼ中央部で、この窯址群を一支群として幡枝《はたえだ》窯址群といっておこう。この支群にたいして、盆地の名をとって岩倉窯址群とよぶ人もいる。西方の西賀茂町鎮守庵町を中心とした一支群としての西賀茂窯址と、東方の上高野小野町のオカイラノ森付近にある一支群としての小野窯址群のほぼ三支群で構成され、東西約六キロの範囲にある。

このように神山《こうやま》山脈の一帯で平安京造営以前から窯業がおこなわれだし、平安京の存続の期間にも平安宮や寺院、ときには神社の神宮寺にたいして瓦の供給をしつづけたことの条件として、窯を築きやすい傾斜のある地形に富んでいたこと、焼物の材料としての粘土があったこと、燃料になる大量の薪の供給地が近かったことなどがあげられる。

なかでも幡枝《はたえだ》窯址群は、栗栖野《くるすの》瓦屋としての官窯があった。昭和九年に書かれた「栗栖野瓦窯址調査報告」（『京都府史跡名勝天然記念物調査報告』第一五冊所収）のなかで、「栗栖野瓦窯址の文献的考察」を執筆された西田直二郎氏は次のことを指摘された。寛仁二年（一〇一八）の太政官符にこの地に「修理職瓦屋」のあったことである。

栗栖野瓦屋は平安時代の前半期には木工寮《もく》に所属していた。この窯址出土の平瓦には「木工」の刻印を押したものもあり、木工寮に属していたことを物語っている。だが木工寮の職務が繁忙になったため、弘仁九年（八一八）に修理職がおかれた。修理職は令外官《りょうげのかん》であり、平安京の建物の維持にあたり、栗栖野の工人も一括して大量の瓦を生産することより、建物の修理に応じて瓦の補給をする役目が多くなったのである。

幡枝窯址群

近畿地方全体でみると古墳時代後期には、山背国《やましろ》では須恵器《すえき》生産はあまり活発ではなかった。初期の須恵器生産は丹波国の園部町（船井郡、いまは南丹市）に窯址はあり、以後継続して窯業がおこなわれた形跡がある。

古墳時代後期になると、山背国では山科盆地で須恵器生産はおこなわれた。藤原鎌足の邸宅が陶原《すえはら》の家とよばれたように、須恵器生産がすでに地名になっていたことがわかる。だが六七一年の天智天皇の死にさいして山科に御廟野古墳（天智陵）が造営され、「東西一四町、南北一四町」の広大な土地が兆域にとりこまれ、この地の須恵器生産が終りを迎えた。それと前後して工人が洛北に移ったとみられる。なお山科盆地では、そのとき須恵器生産だけでなく製鉄も操業を終ったとみられている。

消滅した飛鳥時代の瓦窯址

深泥池の東北東に国立京都国際会館が建っている。この建設のため土地の造成がおこなわれ、昭和三八年に一基の窯址が発掘された。この調査によって「瓦陶兼業」の飛鳥時代の窯として紹介され、ここで製作された丸瓦の文様が七世紀前半のものであったため、同時に出土した須恵器も同一時期と判断し「須恵器の絶対年代を知ることのできる」資料として強弁されてきた。

この窯は傾斜地に設けられた窖窯《あながま》で、考古学では登り窯とよばれる（陶器業界で用いる用語とは同じではない）。窯の床面には傾斜があって、焼成する瓦が並べにくいため床には階段をこしらえ、その階段の上に窯道具としてすでに製作されていた不良品の須恵器を転用していたのである。不良品は失敗品といってもよく、製作後も窯の近くに置かれていたのであろう。厳密にいえば、同一の窯での時をへだてた製品かどうかも不明だが、近くに窯はあったのだろう。

たしかに同一の窯に瓦と須恵器があったのは事実であるが、この回の窯の火入れは瓦を製作することが目的であって、「瓦陶兼業」の結論は出土状況をきちんと解釈した結果生まれたものではない、とぼくはずっと以前からみている。

この発掘成果が、日本考古学協会大会の席上で発表された時のことをぼくはよく覚えている。発表者は自信にあふれた口調で、「私たちが七世紀前半と考えている須恵器はこれであります」の口上とともに、出土須恵器のスライドが映写された。だがこの時見せられたのは出土遺物だけであって、肝心の出土状況の説明は何もなかった。

ぼくはつねづね、考古学は遺跡の学問ではあるけれども、遺物だけの学問としてはいけないと考えている。つまり考古学での重要な視点は、発掘での出土状況をよく観察し、きちんと解釈することである。横穴式石室の発掘を例にとっても、一括遺物のようには見えても、後世の追納物が混じっていることはよくある。

奈良県斑鳩町の藤ノ木古墳の横穴式石室でも、古墳後期の須恵器とともに中世の素焼の小皿（かわらけ）があった。このような追納物をも一緒にして須恵器の編年なるものが発表され（例えば『世界考古学大系』3の「古墳時代須恵器の編年略表」の桃谷式や野畑式）、当時、大阪府南部窯址群での研究をつづけていたぼくは当惑したものだった。

この発表がおこなわれた直後、ある雑誌にこの須恵器編年を応用して「天武朝が群集墳造営の盛期」とする見方も発表され、一時、古代史学界に混乱がもちこまれたことがある。それらはいずれも幡枝窯址での「瓦陶兼業」を「同じ時の製作」と誤認したことの延長上での出来事だった。群集墳の造営の盛期は古墳時代後期であって、天武朝は古墳造営からすると終末期であり、いくつかの横穴式石室では追葬に利用された時期でもある。幡枝窯址の紹介では、この点を間違いつづけているものをよくみかけるので、ぼくの体験を通して真相とおもうことを語っておいた。

幡枝窯址は調査後に保存されることもなく、造成工事で消滅した。京都でも初期に建立された北野廃寺（北区上白梅町など）に瓦を供給したことがわかるだけに、その消滅は惜しまれる。遺物だけ残ればよいとする考えも遺跡重視の観点からは認めがたいものである。

緑釉陶器を作った本山窯址

京都国際会館の建設で消滅した幡枝の瓦窯址より北方約三〇〇メートルに、史跡の栗栖野瓦窯跡《くるすのがようあと》があって、幡枝窯址群の一部である。

史跡の瓦窯址《し》は『延喜式』にいう栗栖野瓦屋である。この窯址についてはすでに述べた「栗栖野瓦窯址調査報告」に詳しいのでここでは省略する。平安京に供給する緑釉瓦も製作していたことは特記してよい。

平安京造営と聞くと、すべての瓦を新調したように思いがちだがそうではない。このことは平城宮や長岡宮の造営にさいしても、それぞれそれ以前にあった藤原宮や難波宮の建物に使われていた瓦を大量に運んで転用している。

平安宮の内裏や大極殿に使われた瓦のなかには、藤原宮や長岡宮の瓦をも転用している。藤原宮と平安宮では百年ほどの年代差はあるが、これは藤原宮の瓦を転用していた平城宮や長岡宮のものを使った結果に生まれたことで、二度目あるいは三度めの転用なのである。

間違いそうなことがある。平安京の土地から藤原宮の瓦が出土することから、八世紀初頭の寺が建立されたと速断する危険がありそうだということである。考古学にとって出土状況の観察と解釈の大切さがわかるだろう。

栗栖野瓦窯址の北西約一キロメートルに、京都大学農学部の演習林がある。所在地は北区上賀茂本山町にある。ぼくは幡枝窯址群に含めて本山窯址とよんでいる。ここからは丸瓦の破片も一点だけ出土しているが、大量の須恵器と緑釉陶器を焼いていて、出土品の半数近くが緑釉陶器である。

本山窯址は一部の開墾によって存在が知られるようになり、宇佐晋一氏が「緑釉土器窯址本山遺跡とその周辺」と題する報告を『古代学研究』一五―一六合併号に掲載された。昭和三一年のことである。この号は「歴史時代特集」で、編集担当のぼくにとって平安時代以降の研究テーマを開拓するねらいがあった。

この報告文が出たしばらく後でもなお現地の道路に遺物が散乱していたので、その部分の緊急調査を、ぼくが大学院に在籍していた同志社大学考古学研究室でおこなった。昭和三一年十一月のことだった。調査個所は遺物包含地（灰原）に限ったので、窯本体は調査せず遺跡の保存に努めた。これらの資料は同志社大学歴史資料館で保管している。

遺物はすべて土製品であったが一点だけ石帯《せきたい》の一種で方形の巡方《じゅんぽう》があった。瑪瑙《めのう》を用いていて、帯にとじつけるための小孔がみられた。官人が着用する革帯に付けられたものとみられる。この石帯の出土によってこの窯も官に所属したものであるとみられる。仕事中の工人が石帯を着けるはずはなく、窯を管理する役人が落としたものであろう。

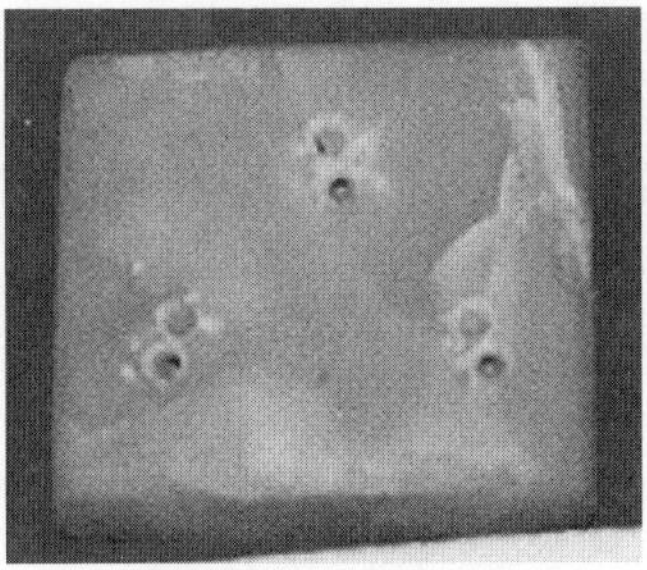

本山窯址の巡方（裏面）
（同志社大学歴史資料館提供）

この発掘のころ、ぼくは中国江南の越州窯《えっしゅうよう》で焼かれた越磁（越州青磁）が、平安前期から中期にかけて盛んに日本へもたらされていることに注目していた。東シナ海に近い港町寧波《にんぽう》の周辺で生産され、それを推進していたのが銭氏呉越国である。

越磁とか越州青磁とよばれるように、器の面に硬いガラス状の釉がかかるほどの高熱で製作されている。すでに青磁に含めてよいほどの高度な陶磁器が生まれていたのである。これらの発明の背後には、江南での錬金術と関係すると読んだことがある。平安時代の人たちもそれを輸入して珍重していた。

越州青磁は長岡京址でも少数は出土し、その頃から輸入され、平安京では全域で出土する。とくに、名神高速道路の開設で調査された古墳（仁明陵付近、それに関連するか）出土の碗や木幡《こばた》の浄妙寺址出土の水注《すいちゅう》（みずさし）はぼくの印象にのこっている。

緑釉陶器は鉛を釉とし銅粉を緑色の呈色剤に加えた焼物で、緑釉土器ともよばれるが、焼物の発達の段階では緑釉陶器といってよかろう。先に低火度で土器を形成して一度焼いてから、緑釉をかけているから二度の窯入れをしているのである。日本で輸入越磁をまねて、より低火度の技術として生まれたのが本山の緑釉陶器だとぼくは考えた。とくに坏や碗の高台の断面が晩唐のころの越磁とそっくりであることもその考えを強めさせた。

昭和三一年に、京都大学の水野清一先生のご好意で、『世界陶磁全集』Ⅰの日本古代篇に「和泉河内窯の須恵器編年」を発表することができ、窯址の資料で編年を組立てた。そのなかで本山窯址の位置づけにふれた。水野先生は、「考古学は遺跡の学問であり、遺物は遺跡のなかでしか学問的価値は発揮できない」ことを早くから論破され、ぼくを啓発された先人である。

広義の緑釉陶器は奈良時代からあらわれる。二彩とか三彩とよばれるが、まだ坏や碗など日用の器種は作られていなかった。製作は、奈良県と京都府境の京阪奈丘陵でおこなわれたとみられる。長岡京からも緑釉陶器は出土するが、製作した窯はまだ知られておらず、とくに緑釉瓦はなかった。

そういう意味では未知の前史はありそうだとはいえ、本山窯の出現が注目される。さらに本山窯に似た製品を焼いた窯は幡枝でも見つかっている。史跡の栗栖野瓦窯跡の北方約五〇〇メートルの丘陵にあり、国際会館造成用の採土地となって、調査もおこなわれず消滅したものである。坂東善平氏らが「幡枝町発見の平安時代の須恵器窯址」としての報文を『古代学研究』五七号に

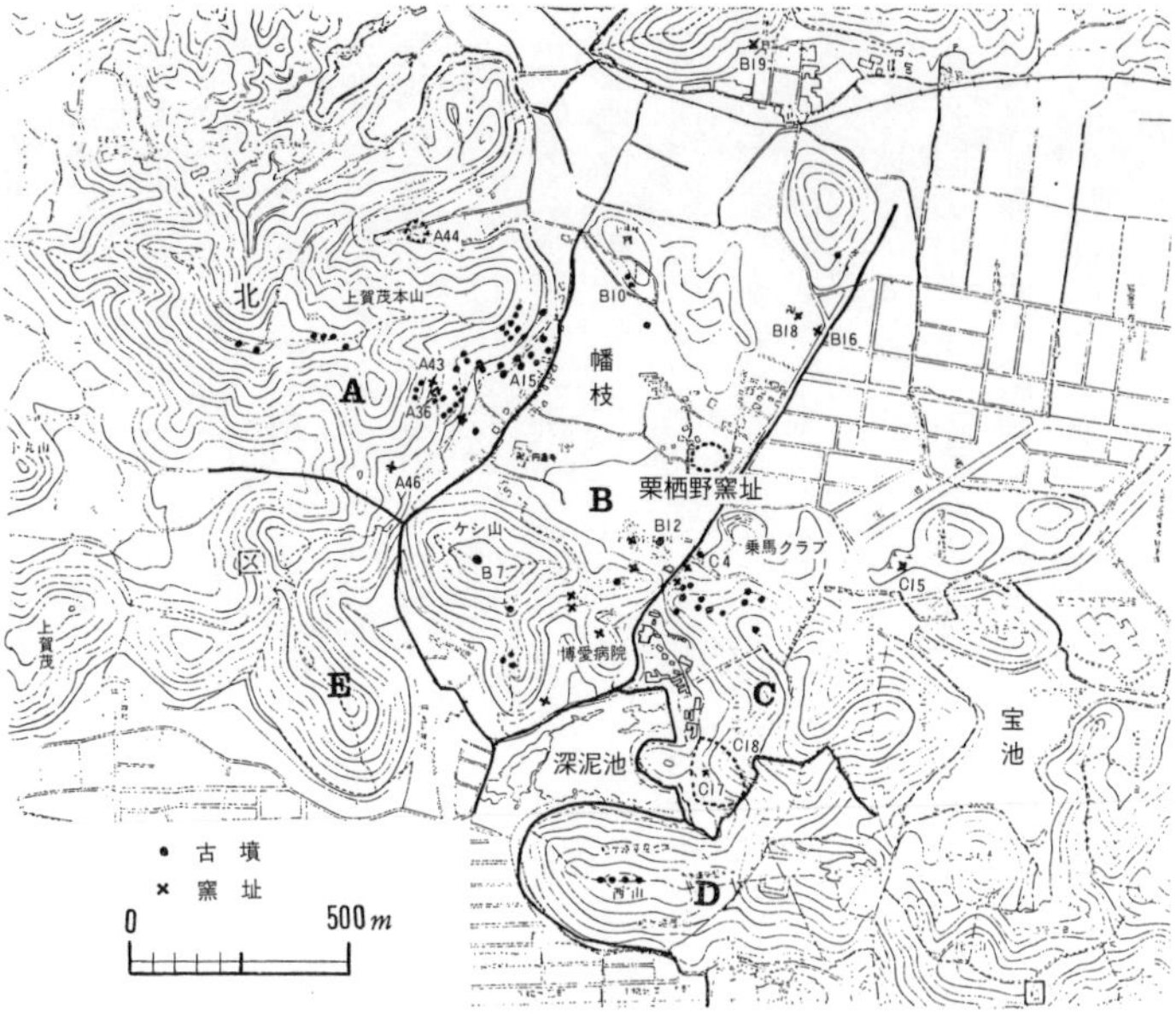

昭和40年代の幡枝の遺跡分布図

発表している。

この報文によって、この窯址出土の土器には緑釉はかかっていないものの、器の形や断面が本山窯址のものに酷似していて、ことによると緑釉をかける前の第一次焼成専門の窯ではないかとおもわせる。さらに器の内面に細線で流麗な花文を描いたものがあるのも、後に述べる尾張の猿投《さなげ》窯との関連を見出すうえで重要である。

坂東氏らはこの報文のなかで、保存できなかった幡枝の飛鳥時代の瓦窯址を含め、文化財保護行政の無力ぶりを強く指摘しておられる。完成した国際会館を見るといかにも必要のありそうな施設にみえるけれども、史跡の栗栖野窯跡の近接地だからもっと建設にさいして着実な取組みをしておくべきであった。当時の京都市には古墳や遺跡については遺跡保護の視点はまったくなかった。

それにしても、史跡の隣接地での工事による窯址の消滅に気づき、懸命に遺物の採取につとめて記録をのこされたのは、文化財行政の担当者でも大学の研究室所属の者でもなく、市井《しせい》の民間研究者だった。先ほどは「坂東善平氏ら」と略記したが、坂東氏のほか木村孝雄氏、武山峯久氏である。ここにお名前を明記して活動を記録しておこう。

洛北窯址群と東海の窯業

窯業の歴史では、洛北窯址群での緑釉陶器の生産が下火になるころ、急に浮上するのが東海、とくに尾張東部の猿投《さなげ》窯址群である。

厳密にいえば、猿投窯址群は尾張だけではなく三河にもまたがるのだが、これ以後東海では渥美、知多（常滑を含む）、瀬戸、美濃などで中世から近世へと生産がつづき、現代でも日本有数の窯業地帯である。

東海の窯業の歴史、ひいては日本の窯業の歴史を考えるうえで、猿投窯址群の出現は一つの画期とみてよいが、それに関して弘仁六年（八一五）正月五日の史料が重要である。

「造瓷器生尾張国山田郡人三家人部《みやけひとべ》乙麻呂《おとまろ》ら三人が伝習して成業す。雑生に准じ出身を許す」とある（『日本後紀』）。

尾張国山田郡は、名古屋市北部、春日井市や瀬戸市の一帯で須恵器生産のあった土地、さらに猿投窯址群の西の部分でもある。三家人部乙麻呂らは一応の焼物の技術は知っていた者でおそらく洛北窯址群のどこかで瓷器《しのうつわ》（緑釉陶器をも含め施釉《せゆう》陶器を示す言葉）の技術を伝習して下級の官人の扱いをうけ、尾張での生産を開始したことをこの史料は物語っているとぼくはみている。

猿投窯址群では、施釉陶器には違いないが、鉛や銅よりも入手の簡単な木灰を釉とする灰釉《かいゆう》陶器の技術を開発し、それを大量に生産するようになった。注目されるのは、その技術をわきまえた工人が洛北でも一時生産した形跡がある。というのは、灰釉陶器の窯が岩倉木野町の精華大学構内で発掘されたことである。中の谷窯址である（現地保存されている）。

中の谷窯址の現状（中村潤子氏撮影）

東海から製品としての灰釉陶器を運搬するより、工人が移動して消費地に近い洛北で生産をしたらしいが、一時的な生産に終った。平安中期の出来事である。

それ以後、中世や近世初頭まで東海産の焼物が大量に京都に搬入されるようになり、中京区三条通麩屋《ふや》町の発掘では陶磁器を扱った商人の邸（店）跡が発掘され、大量の茶陶類を含む瀬戸焼や美濃焼がごみ穴遺構から出土したこともある。三条通には安土桃山時代に茶碗屋が軒を連ねていたとみられる。

京都市内の発掘では江戸時代になると東海産の製品が減少し、大量の伊万里焼が九州からもたらされた様子がうかがえる。ぼくの日常会話では普段使っている茶碗を「瀬戸物」というけれども、実際は「伊万里物」をよく使うようになったのだった。

だがぼくは「伊万里物」という言葉を耳にしたことはない。

西賀茂窯址群と摂津の吉志部《きしべ》窯址群

西賀茂の正伝寺町で同志社大学が須恵器の窯址を発掘したことがある。ぼくが大学院での勉強をやめた直後で現場は見なかったが、研究室の倉庫に木箱へいれた土器片が数箱あって、遺物整理でどの土器片にも「西賀茂」と記名してあった。

僕の年代観では七世紀の前半から後半にかけてのものである。洛北窯址群では、七世紀前半の幡枝瓦窯で窯道具として使われていた須恵器（厳密にいうと窯の位置は不明）に次ぐ年代のものである。

昭和五八年に西賀茂中学の建設にさいして、四基の窖窯《あながま》が発掘され七世紀後半の瓦が出土した。奈良時代の瓦窯址である。西賀茂蟹ケ坂瓦窯址である。ここで焼いた瓦は後に述べる出雲寺跡で用いられた。出雲寺跡は上御霊神社とその周辺にあった出雲臣の氏寺である。

この窯址は四基の窯全体を取囲んで、深い排水溝をめぐらせていた。窯の維持にとって雨水の流入は大敵であり、ぼくも大阪府和泉市の濁り池窯址で窯をめぐる排水溝を検出したことがある。このときは窯をおおう小屋があるはずとみて窯の周辺を掘り柱穴を探す過程で見つけたのである。なお西賀茂蟹ケ坂瓦窯址でも床面に階段をこしらえていて、古い瓦片を窯道具に使っていた。

西賀茂窯址群は、前にあげた昭和九年の京都府の調査報告のなかでも「西賀茂の窯址」としてその存在が知られ、平安宮に供給する緑釉瓦があることも注意されていた。おそらく平安宮の造営の初期には、西賀茂窯址群も一つの供給地であったのだろう。

意外かも知れないが、平安京造営の初期には大阪府吹田市の岸部（吉志部）窯址群からも大量の瓦の供給をうけていた。この窯址群は淀川の北岸の吉志部《きしべ》神社の境内にあって、千里窯址群に属している。ここでは古墳後期から須恵器生産をおこなっており、ぼくの知るかぎりではいち早く陶硯《とうけん》を焼いた窯もある。硯《すずり》は字をかくのに必要な文房具である。なお岸部窯址群では緑釉瓦とともに緑釉陶器も焼かれていたから、技術開発のうえでも注目される窯である。この付近には渡来系の吉士氏がいた。

西賀茂窯址群には古くから知られている鎮守庵、上庄田の小支群のほか西賀茂醍醐森、角社などの小支群もあるが、大阪の岸部窯で使用されていた瓦製作の木型（范ともいう）が移され、それを使って瓦生産をおこなったことが西賀茂醍醐窯址で確かめられている。木型は使用を続けるうちに小さな疵がつき、製作された瓦に痕跡としてのこる。木型だけが移動したのでなく、木型をたずさえた工人が移動してきたのであろう。

木型の使用はかなりの期間つづくから、同じ文様の瓦であっても厳密には年代がへだたることもある。一つの木型を改めることはむずかしく〝型やぶり〟の言葉はそこから生まれたといわれている。なお平安京の西寺の瓦は大阪府枚方《ひらかた》市の牧野阪瓦窯からも供給されていた。枚方市は難波の四天王寺の初期の瓦を製作した土地として注目されている。

このように西賀茂窯址群の平安宮造営にさいしての役割は大きいが、史料のうえからはそれを裏づけることはできない。平瓦のなかに「官」「中」「近」の字を刻印でつけたものがあって、それぞれ「太政官」「中務省」「近衛府」の略印とみられている。

『延喜式』に記された木工寮に所属していた瓦屋は、すでに平安宮造営の終った時期での様子を示すものであろうから、西賀茂窯址群のなかにも、平安初期には木工寮に所属していたものがあったのであろう。この点さらなる研究がまたれる。

幡枝の手づくね土器の製作

岩倉の木野町は東幡枝ともよび、昭和の末年ごろまで手づくねで女性が作る素焼の小皿を焼いていた。これらの小皿は「かわらけ」ともよばれ、禁裏〔宮中〕や由緒のある神社での神饌の道具に用いられた。このような素焼の小皿は、中世初頭から日常生活でも瓦器碗とともによく使われていたが、幡枝では瓦の生産が下火になった以後も村の特産品として継承された。

現在でも土器と書いて「かわらけ」ともよばれるが、「かわらけ」には本来は「瓦笥」の字をあてていたとみられる。笥《け》とは飯器のこと、必ずしも焼物の器だけをいうのではないが、「かわらけ」といえば幡枝で作られたような素焼の小皿を指すようになった。

京都大学で近代の考古学研究の創始者となった浜田耕作氏も、学生だった明治三十二、三年のころの幡枝の土器作りに注目されていた。浜田氏が京都大学で考古学教室を開設してから助手として勤務していた島田貞彦氏も、幡枝の土器作りに関心をもったことがある。

島田氏が探訪の記録を「山城幡枝の土器」として『考古学雑誌』〔第二十一巻三号〕に寄稿したのは昭和三年のことだった。この一文には、製作に使われている道具や焼成する竈、さらに女性が右腕の肘《ひじ》を使って成形している様子などの写真が掲載され、幡枝の土器づくりが、古くからの素朴な技術を伝えるものとして世の注意をひくことになった。手づくりとはいえ、肘《ひじ》を使うのだった。

江戸時代の記録では禁裏のほか、愛宕神社や野々宮《ののみや》神社（ともに右京区）でも幡枝の土器を使っていたが、おそらく上下《かみしも》の賀茂社などでも用いていたとおもう。このように洛北窯址群での最後の段階の窯業として幡枝での土器づくりはあったが、残念なことに廃絶した。

叡山電鉄の木野駅の近くに愛宕神社があって、境内にかつての村で土器を作っていた竈《かまど》が復原されている。直径約一、五メートル、高さ約一メートルの円筒形のカマで、一昔前の木野の家々ではこのようなカマを持っていたのである。なお、この愛宕神社は右京区の嵯峨愛宕町に鎮座する愛宕神社とは別である。

第3章　上賀茂神社から下鴨神社へ

賀茂川
上賀茂遺跡
上賀茂神社
円通寺
深泥池
御薗橋
高麗美術館
加茂川中
北山駅
北山通
松ケ崎駅
北山大橋
府立植物園
堀川通
北大路駅
北大路橋
北大路通
烏丸通
大徳寺
賀茂街道
下鴨本通
高野川
船岡山
鞍馬口駅
出雲路橋
下鴨神社
糺の森
御陰通
地下鉄烏丸線
相国寺
葵橋
河原町通
出町柳駅
同志社大学
今出川通
今出川駅
京都御所

上賀茂縄文遺跡

ぼくは昭和二三年一〇月二九日の夕方、造成工事中の上賀茂の縄文遺跡の探訪にでかけた。そのころ京都に駐留していた米軍将校のためにゴルフ場を作ることになり、その工事で縄文土器が散乱しだしたのである。この情報を聞いて、ぼくの当時の専門領域ではなかったが、大学の授業が終ってから出かけた。ぼくは同志社大学予科の学生だった。敗戦直後の混乱期だったから交通事情は悪く、歩いていったとおもう。

ぼくは中学一年生のとき、大阪府泉北郡東陶器村（現在は堺市）にあった見野山《みのやま》の須恵器窯址を友人に案内してもらったことがある。この日（昭和一六年一〇月五日）から野外踏査を「調査の記録」としてノートに書き始め、今も続いている。当時のことは『ぼくは考古学に鍛えられた』（筑摩書房。のち『わが青春の考古学』として新潮文庫にもおさめた）で書いた。

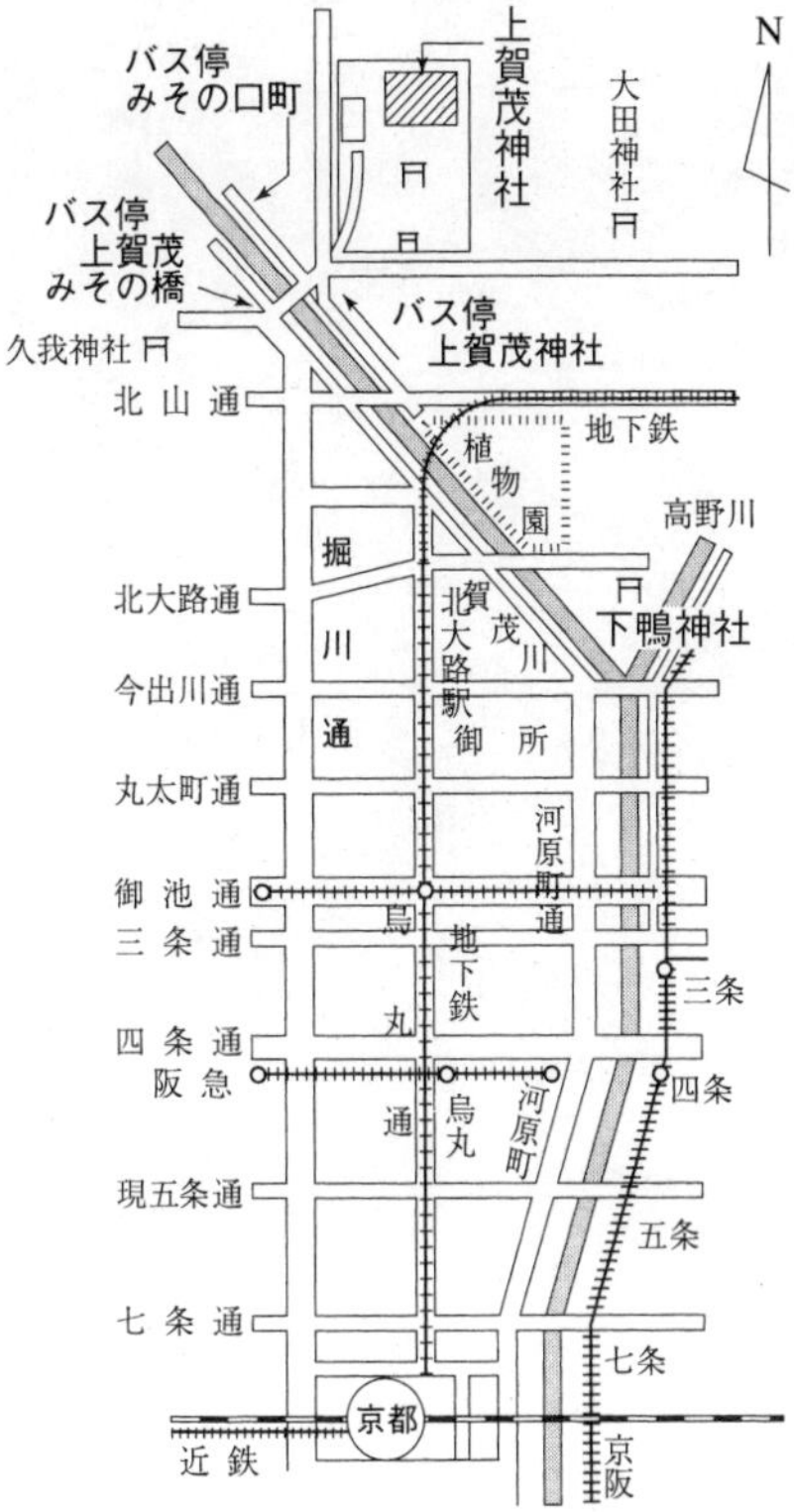

上賀茂神社と下鴨神社の位置

上賀茂遺跡へ行ったことも、今回このノートを調べるとその日付

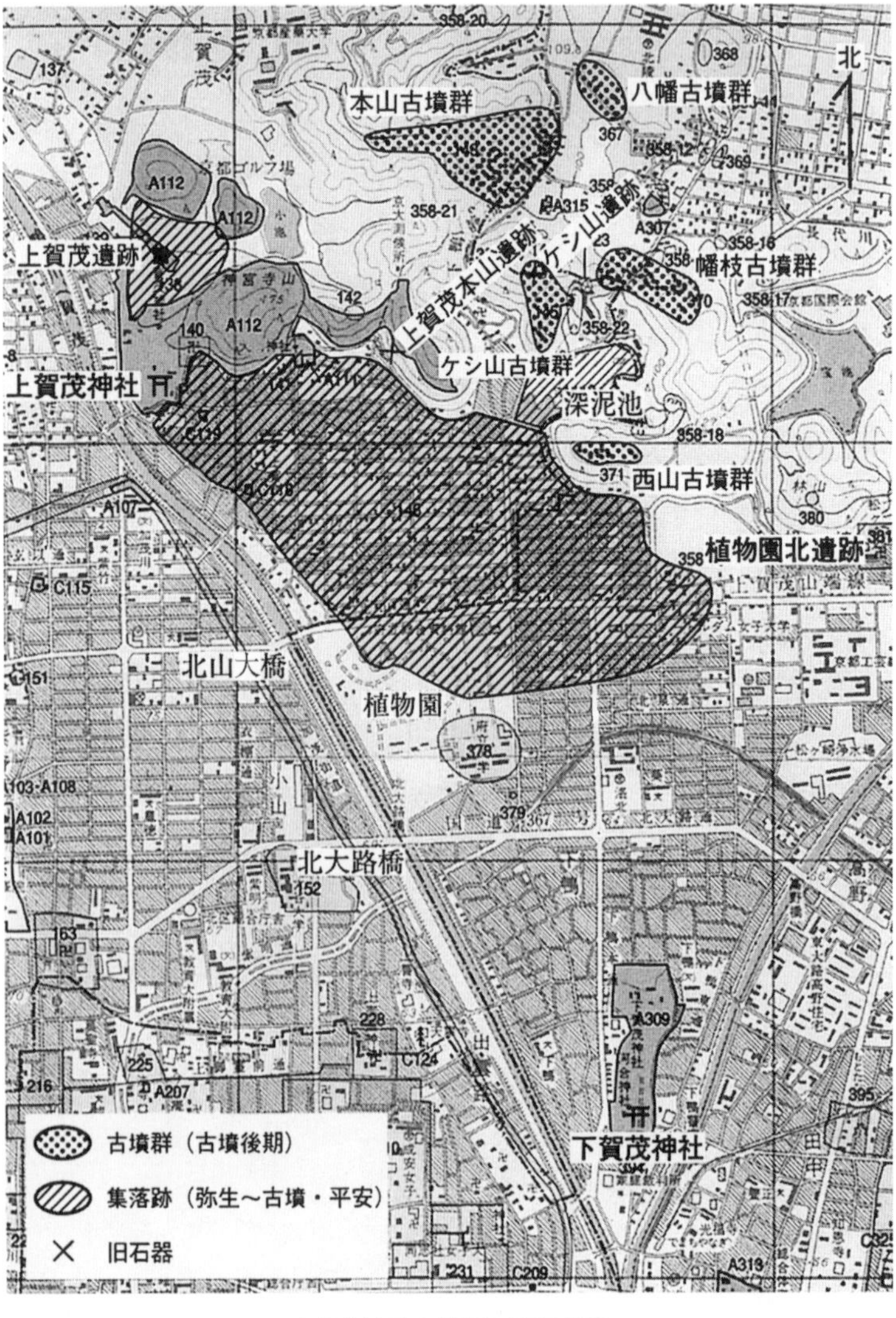

上賀茂遺跡と付近の関係地図

（京都市埋蔵文化財調査センター編『京都市遺跡地図』）（平成15年）

がすぐわかった。上賀茂遺跡へ行った帰り、京都駅まで戻るのがたいへんだったのか、探訪はこの一回で終った。一つには、そのころぼくの関心が弥生遺跡や古墳に集中していたことも関係はあったし、米軍関連の工事ということで、現場に立ち入りにくいことも足が向かなくなった原因である。

このゴルフ場へは完成後に一度も行っていないが、現在の京都ゴルフの上賀茂コースである。上賀茂神社の本殿より北方約三〇〇メートルぐらいから広がり、神宮寺山の北西麓のゆるやかな斜面だった。造成工事といってもブルドーザーは動いていなかったから、それほどの土の移動はなさそうで、地下には遺跡は埋まっているはずである。後で述べるように、桓武天皇陵が洛北の地に決まりかけたとき、加茂神に近いという理由で反対にあい、計画は変更になった。戦後すぐで、米軍関係の施設であったからゴルフ場ができた。平時にはここへゴルフ場をつくることは無理である。

この土地は賀茂川の左岸にあたり、川岸から三、四〇〇メートルぐらいである。ぼくは数片の縄文後期の土器片を採取し、現在は同志社大学歴史資料館に陳列している。当時この遺跡を訪れた者として、おそらくぼくは唯一の生存者であろう。

ぼくの友人に京都出身の藤原光輝《みつてる》氏（故人）がいた。ぼくより少し若く、戦後の早い時期に橿原考古学研究所への出入を始めた研究仲間である。上賀茂遺跡が発見された情報も、藤原氏から聞いたのであろう。

藤原氏はそのころ鴨沂《おおき》高校に在籍していた。ある日（記録なし）の夕方、ぼくはこの高校の歴史クラブの部室に藤原氏をたずね、採取されていた縄文土器片や石器を見せてもらった。ぼくが採取した数よりも多かったのと、長さ三センチメートルぐらいの扁平な有溝石錘一個があったと記憶している。後日知ったことだが、坂東善平氏の採集品のなかにも十個の石鏃とともに五個の有溝石錘がある（「京都市上賀茂縄文遺跡」『古代学研究』四一号）。

その当時は、縄文時代といえば狩猟中心の生活で説明されていたので、石錘は印象にのこった。おそらく賀茂川で投網《とあみ》を使って魚を捕っていたのだろう。この遺跡には石鏃もあったが、とくに大量という印象はなかった。

鴨沂高校には、戦前の校舎建設中に出土した瓦も保管されていた。後に述べる藤原道長が造営した法成寺関係の遺物である。瓦のなかに緑釉の平瓦の破片があって、平安時代での緑釉瓦の下限に近いころの資料として当日はこのほうが強く印象にのこった。

以上のことを記憶を頼りにして書いた。ようするに北白川遺跡にくらべると規模は小さく、北白川上層式土器の時期に北白川の枝村的存在だったとおもう。後に述べるペルシャのガラス器の破片は上賀茂神社本殿のすぐ背後の塀のそばで採取されたもので、上賀茂縄文遺跡からの出土ではない。この点を混同している本があるのでこれもどちらの遺跡をも知る者として訂正しておく。いずれの日にか上賀茂縄文遺跡に学術調査のメスのはいることもあるだろう。

山背国《やましろのくに》と賀茂社

天応元年（七八一）四月に光仁天皇はわが子の山部王《やまべ》に譲位した。桓武天皇である。長岡京の造営より以前のことで舞台は平城京である。すると同じ月のうちに「賀茂神の二社の祢宜《ねぎ》や祝《ほうり》らをして始めて笏《しゃく》を把《と》らしている」（『続日本紀』）。笏《しゃく》は天皇や官人が手にもつ儀器のこと。これより先に伊勢大神宮には即位のことを告げているから、伊勢大神宮に次ぐ神社として扱われたのである。文中の「賀茂神の二社」とは、あとで引くように「賀茂上下二社」のこと、つまり上賀茂神社と下鴨神社のことである。

上賀茂神社の楼門（右下は御物忌川にかかる玉橋）

ここでぼくにとっては重要なことを書いておく。よく年表などで「天応元年、桓武天皇が即位」とか「大同元年、桓武天皇没」などと書かれているが、どちらの年次にもまだ諡号《しごう》としての「桓武」はあらわれておらず、山部王なのである。それと山部王の名前だが、古代に部《べ》がつくと、部民として身分の低い者を連想しやすいが、そうではない場合もある。

このように、ふだん使いなれている桓武天皇とか醍醐天皇などの言い方についても、それぞれの存命中、まして天皇だった期間の事件に用いるには問題はある。しかしそれを厳密にすると表記が煩雑になるため、以上のことを頭の片隅においたうえで、桓武天皇とか醍醐天皇などを使うことにする。

昭和天皇についても、長い即位のあいだは「天皇」で充分通じた。今上天皇といってもよいが、その言葉もあまり聞かなかった。天皇の死の数日あとで昭和天皇と追号することが発表されたと記憶する。

延暦三年（七八四）五月、桓武天皇は長岡京の造営に着手した。まず藤原小黒麻呂《おぐろまろ》、藤原種継《たねつぐ》、紀船守《きのふなもり》、坂上苅田麻呂《かりたまろ》らを山背国《やましろのくに》につかわし、その土地を相《み》（よく観察すること）さしめた結果、乙訓郡長岡村《おとくにぐんながおかむら》に都を遷《うつ》すことになった。このなかの坂上苅田麻呂は、前著（洛東の巻）の清水寺の項で述べた坂上田村麻呂の父である。

都を遷《うつ》す地が「長岡村」と記されていることには注意がいる。当時の正式の行政区分は、国郡郷であって村ではない。ところが「長岡村」とある。平安遷都の場合も、延暦一二年（七九三）に藤原小黒麻呂や紀古佐美らを山背国《やましろのくに》葛野《かどの》郡《ぐん》宇太村《うだむら》につかわし地を相《み》さしている。長岡村や宇太村の村の表記については、本書の先で平安遷都のことを扱うさいに、さらに史料をあげて私見を述べよう。どうも古代史の領域では、古代の村のことを近世や近代の村と混同して軽視している節《ふし》がある。

延暦三年に新都として長岡村の地が決った直後の六月に、紀船守らを賀茂大神社につかわし、幣《ぬさ》を奉って遷都のことを告げている。一一月には再び紀船守をつかわし、賀茂上下二社を従二位に叙し、大中臣諸名をつかわし、松尾《まつのお》と乙訓《おとくに》の二神を従五位に叙している。遷都があるからであるとしている（以上は『続日本紀』）。

これらの記事で賀茂大神宮と一括していう場合と、賀茂神二社とか賀茂上下二社とか別々にいう場合とがある。これについてはさらに先でふれる。なお松尾《まつのお》神社は葛野《かどの》郡に、乙訓《おとくに》神社はその名の如く乙訓郡にあって、ともに長岡京内もしくは至近の地にあったから配慮されたのである。

これにたいして上賀茂神社も下鴨神社も愛宕《おたぎ》郡にあり、もちろん長岡京域ではない。後の平安京からみても京域外である。それにもかかわらず高い神階をあたえられたのは、山背《やましろ》国の代表的な神として配慮されたのであろう。宇多天皇の命によって菅原道真が撰進した『類聚国史』の神祇部では、伊勢大神と伊勢の斎宮の次に扱われているのが賀茂大神と賀茂斎院であって、その地位のほどが推察できる。

なお乙訓神社は今日はなく、長岡京市の角宮神社かといわれている。乙訓寺や乙訓神社は、ともに地名の乙訓をつけていることは注意してよい。乙訓《おとくに》はかつて継体天皇の弟国宮《おとくにのみや》のあったところ（継体天皇の十二年に弟国に都す）であることも銘記しておいてよかろう。

賀茂社にたいしては平安遷都にさいしても遷都のことを奉告しており、桓武は充分に礼をつくしたようである。だがそれでもなお難問が発生した。

桓武天皇は大同元年（八〇六）に亡くなり、「山城国葛野郡宇太野に山陵の地を定めた。すると西と北の両山（北山と西山）に山火事が発生し、太陽には光がなく、大井、比叡、小野、栗栖野らの山もともに焼け、烟や灰が四満し京中は昼《たそ》（黄）昏《がれ》のようだった。これは山陵と定めた地が賀茂神に近いから、神社のおこした灾（災）火である」（『類聚国史』）ということで、桓武陵は紀伊郡の柏原陵に変更された。

柏原陵については前著（洛東の巻）の第五章で述べたが、本来は平安京の北方に造営すべきだったのである。おそらく土地の人たちが賀茂神に近いことを理由にものすごい抵抗を示し、ついにその案を拒否したのだった。

その翌年の大同二年には、賀茂社は正一位の神階になっている（『日本紀略』）。これほどの扱いをうけた賀茂社について、つぎに別の角度から検討してみよう。

国家が危険視した賀茂社の神事

都が藤原京にあった文武天皇二年（六九八）三月に、賀茂の祭のことが正史にでている。ぼくは藤原京での治世までを飛鳥時代とする私案をだした（「ぼくは飛鳥をこう考える」『芸術新潮』二〇〇六年九月号）。

藤原京の時代を「奈良時代前期」とする人もいるが、奈良時代を平城京からとするほうが筋が通るし、藤原京の造営をもって飛鳥時代は一つの結実をみたとぼくは考えている。

「山背国賀茂の祭の日に、衆が会して騎射することを禁ず」

これは文武二年三月の禁止令だが、賀茂の祭に大勢の人が集り、しかも馬を走らせながら矢を射ることが盛んにおこなわれていて、ついには政府が禁止しようとしたことがわかる。ヤマトからみると、賀茂の祭は国家の安全をゆるがしかねない年中行事としての神事だったのである。同じ文武天皇の大宝二年（七〇二）四月にも「賀茂神を祭るの日、徒衆会集して仗を執り騎射することを禁ず。ただ当国の人は禁の限にあらず」（ともに『続日本紀』）。この回にも多くの人々が仗（武器）をもって集り騎射することを禁じたが、当国の人（山背国の人）には禁止令を適用しなかったのである。

馬に人が乗る風習は五世紀ごろから始まり、継体王朝のころ、つまり六世紀の前半には全国的に馬具が普及している。すでに前著（洛東の巻、一七頁）の「八坂造《みやつこ》と八坂馬養造《うまかいのみやつこ》」の項でふれたように、八坂の地へ飛鳥時代に五重塔を建立したのは八坂馬養造であり、この氏《うじ》が馬の飼育についての技術を保持していたことがわかる。
継体王朝が越《こし》から南下して最初に都をおいた河内の樟葉《くすは》宮も、付近に牧《まき》があっただけでなく、継体王朝を支えた豪族の一人が河内馬飼首《うまかいのおびと》荒籠《あらこ》であった。

都が平城京に遷った翌年の和銅四年（七一一）四月にも「賀茂の神祭の日、今より以後国司毎年親《みず》から臨《のぞ》みて検察せよ」の詔がでている。人々が集まったり騎射することを制しきれなかったので、国司にその場へ臨《のぞ》ませ監視させたのである。これがどの程度の実効をもったかどうかは不明である。十世紀の中ごろにできた『本朝月令』が引く『類聚国史』の神亀三年（七二六）三月の条には、「家人会集すること一切禁断す」とあって再び厳しく取り締まっている。

天平一〇年（七三六）四月二二日には次の勅がでている。「勅す。此年（和銅四年）以来、賀茂神を祭るの日、人馬会集することを悉く皆禁断した。今より以後は意に任せて祭るを聴《ゆる》す。ただし祭礼の迋（庭）で闘乱することなかれ」（『類聚三代格』祭并幣事の項）。

賀茂の祭に参加したのは男だけではない。前にも平城京からこの祭を見に大伴坂上郎女《おおとものさかのうえのいらつめ》が来たことにはふれた（前著「洛東の巻」一八頁「大和大路の賑わい」の項）。それは「夏四月、大伴坂上郎女賀茂神社を拝み奉る時に、便《すなわ》ち相坂《おおさか》山を超え近江の海を望み見て、晩頭に帰り来りて作った歌」とする歌の題詞からそういわれている（『万葉集』一〇一七）。

いかに古代人が健脚だとしても、早朝に平城京を出て木津川の右岸を北上し、さらに大和大路を通って賀茂郷へ行き、祭を見てから逢坂峠で琵琶湖を望み、再び木津川の右岸を歩いて夕暮に奈良へ帰るのは無理だと思う。この時によんだ歌の一節に「いづれの野辺に廬《いほ》せむわれ」とあるように途中で野宿したのだろう。天平九年の四月の酉《とり》の日の賀茂祭のことを歌ったのであろう。

祭で猪に仮装した人たち

古代の賀茂祭の中身をうかがえる有名な史料がある。『本朝月令』が引いたなかの「秦氏本系帳」に記された賀茂祭での乗馬の由来を説いた伝説である。「妹、玉依日子《たまよりひこ》は今の賀茂県主《あがたぬし》らの遠い祖である。その祭祀の日に馬に乗ることは志貴島《しきしま》宮に御宇天皇（欽明）の御世、天の下は国を挙げて風吹き雨零《ふ》りて百姓含愁《うれ》えり。そのとき卜部《うらべ》の伊吉若日子《いきのわかひこ》に勅して卜《うら》へしめたまう。乃《すなわ》ち卜いて賀茂の神の祟《たたり》なりと奏《もう》しき。仍《よ》りて四月の吉日を撰びて祠《まつ》るに、馬に鈴をかけ人は猪の頭をかむって駈け馳せて祭祀とし、能《よ》く（神を）祷《いの》り祀らしめたまいき。因《よ》りて五穀成就《みの》り天の下豊かにして平《たい》（平穏）になった。馬に乗ること此に始まれり。」

格調の高い文章であり、そこから「歴史」を探れそうなキーワードをいくつか指摘しよう。

①別の風土記の記事には、後で述べるように玉依比売《たまよりひめ》が賀茂伝説の主人公になっているので、玉依日売《ひめ》との関係で兄の玉依日子《ひこ》のことで語り始めている。玉依日子は賀茂県主《あがたぬし》の祖である。なお妹《いも》は姉妹関係を示す語で、今日の「いもうと」のように年下だけをさすのではなく、年上の場合もいい、血縁関係の姉妹をいうのに使われる。

賀茂県主については前に承和一一年の鴨上下大神宮の禰宜である賀茂県主広友のことを引用したように、賀茂県主は賀茂の祭祀の執行の責任者である。

②四月の吉日を選んだ賀茂祭は今日では五月におこなわれ、競馬会神事《けいばえじんじ》は五月五日に、葵祭《あおいまつり》は五月一五日になっている。その祭の起源として、欽明天皇の治世のとき天下に大風が吹き冷た

い雨が降るなどの害をうけ、百姓の生活力が低下したとある。

欽明天皇は継体王朝四代目の大王で、ぼくは継体天皇が始めた王朝の基盤を固めたのが継体天皇の子の欽明天皇のときとみている。欽明天皇は最後の巨大前方後円墳（五条野丸山古墳）に葬られた人物でもある。

『日本書紀』では欽明二八年（五六七）に「郡国《くにぐに》大水いでて飢《う》えたり。或いは人相食《ひとあいくら》う」とあり、飢饉のすざまじさを伝えている。この年に冷害による大飢饉があったのは事実とみてよかろう。

③この大飢饉にさいして天皇は卜部《うらべ》の伊吉《いき》の若日子に卜《うら》わせ、賀茂の神の祟《たたり》であるとの結論をえた。伊吉氏は玄界灘の壱岐島を本拠とする豪族で、壹伎や伊岐とも書くが伊吉とするほうが多い。

伊吉《いき》氏は古代の山背国ともかかわりがある。『日本書紀』の顕宗天皇の三年（六世紀前半ごろ）、月神《つきのかみ》が人にかかって次のように申し出た。「わが祖《みおや》高皇産霊《たかみむすびのみこと》は天地を創りだした神である。民地《かきところ》をもってわが月神に献《たてまつ》れ。もしこの申し出をうけてわれに献ずれば福慶《さいわいよろこび》あらむ」と。そこで歌荒樔田《うたのあらすだ》を献上した。ここに分註があって、歌荒樔田は山背国葛野郡《やましろのくにかどののこおり》にあったことがわかる。結局、壱伎県主《いきのあがたぬし》の先祖《とおつおや》押見宿禰《すくね》が祠《まつり》に侍《つか》えた。

この話には一つの前提があって、阿閉臣事代《あへのおみことしろ》がかくれた主人公である。事代が任那《みまな》へ派遣されるさい、すでに述べたような神懸《かみがかり》とトまでおこない、その結果なるものを天皇に申しあげたのである。

ぼくは歌荒樔田に注目している。今でも月読《つきよみ》神社は葛野郡の松尾《まつのお》大社の近くにあるが、「歌」

を二字表記の地名の一字表記（この例はきわめて多い）とみるならば、すでに引いた平安遷都の最初にでてくる葛野郡宇太村の宇太《うた》に当《あた》る。荒樔《あらす》は神の誕生の意味で、全体の下につく田は神田の意。つまり所在地・性格・神田の順に組合わせたのであろう。いずれ平安遷都を扱うときに宇多村がヤマトの大王家からみても特別の地であったことを述べるだろう。

本来の月読神社は壱岐島にあった。貞観元年（八五九）正月には全国の神々の神位進階記事があり、壱岐島でも四社の神階をあげられているが、月読神社は従五位上になっている。ついでに述べると、対馬島でもこのとき高御魂神《たまのかみ》も従五位上となった。さきにあげた高皇産霊《みむすび》のことであり、対馬や壱岐の神々が古代の山背《やましろ》に関係しているのである。

④　壱岐には占（卜）で用いたと推定される卜骨《ぼくこつ》の出土数がたいへん多い。弥生時代から奈良時代までの年代に集中している。このような卜骨を扱って卜をしたのが伊吉《いき》氏であった。このほか卜部《うらべ》氏も占卜《せんぼく》をしていたとみている。

⑤　賀茂の祭では競馬《くらべうま》が祭場を浄《きよ》めるうえで、大きな役割があるようである。さらに各々の馬にも鈴をつけて走らせるから、鈴の発する金属音も雰囲気を浄《きよ》めたのであろう。今でもたいていの神社の本殿などの建物には鈴や鰐口《わにぐち》がかけられていて、参拝する人は鳴らす習慣がある。古墳後期になると大きな銅鈴（金銅鈴もある）が副葬されるようになる。

ぼくがこの文でもっとも注目しているのは、祭に参加する人（おそらく馬に乗る人だろう）は猪の頭《かしら》をかぶるという件《くだ》りである。猪の頭をかぶるとは猪の仮装をすることである。布や木でそのような被物《かぶりもの》を作るのか、それとも実際の猪の頭を乾かして用いたかはまだわからないが、猪の仮装をしていることは間違いなかろう。字は違うが「しし舞」であろう。

古墳出土の人物埴輪のなかに、一列だけだが鹿に仮装したことをおもわせる跪坐《きざ》姿の男子像がある。茨城県の出土と伝える。鹿皮で作ったとみられる厚手の衣を身につけ、頭には左右に鹿角を付けた被物《かぶりもの》をつけ（角は欠損）両手をさしだして地につけ正面を見ている。

各地の風土記には、土地の開拓にさいして先住者としての鹿が人間に恭順を示す話は多いが、人にも恭順を示すとき鹿に仮装をする風習があったのではないか、と推測している。六世紀の遺品である。

上賀茂神社の神体山「神山」

奈良市の春日神社には鹿苑があって、おびただしい鹿が飼育されていて、東大寺や興福寺の境内にまで勝手きままに移動している。このように春日神社といえば鹿を連想するし、春日神社の社伝や宝物にも神の使いとしての鹿の役割を示すものがある。だが猪については、今引いた「秦氏本系帳」のほかにはとくに該当する資料を見出しにくく、将来の検討にまたれる。豊前の宇佐神宮は、ことによると猪が神の使いだった形跡はあるけれども、これも断定はできない。
猪は北山に多く棲息しているし、古代にも盛んに狩りの対象になっていた。以下もすでに紹介した史料であるが、承和一一年に鴨上下大神宮の禰宜だった賀茂県主《あがたぬし》広友が、つぎのように願い出た。鴨川の上流の北山で王臣の家人や百姓らが鹿や彘《てい》（猪の子）を取り、解体して水上で洗うので水が汚穢《おえ》され、それを神がいやがることがしばしば卜にでる。

この申し出は狩そのものの禁止を願うのではなく、賀茂川上流の水を動物の血で汚すことを禁止してほしかったのであろう。

北山での狩りはその後もおこなわれ、禁足地の神山《こうやま》にも侵入して動物を取る者がいた。元慶八年（八八四）七月二九日には賀茂の神山で狩猟することを禁じ、次のような勅令が出された。「神山の四至の内では穢瀆の状あるべからず。禁止令がでてからも風聞によれば無頼の輩が猪や鹿を偸射《とうしゅ》（取って盗む）している。厳しく禁止する。もし犯す者があれば五位以上は名を調べて天皇に報告するし、六位以下ならばその身を捉（捕）えてさし出し法によって処分する。手心を加えることはない」（『類聚三代格』神社事）。

今日伝わっている上賀茂神社の神饌には雉、鯉、鯛、トビウオはあるが鹿や猪の肉はない。この品揃えが古代にまでさかのぼるかどうかは、ぼくにはわからない。

神話として語られた賀茂社

賀茂社の由来について述べた神話的な物語がある。『釈日本紀』（巻九）に天孫降臨や神武東征に関連するとして引用された『山代（城）国風土記』逸文であり、これによって幻の『山代国風土記』をも垣間見ることができる。重要な内容を含んでいるので、以下四段に分けて概要を紹介しそのつぎに問題点をさぐってみよう。

一・『山城国風土記』に曰く。可茂社《かものやしろ》。可茂《かも》というは日向《ひむか》の曽《そ》の峯《たけ》に天降《あふ》りましし神、賀茂建角身命《たけつのみのみこと》、神倭石《かんやまといわ》（磐）余比古《れひこ》の御前《みさき》に立ち、大倭《やまと》の葛木《かづらぎ》山の峯に宿り、彼《そこ》より漸《ようや》く遷《うつ》りて山代国の岡田の賀茂に至る。山代河《やましろかわ》の隨《まにま》に下《くだ》って葛野《かどの》川と賀茂河との会《あ》う所にいたりまして賀茂川を見回して言う。「狭小《さ》くあれど石川の清川《すみかわ》なり」と。よりて名づけて石川の瀬《せ》見《み》の小川《おがわ》という。その川より上りまして久我国《くがのくに》の北の山基《やまもと》に定《しづ》まる。その時より名づけて賀茂という。

二．賀茂《かも》建角身命《たけつのみのみこと》が丹波国神野《たにわのくにかみの》の神《かん》伊可古夜日女《いかこやひめ》を娶《みあ》って生《う》ませる子を玉依日子《たまよりひこ》と名づけ、次を玉依日売《ひめ》という。

三．玉依日売、石川の瀬見《せみ》の小川《おがわ》に川遊びせし時、丹塗矢《にぬりや》が川上より流れ下りき。乃《すなわ》ち取りて床《とこ》の辺《へ》に挿し置く。遂《つい》に孕《はら》みて男子《おのこ》を生む。

四．（その子が）人と成る時に至り外祖父《おおぢ》の建角身命《たけつのみのみこと》が八尋屋《やひろや》を造り八戸《やと》の扉を竪《た》て、八《や》腹《はら》の酒を醸《か》みて神集《つど》え集えて、七日七夜楽遊《うたげ》をし、然して子と語らいて言う。「汝の父と思わん人にこの酒を飲ましめよ」。即《やが》て酒坏《さかづき》を擧《ささ》げて天《あめ》に向きて祭らんとおもい、屋《や》の甍《いらか》を分け穿《うが》ちて天に升《のぼ》りき。乃《すなわ》ち外祖父《おおじ》の名によりて可茂別雷命《かもわけいかつちのみこと》と号《なづ》く。いわゆる丹塗矢《にぬりや》は乙《おと》訓郡《くにのこおり》の社《やしろ》に坐《いま》す火雷神《ほのいかつちのかみ》なり。可茂建角身命、丹波《たにわ》の伊可古夜日売《いかこやひめ》、玉依日売の三柱《みはしら》の神は蓼倉《たでくら》の里《さと》の三井社《みいのやしろ》に坐《いま》す。

八咫烏《やたがらす》の功績

第一段では加茂社の由来を述べているのであって、上賀茂神社と下鴨神社があることは、とくに意識されていない。そうして可（賀）茂という言葉が賀茂建《たけ》角身命《つののみのみこと》からでていることにしている。どうやら水鳥の鴨が多い川の名からついた社名でもなく、先に賀茂という地名ができていて、その地に鎮座したのでついた社名でもなさそうである。

賀茂建角身命《たけつのみのみこと》は、記紀の神話体系の根幹部分の天孫降臨にも参加し、日向の曽《そ》の峯、つまり高千穂の峯に降臨した神であり、さらに磐余彦《いわれひこ》、つまり神武天皇の日向からの東征にも参加した由緒の古い神である。

『新撰姓氏録《しょうじ》』山城国神別の条の賀茂県主《あがたぬし》の項では、まず「神魂命の孫武津之身命の後」とあり、鴨県主の項では「賀茂県主と同祖、神日本磐余彦《かみやまといわれひこのすめらみこと》天皇、中洲《うちつくに》に向おうとする時、山中嶮絶にして跋渉《ばっしょう》するに跡を失う。ここにおいて神魂命の孫の鴨建津見命《たけつみのみこと》が化して大鳥となり翔飛して導く。遂に中洲に至る。時に天皇その功を嘉《ほ》め特に厚く褒賞す。八咫烏《やたからす》の号はこれより始まる」とある。

東征中の磐余彦《いわれひこ》の軍勢は、ヤマトに至ろうとして熊野の山中で疲労困憊《こんぱい》したとき、高木大神《たかぎのおおかみ》が道案内として遣わしたのが八咫烏であり（『記』）、『紀』では頭八咫烏《やたのからす》として頭の大きな烏であることを強調している。

斉部広成《いんべのひろなり》が大同二年（八〇七）に著した『古語拾遺《しゅうい》』でも、磐余彦の東征にさいして「賀茂県主の遠祖、八咫烏が宸駕《しんか》（天皇の乗り物）を導き奉った」と述べている。

磐余彦の東征軍の奈良盆地での最後の戦の相手は磯城彦《しきひこ》であった。磯城彦との戦を前にして使者として遣《つか》わされたのが頭八咫烏であり、そののち奈良盆地での戦に功のあった者への褒賞として頭八咫烏の子孫は葛野主殿《かどののとのも》の県主《あがたぬし》となったという。八咫烏の伝説にちなんで、上賀茂神社では九月九日に烏相撲がおこなわれている。

主殿《とのも》は輿《こし》や雨具の管理、湯舎《ゆや》の湯の調達、殿舎の清掃、燃料など細かい生活のことを司る宮内省所管の役所となった。

賀茂建角身命は、大倭《やまと》の葛木山《かつらぎ》から山代国の岡田の賀茂をへて、山代川（木津川）の流れにしたがって葛野川（桂川）と賀茂川との合流点（淀付近）から賀茂川（鴨川）を見まわして、「狭小ではあるが石川の清川《すみかわ》」の川上の久我国に至って社地を定めた。ヤマトから北上する道筋は前著（洛東の巻）の「清水寺を解くキーワード」の項で述べた、賢心のたどる道筋に似ている。

葛木の鴨

『山代国風土記』（選定の当時は山城国ではなく山代国または山背国とあったとおもう）逸文では、賀茂社の起源はヤマトの葛木から南山背《やましろ》の岡田の賀茂をへて久我国《くがのくに》で定着したとする図式になっており、その順に検討しよう。

古代の奈良盆地には、東よりにヤマト（大倭）、西よりに葛木（城）の地に大別でき、葛木にある「カモ」にちなんだ地名として、鴨都波《かもつば》神社と高鴨《たかかも》神社をあげることができる。どちらも式内社である。

鴨都波神社は扁額に「鴨大神」とあり、御所《ごせ》市掖上《わきがみ》にあって境内のすぐ南側には奈良盆地でも十指にはいる弥生時代の拠点集落としての鴨都波遺跡があり、さらに前期古墳の鴨都波古墳（方墳）が発掘されている。

高鴨神社は鴨都波神社の南方約六キロの御所市鴨神にあって、古代には高い神階があたえられた。どちらの神社にも、賀茂氏との関係を物語る古代の史料は多くは見出せない。わずかに文武天皇四年に、一度に多産した女として葛上郡の人、鴨君糠売《うるちめ》を見出すぐらいである。史料に反映する以前に賀茂氏が移動し終ったのならば問題は別だが、ぼくには山背の賀茂氏の原郷とするにはなお史料不足を感じる。

大宝令の古い注釈といわれる『古記』に、「天神《あまつかみ》は伊勢、山城鴨、住吉、出雲国造の斎《いつ》く神ら是なり、地祇《くにつかみ》は大神《おおみわ》、大倭《おおやまと》、葛木鴨《かつらぎかも》、出雲大汝神《おおなんちのかみ》らの類是なり」として、山城鴨と葛木鴨を分けているのは参考になる。

岡田の賀茂

岡田の賀茂は、伊賀の名張川が南山背に入ると木津川と名をかえ西流し、さらに北へ向きをかえて流れ、宇治川や鴨川さらに桂川と合して淀川となって大阪湾へ注ぐ。その西流部分の左岸にあるのが岡田の賀茂である。

藤原京に都のあった元明天皇の和銅元年（七〇八）九月に、天皇は山背国相楽郡岡田離宮に行幸し、賀茂と久仁の里の戸に稲三〇束ずつを給している（『続日本紀』）。岡田は駅の置かれたところでもあり、奈良時代には岡田山で採れる銅を使った鋳銭司もおかれたし、久仁は聖武天皇によって恭仁京が設けられるなど注目の土地である。

『延喜式』によると、山城国相楽郡には六座の神社があり、その一つが岡田鴨神社である。現在は木津川市北鴨（もと加茂町）にあるが、町内には鴨大明神の跡と伝える土地もあって、木津川の洪水で社地が動いていることも考えられる。

このあたりの木津川は、地名にちなんで鴨川とよばれたこともあって、天平一五年八月に恭仁京に行幸した聖武天皇は「鴨川に幸《みゆき》し名を改めて宮川となす」（『続日本紀』）とある。だが鴨川も宮川もどちらの地名も長続きしなかった。なお岡田や賀茂には古代には秦氏《はたうじ》は見出せるが、賀茂氏は見出せない。それに付近に顕著な古墳は知られていない。

久我国

『山代国風土記』逸文の記述のうち、注目されるのが久我国《くがのくに》である。北進してきた賀茂建角身命が瀬見の小川の川上の久我国《くがのくに》の北山の基《もと》（麓）に根拠地を見出した。久我国とは何だろう。

ぼくは愛宕《おたぎ》郡の北部から丹波国の桑田郡の東部にかけての範囲にあった古い国名とみている。すでに何度もふれたように、賀茂川の上流地域は陸路を使うと丹波国の桑田郡にいたり、一つの生活圏が生まれていた。

丹波を考えるさいに忘れることのできない人物がいる。開化天皇の子の彦坐王《ひこいますおう》（日子坐王）であり、母は和爾《わに》系の出である（『古事記』）。和爾氏が山背や近江に縁の多いことはすでに述べた。垂仁天皇のとき反乱をおこす狭穂《さほ》彦と狭穂姫の父でもあり、四道将軍の一人である丹波道主命《たにわみちぬしのみこと》の父とも伝えられる。

崇神記によれば、日子坐王を旦波国につかわし、玖賀耳之御笠《くがみみのみかさ》を殺している。旦波は丹波の古い表記で、この文には割註があって、玖賀《くが》は音を以いよとある。玖賀は久我に通じる。

仁徳紀の一六年の条に、仁徳天皇が深く愛した人として宮人《みやのひと》桑田《くわたの》玖賀媛《くがひめ》がでている。皇后磐《いわ》之媛《のひめ》の嫉妬によって玖賀媛を桑田に返すことになったが、玖賀媛は途中で死んでいる。このように桑田の地にかけて「クガ」の地が及んでいた形跡が強い。

久我国に住みついた賀茂建角身命が妻として娶《めと》ったのが、丹波国神野《かみの》の伊可古夜日女《いかこやひめ》である。神野については、兵庫県丹波市氷上町にある神野神社があげられる。付近には、賀茂郷や葛野郷など注意を要する地名がある。

『延喜式』神名帳の丹波国桑田郡の一九座の神社のなかに神野《かみの》神社がある。吉田東伍の『大日本地名辞書』第三巻の丹波の項には、神野神社は本庄村大字観音寺にあって下鴨宮というとある。これは八木町観音寺で、今日は南丹市となった。それにしても男神のいた地に神山《こうやま》があり、女神のいた地が神野というのは対応するようである。

山城国に話を戻すと、『延喜式』神名帳の愛宕郡の二一座の神々のなかに久我神社がある。今日は上賀茂神社の南西約六〇〇メートルの紫竹下竹殿町に久我神社はあって、上賀茂神社の摂社となっているが、昔から位置が動いているかどうかは不明である。

伏見区に久我《こが》という土地があって、平安時代からの久我庄は名高く、ここにいたる道を久我畷《なわて》ともいい、またこの荘園の名をとって公卿に村上源氏の流れをくむ久我《こが》家もある。また久我の妙眞寺には、最古の宝篋印塔《ほうきょういんとう》（石塔・今は北村美術館に移す）があって、江南の銭弘俶塔《せんこうしゅくとう》（銅塔）を模した古式の石塔のあった地としても注目される。この伏見の久我《こが》と賀茂川北部の久我《くが》がどのような関連にあるのかは宿題となるが、今は「クガ」と「コガ」として分けておこうとおもう。

玉依日売と丹塗矢

第二段と第三段では玉依日売《たまよりひめ》が活躍する。同名の神は磐余彦《いわれひこ》の母として記紀神話にあらわれる。姉の豊玉姫の話は記紀神話ではかなりの部分を占めるが、玉依姫については「海童《わたつみ》の少女」とあるほかはとくには語られていない。もちろん『山代国風土記』逸文の玉依日女とは別人である。

玉依日売が石川の瀬見の小川で川遊びしていたとき丹塗矢《にぬりや》が川上から流れてきて、その矢を持って帰って床の辺《へ》に置いておくと玉依日売は孕《はら》んで男の子を生んだ。

丹塗矢で女が孕《はら》んだ話は、神武記にもでている。磐余彦が奈良盆地での戦闘に勝って白檮原《かしはらの》宮《みや》で即位したあと、近畿出身の皇后を選定することになった。そのとき磐余彦の親衛隊長の大久《おおく》米命《めのみこと》が神の御子を推挙してきた。

久我神社

三島溝咋《みしまみぞくい》の娘の勢夜《せや》陀多良比売《だたらひめ》で、たいへん美しく美和（三輪）の大物主神が見感《みめ》でて、その美人が溝ばたで大便をしているとき、丹塗矢に化けて大便の流れている溝を流れ下って、その美人の富登《ほと》を突いた。富登とは陰部のことである。

美人は驚き（伊須須岐伎）、その矢を持ち

帰って床の辺に置いたら、たちまちに麗しい壮夫になり、その美人を娶って産んだ子が富登多多《ほとたた》良伊須須岐比売《らいすすきひめ》、またの名が比売多多良伊須気余理比売《ひめたたらいすけよりひめ》である。以上の理由から比売は神の御子である。神の御子は磐余彦の皇后となり、三人の子を生み、その末子が二代目の綏靖《すいぜい》天皇であると記は述べている。

　磐余彦の皇后選定の話は紀にもでていて、大三輪の神である事代主神《ことしろぬしのかみ》が八尋《やひろ》の熊鰐《わに》に化けて三嶋の溝樴《みぞくい》姫（またの名は玉櫛姫）に通って姫蹈鞴五十鈴姫命《ひめたたらいすずひめのみこと》を生んだ。これが磐余彦の皇后であるとしている。東アジアにも中国の長江に鰐は棲息していて、古代の日本人も鰐の知識があったらしい（『海を渡った人びと』図説日本の古代1）。

　注目してよいことがある。磐余彦がヤマトを平定したのちに近畿出身の皇后を選定するとき、美和《みわ》の大物主（事代主）といういわば出雲系の男神と、三島の溝咋《みぞくい》の女《むすめ》、つまり津の国（河内の一部だった可能性はある）の娘の間に生まれたタタラ比売が選ばれた。なお三島の溝咋は茨木市にあって、まだ調査はおこなわれていないが、大きな弥生遺跡があるようである。それと比売の名の根幹に「タタラ」がある。製鉄や金属器製作にまつわる言葉であり、富登《ほと》につく形容詞ともおもえるが、そうではなく製鉄にちなんだ言葉ともみられる。

　ぼくは丹塗矢の話は神話でのこととみていた。ところが福岡市の早良《さわら》平野にある拾六町ツイジ遺跡で出土した、奈良時代から平安初期におよぶ二五〇点の木製品の一つに、長さ八五センチメートルの長いヘラ状木製品があって、その先端部に女陰の図形が彫ってあり、まさにそれに突きささる形で平根のヤジリとそれに続く矢柄も彫られていた。平根のヤジリは埴輪の靫《ゆき》にも表現されることがある。

　この木製品の用途は不明だが、製塩などで液体をかきまぜるのに適した形で、先端が丸くしかも少し曲がっている。八～九世紀ごろに丹塗矢の信仰か習慣があったことは事実としてよかろう。なお早良平野には元の多々羅《たたら》村があり、六世紀ごろの製鉄遺跡（たたら関係の遺跡）もある。

　ところで、磐余彦の皇后選定にまつわる記の丹塗矢伝承では、丹塗矢に化けて女性の陰部を突いたのは大物主命であった。ところが、玉依日売の話では、丹塗矢に化けていた神の正体については書かれていない。ひいては玉依日売の生んだ児、つまり可茂別雷神《かもわけいかづち》の父神の名は書かれていない。

　ぼくの推測では、後に述べるように賀茂郷に隣接して出雲郷があり、多数の出雲臣の人たちが居住していたから、やはり丹塗矢に化けていたのは出雲系の神である可能性が強いとおもう。

　紀の神代の第八段では、三諸山（三輪山）に住む大三輪の神のことが詳述されていて、この神の子として「甘茂君等《かものきみたち》・大三輪君等《きみたち》・又姫蹈鞴五十鈴姫命」とある。甘茂《かも》君は賀茂君のこと、三

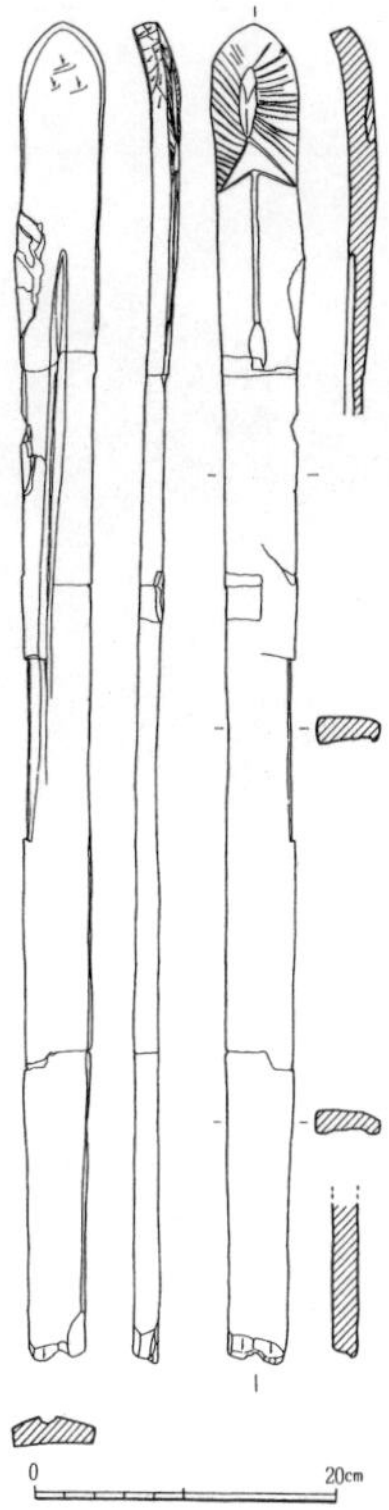

女陰を突こうとする矢を表現したヘラ状木製品
（『捨六町ツイジ遺跡』福岡市教育委員会、1983年）

上賀茂神社一ノ鳥居から見た二ノ鳥居

輪の神の子とする伝承があったことがわかり、注目してよい伝承であろう。

賀茂別雷命

第四段は難解である。玉依日売の生んだ児は外祖父の建角身命《たけつのみのみこと》のもとで育てられた。生長したとき、それを祝うため八尋殿《やひろや》を建て、酒を醸《かも》して神々を集めて七日七夜の楽遊をひらいた。この席にはきっとその児の父である神がいるはずである。

外祖父は児に酒坏を渡し「父と思う人に飲ませよ」となった。神々は固唾《かたづ》をのんで見守った。すると児は建物の屋根をぶち抜いて天に昇ってしまった。賀茂別雷命で、『延喜式』神名帳ではまたの名を「若雷」としている。

逸文では、問題の丹塗矢は乙訓郡の社に坐《いま》す火雷《ほのいかづちの》神《かみ》であると書いていて、神名帳の乙訓郡の一九座の神のなかに乙訓坐《おとくににいます》火雷《ほのいかづち》神社がある。賀茂別雷神を「若雷《わかいかづち》」としていることから、父の神は葛野の火雷だったのだろうか。

大宝二年四月といえば、前に引いた「賀茂神を祭るの日、徒衆会集して仗を執り騎射すること

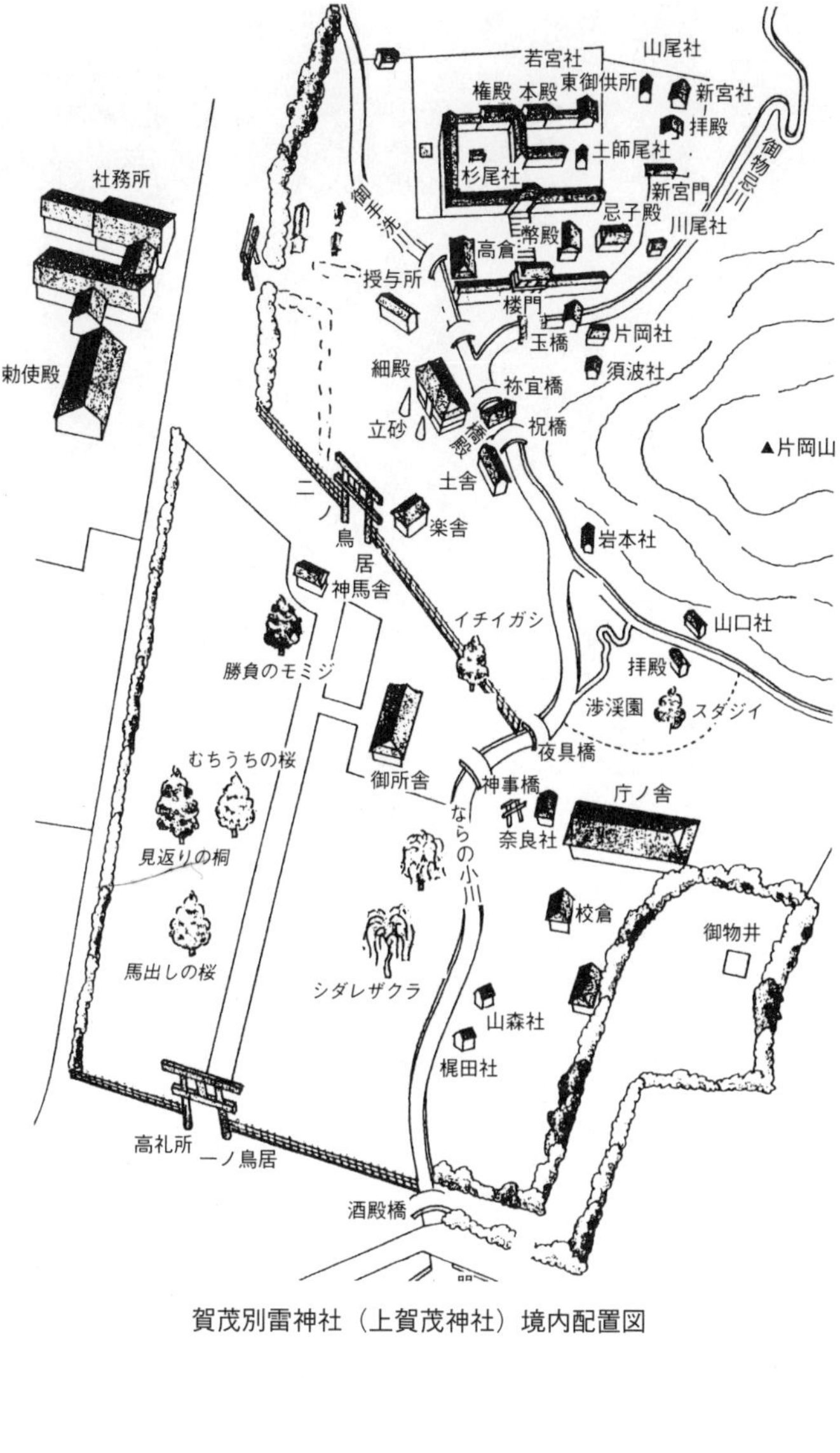

賀茂別雷神社（上賀茂神社）境内配置図

を禁」じられた年だが、それより後の七月に「山背国乙訓郡にある火雷神《ほのいかづちのかみ》は、旱《ひでり》ごとに雨を祈るに頻《しき》りに微験あり。宜しく大幣および月次の幣に入るべし」（『続日本紀』）とあって、加茂社と乙訓の火雷神が連動しているように思える。乙訓の火雷神は今日ではよくわからず、前に述べた長岡京の角宮《すみのみや》神社かとされている。

上賀茂神社、正式の社名でいえば加茂別雷《わけいかづち》神社は七六万平方メートル（二三万坪）の広大な境内があり、人間の居住空間である平地にこのように広い境内があることは珍しい。境内には御《お》物忌川《ものいがわ》と御手洗川《みたらしがわ》が流れ、二つの川が合流する地点の北側に本殿と権殿が東西に並び、二つの川が合流してからは「なら（楢）の小川」として南流する。

本殿と権殿《ごんでん》はどちらも江戸後期に建てられ、軒先が流麗に長くのびた流れ造の桧皮葺《ひわだぶき》で国宝建造物になっている。江戸後期の建物とはいえ、一定の年数を守って建て替えられてきたから、古代以来の建築を守りつづけているとみられる。昨年（平成18年）秋に行ったときも、今年（平成19年）の春に訪れたときも、本殿の特別拝観があった。十数人がまとまると神官が祝詞をよみ、お祓いをしたあと本殿をすぐ前に拝観することができ、よい機会になった。

権殿とは社殿の造営のとき御霊代を一時奉安するための仮殿である。よく見ると本殿と権殿の中央線の延長上に神体山としての神山があり、この神社に参詣することは神山を拝むことであることがわかる。さまざまの伝承があるとはいえ、賀茂神の信仰とはもともと神山への信仰であったように思える。

賀茂社の斎王

賀茂祭を扱った従来の本には、賀茂社は平安京の鎮守神として大きく扱われるようになったとする書き方がよくみられる。だがすでに見たように、藤原京のころからヤマトの政府が賀茂祭を危険視していたことが正史にでていた。桓武天皇を例にとっても、まだ平城京に都があったときに「賀茂神の二社の禰宜《ねぎ》や祝《ほうり》らをして始めて笏《しゃく》を把《と》らす」扱いをしていたのであり、平安時代より以前の賀茂神について関心がもたれる。ぼくには平安以前の賀茂社に、京都の歴史をさぐる一つの手がかりがあるように思う。

御物忌川（上）と御手洗川（下）

　平安時代の賀茂神社には賀茂斎院があった。場所は船岡山の南東に

上賀茂神社の本殿（右）と権殿（左）

あった。これは桓武天皇の子である嵯峨天皇のときに、皇女を賀茂大神の斎王とする習慣が始まった。

嵯峨天皇は兄の平城《へいぜい》上皇と政治的に対立し、平城宮を復活させようとした上皇が藤原式家の仲成《なかなり》や薬《くす》子《こ》と組んだいわゆる薬子《くすこ》の変をおこすにさいして、嵯峨天皇は賀茂社に皇女の宮仕えを約束して勝利を祈願したと伝え、変後の弘仁年間に有智子《うちこ》内親王を初代の斎王とした。

皇女が斎王となる仕きたりは伊勢神宮にはあったが、嵯峨天皇のときから賀茂神社にもその制

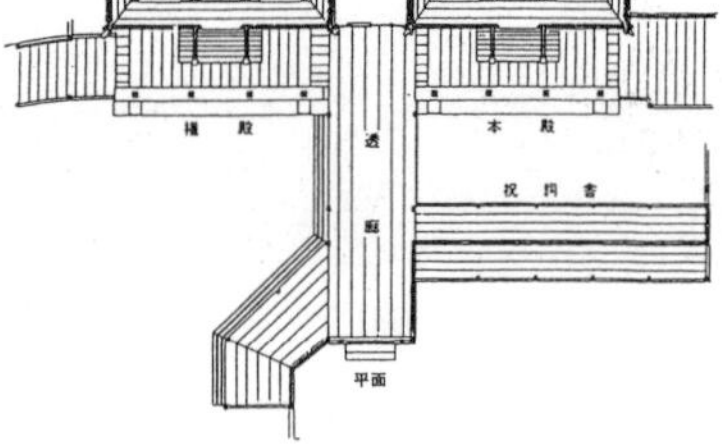

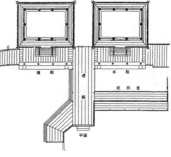

本殿・権殿平面図
（『上賀茂神社』による）

度ができ、上下の賀茂社は伊勢神宮に次ぐ高い神として国家から位置づけられた。
　ところで賀茂社は、すでにしばしばふれたように上賀茂神社と下鴨神社からなっている。このように二社ないし三社から神社ができる例としては、伊勢神宮の内宮と外宮、諏訪大社の上《かみ》社と下《しも》社、滋賀の日吉大社の東本宮と西本宮、宗像大社の沖《おき》津《つ》宮、中《なか》津《つ》宮、辺《へ》津《つ》宮、熊野権現として熊野本宮大社、熊野速玉《はやたま》大社、熊野那智《なち》大社などがあり、珍しいことではない。おそらく上賀茂神社と下鴨神社の関係は、賀茂川のより上流、より下流に鎮座することから生れた考え方で、どちらがより古いかを詮索することにはあまり意味はなかろう。

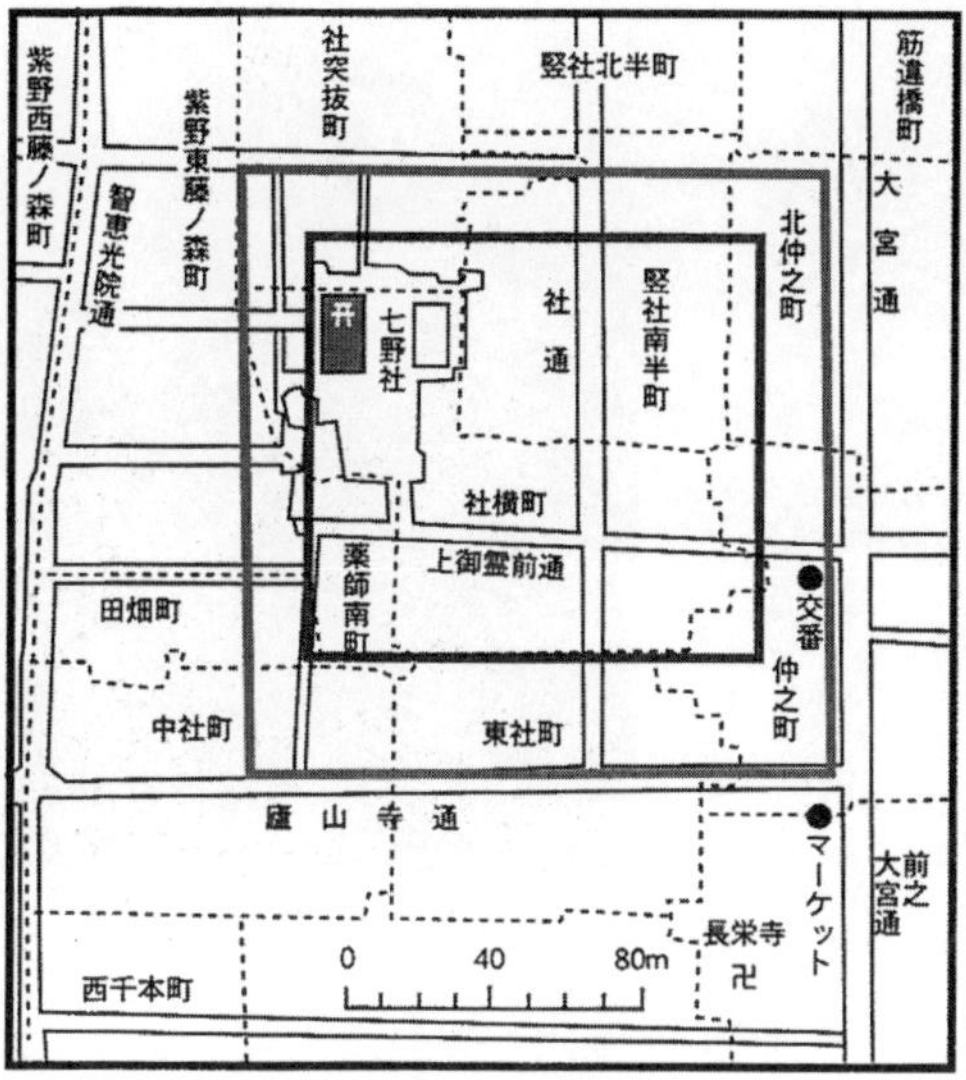

斎院跡の位置
（中央内側実線は内院・中央外側実線は外院）
（『上賀茂神社』による）

　平安時代になると賀茂祭は京都の年中行事としてますます盛んになり、賀茂祭を見物する人はすこぶる多く、文学や絵画にも幾多の作品をのこすようになり、とくに貴族が祭の見物をするさいの場所取り争いは激しく、『源氏物語』の葵の巻には、源氏の妻の葵の上と六条《ろくじょうの》御息《みやす》所《どころ》との「車争い」が描かれている。物語では、光源氏が勅令で斎王の御禊行列に

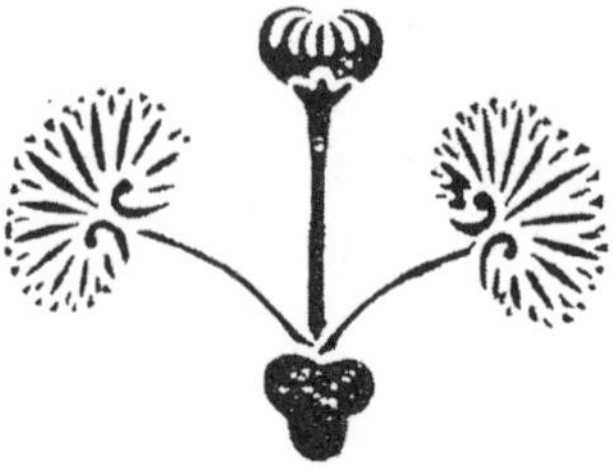

上賀茂神社の葵の神紋

葵桂をつけた松尾大社宮司

参加するという想定であるため見物は混雑し、葵の上の車が割りこんで従者たちの車争いになった。このことを描いた絵画もあるが、ここでは省く。

賀茂祭は江戸時代ごろから葵祭とよばれるようになったが、祭にアオイを用いることはすでに『本朝月例』にもでていて、平安時代にさかのぼる。松《まつの》尾《お》大社でも、祭にさいして神職の冠にアオイと桂の枝をつける。

賀茂祭にさいしてフタバアオイを器に盛って神前に供えたり、社殿をアオイの葉と桂の木の枝で飾ったり、勅使や神職らの頭にアオイを挿し、牛車《ぎっしゃ》の簾《すだれ》にもつけることからそうよばれている。フタバアオイはもとは境内に繁茂していたそうで、今日ではそれを絶やさないような努力がなされていると聞く。大原の入口の静原でも、上賀茂神社の祭用のアオイを採ったと読んだことはある。フタバアオイは上下の賀茂社の神紋となっている。なお賀茂斎院は船岡山の東南にあったと推定され、櫟谷《いちいだに》の七野《しちの》神社境内に賀茂斎院跡の石碑がたっている。

井上光貞先生のカモの斎祝《いつきのはふり》子《こ》研究

ぼくも賀茂社の斎王は嵯峨天皇のときに始まるという通説を信じていた。ところが井上光貞先生が中央公論社の『日本歴史』の一巻を担当されることになった。するとひょんなことから執筆に協力することとなり、昭和三八年から先生とお会いする機会が増えた。これはぼくにとってまたとない学問的刺激をうける時間となり、先日、改訂版の文庫本に、「四十年のちのあとがき」として当時の思い出を書いた。井上先生もすでに故人になられた。

井上先生はこれより先に「カモ県主の研究」を発表され、昭和四〇年に刊行された論集の『日本古代国家の研究』(岩波書店)にも収められた。

「カモ県主の研究」のエッセンスは『日本歴史』にも掲載されていて、このころ賀茂の斎王について通説しか知らなかったぼくは驚嘆した。以下少し長くなるが『日本歴史』の原文を引用させてもらうことにする。

「斎王とは賀茂神社に奉仕した未婚の皇女であるが、わたくしはこの斎院のおかれる以前の、奈良時代の賀茂神社の神官の古系図の文献批判と復原を試みたことがある。それによると、奈良時代の賀茂神社では、日常の神事や神社行政を主宰するのは、もちろん男子で、鴨県主とよばれる神官家の当主が禰宜をつとめていたが、その当主は、代がかわるごとに一族中の女性を選んで、神社がもっとも大切にするミアレの祭りの秘儀にあづからせ、これを斎祝《いつきのはふり》子《こ》といった。この斎祝子こそ賀茂斎院の原初形態であったとわたくしはおもうが、ここに祭祀における二重形態がみられるわけである。」

井上先生はさらにつづけて「したがって、奈良時代の祭祀形態のひとつ前の時代には、この族長が政治にあづかり、一族中の霊力ある女性が霊媒として族長の政治をたすけるという、地方族長の政治形態を推定することが可能になってくる。これは卑弥呼と男弟の二重王権と同じものであろう。」

井上先生が賀茂神社の古系図から導き出そうとされた奈良時代あるいは奈良時代前の姿は、当時のぼくには魔法にも似た斬新さがあった。たしかに賀茂祭や斎王については平安時代とそれ以降の史料が豊富すぎるので、ついその時代の研究に埋没しがちになるが、史料のとぼしい時代に挑戦することこそが学者冥利というものであろう。

平城京で昭和三八年に発掘された木簡のなかに、「主殿寮御炬」と書かれたものがある。炬は「かがり火」で、その下に記された人名のなかに「鴨国嶋《くにしま》」が見える。

鴨国嶋は井上先生が引用された「賀茂社家惣系図」にでている国嶋と同一人物とみられ、賀茂系図の古さと由緒の正しさが立証されたのである。

系図によれば国嶋は「右人時有勅以宝亀十一年四月令把笏禰宜祝給之」とあり、すでに引いたように、『続日本紀』での天応元年四月とある事件が一年前とする古伝である。国嶋は禰宜となる前には、主殿寮《とのもりょう》の役人として平城宮に出仕していたことがあったのだろう。賀茂社と主殿寮の関係は、前に八咫烏の項でふれた。

余談を一つ。井上論文で斎王について関心をもったぼくは、同志社大学に勤めて間もなくのころ上賀茂神社を訪れ、現在の斎王代がどのような基準で選ばれているのかを社務所でうかがったことがある。ぼくは当時は専任講師だったが、まだ元貴族というような家柄が関係しているのかどうかを知りたかったのである。すると社務所の人はぼくの風体をじっと見てから「斎王代になるにはすごくお金がかかりますよ」と答えてくれた。ぼくの身形《みなり》ではとても無理と判断しての答えだったらしくおかしかった。四〇年ほど前のなつかしい思い出である。

現代の斎王代は京都の未婚の女性から毎年選ばれ、その都度マスコミが大きく報じる。たしかに斎王代になると、十二単《ひとえ》などの衣装を整えるのに準備が大変なことは知っている。テレビでは御禊《みそぎ》の様子も映されている。鴨川ではなく、下鴨神社と上賀茂神社の御手洗川《みたらし》で一年交替でおこなわれるようで、御禊といっても指先を水につける程度に簡略化されている。

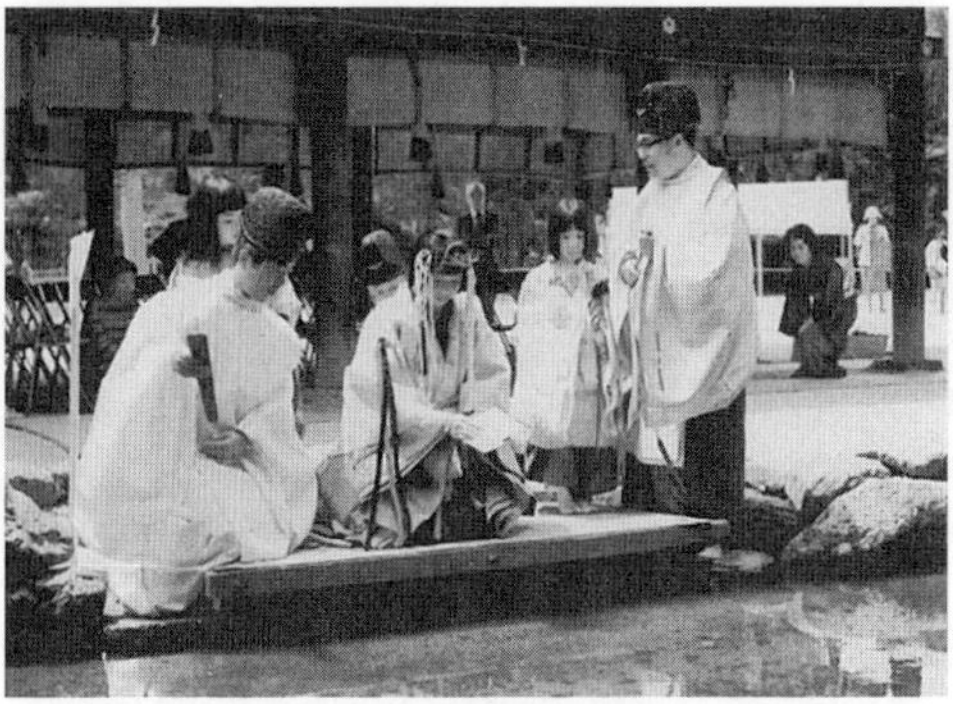

斎王代御禊（『賀茂別雷神社由緒略記』より）

火竟を副葬した幡枝古墳

山代の賀茂氏はいつ頃から山代の地に定住し始めたのだろうか。奈良県南東部にある三輪山を神体山とする大神《おおみわ》神社を奉斎する三輪氏を例にとると、古墳後期に限っても方墳の狐塚古墳を三輪の地に造営していて、六世紀後半の三輪氏の族長が、同時代の天皇陵に匹敵するような壮大な横穴式石室をもつ古墳をのこしていることがわかる。

伊勢神宮を例にとっても外宮のすぐ近くの高倉山の頂上に、

古墳後期では最大級の玄室をもつ横穴式石室をそなえた高倉山古墳（円墳）があったり、大阪の住吉神社でも至近の地に古墳中期ないし後期初頭の前方後円墳の帝塚山《てづかやま》古墳があるなど、神社と古墳が接近していることは珍しいことではない。

これにたいして賀茂郷には大古墳はおろか、多数の氏人の居住に関連するとみられる群集墳の存在は知られておらず、文献上からの鴨県主集団に対応する古墳ないし古墳群の存在を指摘することもむずかしい。

このことはカモ氏の移動伝承に関連したかもしれず、南山代の岡田の賀茂の地に、ある期間の居住を想定しても、付近にそのことに対応しそうな古墳ないし古墳群の存在を見出すことができず、カモ氏研究にとっても一つの謎といってよかろう。

賀茂郷から北に隣接した幡枝《はたえだ》には、約三〇基からなる古墳後期ごろの円墳群が昭和三〇年代には見られた（七七頁の分布図）。付近の土地は開発で急変していて、現存する古墳がどの程度あるかどうかは不明である。幡枝の地は平安時代には愛宕郡では栗野郷であったが、奈良時代やそれ以前にどうだったか、いずれにしても上賀茂の隣接地である。

昭和三〇年代には、史跡の栗栖野窯跡《くるすのかまあと》の南にあるケシ山に一〇基ほど、東方の上賀茂本山の南東斜面に二〇基ほどの直径一〇数メートルの円墳が点在していたが、住宅地への開発によって多くが消失した。そのさい幡枝在住の小谷長光氏がケシ山の山麓にあるB一二号墳で四獣鏡一面を採集しておられ、ぼくも一週間ほどお借りして観察することができた。この古墳にはとくに石棺や石室などはなく、埋葬施設を封土中に直葬していたようである（『本山・幡枝地区遺跡分布調査の

記録』昭和四六年、同志社大学考古学実習室)。
四獣鏡は面径二〇センチメートルあって、古墳後期の銅鏡としては大型である。鏡背には銘文はないが、鏡背の縁に逆時計回りで「夫火竟」の三字を刻みこんでいる。「火竟」の二字は鮮明で、「竟」は「鏡」の減筆文字であって、古墳前期から日本で作られた三角縁神獣鏡に多用される字である。最初の一字は「夫」とも見えるが、字画では「失」とも見え、拡大して観察はしたがどちらとも判定はしかねた。「失火竟」のほうが句の意味はよくわかる。

幡枝の失火鏡(面径20cm)

宮崎県の持田古墳群出土と伝える四獣鏡が広島の耕三寺に所蔵されていて、これにも鏡縁に「火竟」の二字が刻まれていて、実物を拝見すると幡枝古墳(ケシ山B一一号墳)の「火竟」の字と酷似していた。

日本の古墳出土の銅鏡には銘文をもつものが全体の三分の一ぐらいもあるが、いずれも製作時に鋳造された文字であり、追刻した例は幡枝古墳と伝持田古墳のものしかなく、きわめて特異な例とみられる。なお鋳造後の銅鏡に文字を追刻する例は、中国の江南では三国から六朝時代にかなりの例がある（『鄂城漢三国六朝銅鏡』古代学研究会）。なかには鈕《ちゅう》に「陸凱士李選」と刻んだものや、同じく鈕に「上大将軍校尉李同竟」などの鏡の所有者の名、さらに鏡の外周に「番琚鏡佪二尺一寸」などと鏡の外周長を刻むことなどはある。李同竟は李銅鏡の略であろう。

「夫火竟」もしくは「失火竟」の字を追刻した行為は、鏡を古墳に埋納するさいに、その鏡の役割をとくに記したと思える。火竟の火を太陽の日と同じとみて、太陽の光から採火する陽燧《ようすい》とみる榧本杜人《かやもともりと》氏の説もあるが、陽燧とよばれたと推定される多鈕細文鏡《たちゅうさいもんきょう》は今日の採火器と同じ凹面を呈しているのにたいし、幡枝の四獣鏡は鈍い凸面をしていてこれでは採火はできない。

とはいえ六世紀初頭のころに、大型の銅鏡にたいし火（日と同じか）鏡とする信仰をもっていたことは、カモ県主集団との関連も考えられ、今後の重要な研究テーマとなる。それにしてもカモ県主集団の古墳群は、小規模な群集墳としての幡枝古墳群だったのだろうか。それとも地域を広く葛野《かどの》全体のなかに求めるべきだろうか。

幡枝のケシ山山頂には直径二二メートルの墳丘のやや大きな古墳があるし、上賀茂本山には南東に開口したT字形の横穴式石室など、さらに注意してよいものもある。

京都市域を大観すると、京都市の右京区、向日市、長岡京市などの西山一帯には、顕著な前期の古墳群があって、カモ県主を被葬者としてよい古墳は数え切れない。すでに述べたように葛野の松尾大社の祭礼にも、アオイと桂の枝を用い賀茂社の祭礼と似通っているし、これもすでに述べたことだが賀茂社の伝承の丹塗矢は乙訓郡の火雷神社に祠《まつ》られるなど、葛野郡や乙訓郡とカモ氏との関係がしばしば示されていた。このことは今後の研究にまつほかなかろう。

ペルシャのガラス碗と坂東善平さん

ぼくが同志社大学へ勤めて間もなくのこと、ある日研究室に坂東善平さんが訪ねてこられた。坂東さんの家は北区にあって、歩いて一〇数分のところが上賀茂であり、上賀茂縄文遺跡にはたびたび探訪にでかけておられた。

坂東さんは上賀茂遺跡への探訪をつづけるうちに、遺跡は南へと広がりだし、本殿すぐ裏（北側）の御前台とよばれる土地に平安後期の丸瓦や平瓦が散布しているのに気づき、その探訪をつづけるうちに乳白色のガラス器の断片を一つ採集され、ぼくに見せてくれたのだった。

そのころの坂東さんは京都市内で電信柱の建て替え、ガス管や水道管の敷設など地下を掘り返す機会があれば工事現場をのぞきこみ、主として平安時代の瓦や土器片を採集された。当時はまったくといってよいほど遺跡としての平安京域への文化財行政側からの取組みはなく、考古学界でも平安以降、まして中世の文物には一部の石造品のほかには研究対象にはしていないという傾向があった。

前にもふれたが『古代学研究』第一五号・一六号の合併号を「歴史時代特集」にしたのは、そのような現状を打開するための試みであった。ぼくは坂東さんの実践をきわめて重要と考え、すでに述べたように『古代学研究』への寄稿をすすめたのである。

坂東さんの『古代学研究』への最初の寄稿は第二八号の「神泉苑遺跡について」で、昭和三八年だった。それ以来毎号のように寄稿を続けられ、学界が遺跡としての平安京域についての知識を蓄積するうえで重要な役割を果たされた。

最後の投稿は第六五号の「京都市下鴨神社の遺跡」で昭和四七年だった。この内容については後に下鴨神社の説明のときにふれる。

坂東さんから上賀茂のガラス器の断片を見せられたころ、ぼくは奈良県橿原市にある新沢千塚《にいざわせんづか》一二六号墳の発掘で、ガラスの碗と皿を発掘するという幸運にであっていた。昭和三八年の夏である。

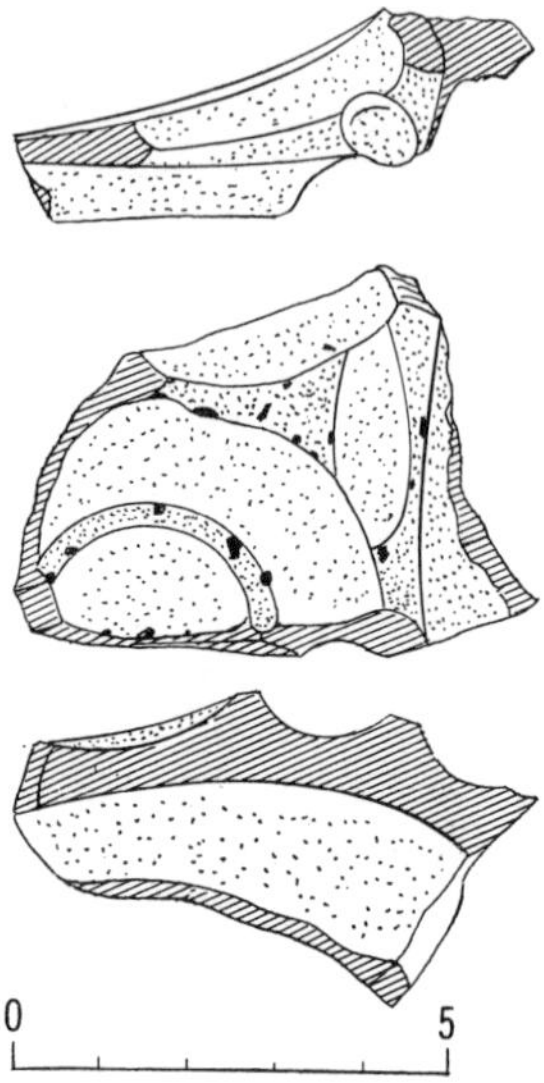

上賀茂ガラス容器（原図は森）

学術調査でガラスの器が出土した最初であったから、報告書の作成のため、ぼくは未知の研究領域を開拓する破目《はめ》となり、ヨーロッパやアメリカのガラス関係の博物館を見てまわるようになった。このようなことを坂東さんは知っておられ、上賀茂のガラス器の断片をぼくに託されたのである。

昭和四一年にはぼくは一応の研究がまとまり、坂東さんとの共同執筆として「京都市上賀茂の白瑠璃碗の破片」を『古代学研究』第四四号に発表した。文章はぼくが書いたが、坂東さんの努力にむくいるため、共同発表の形をとった。

その原稿を作る前に、坂東さんの案内によって上賀茂神社本殿裏を歩いてみた。本殿をかこむ北側の土塀にそった、通路のすぐ外側（北）の旧土塀の崩壊個所にガラス器断片はあったのだった。すでに述べたように、上賀茂神社では本殿と権殿《ごんでん》がすぐ東西に並び、二一年ごとに式年造営がおこなわれる慣習があったから、ガラス器断片の遺存個所は本殿のすぐ裏手といってよかろう。

白色のガラス器は、比重測定によってアルカリガラスであることがわかった。幅六センチ、高さ四・五センチの小破片で、器の厚さは5ミリほどの器壁で、新沢千塚出土の碗のような薄手ではない。

小破片とはいえ、幸い円形浮文のかなりの部分がのこっていて、器の全形を復原することができ、器の想定図も掲載できた。当時のぼくにはかなりの時間を要した研究だった。

寧夏回族自治区固原の李賢墓出土のガラス器

ぼくの友人に、古代ガラスの研究者であるとともに現代ガラスの作者としても知られる由水常雄氏がおられる。由水氏はぼくの想定図から上賀茂のガラス器を製作し贈ってくれた。ぼくはこれを同志社大学歴史資料館に寄託し公開している。

ところで円形浮文のあるガラス碗は、宗像神社の沖津宮のある、玄界灘に浮かんだ沖ノ島祭祀遺跡の八号地点でも破片が出土している。ぼくが報告を書いたころにはそれぐらいの資料しか知られていなかったが、その後、中国の寧夏回族自治区の固原南郊の李賢墓で、全面に円形浮文を配したガラス碗が出土した。五世紀のガラス碗で、沖ノ島や上賀茂のガラス片の年代の上限を知ることができる。

このほか北京西郊八宝山にある西晋の華芳墓からは、原初的な円形浮文と見られる丸い瘤状突起を器の胴に並べた碗が出土している。

円形浮文のガラス器は、ササン朝ペルシャでは四、五世紀の製品とみられ、それが沖ノ島や上賀茂にまで運ばれていたことは、このようなはるばる遠方から将来された器が神へ供えられていたことがわかる。なお有名な正倉院に伝わる切子を配した厚手のガラス碗や、それと瓜二つの河内にある伝安閑陵古墳出土のもと西琳寺蔵のガラス碗は、円形浮文をもつ碗よりは後出のようである。

坂東さんが採集されたガラス器の断片は、他の採集品（坂東コレクション）とともに坂東さんの死後に京都市に寄贈され、上京区今出川通大宮西入るにある京都市考古資料館で保管されている。平安京研究史上、貴重な汗にまみれた学術財である。

神仏習合下の上賀茂神社

八坂神社の神仏習合下の様子については、前著（洛東の巻）で述べたが、このようなことは上賀茂神社や下鴨神社でもみられたのである。坂東善平さんは上賀茂神社の本殿北方で、平安後期から鎌倉時代の瓦を採集されたことには前にもふれたが、それらの瓦は神仏習合下での神宮寺の建物に用いられたものであろう。

下鴨神社でも坂東さんは瓦を採集されていて、それは坂東さんの『古代学研究』への最後の投稿となった。瓦の多くは上賀茂神社にもあった巴文の丸瓦と剣頭文の平瓦であり、岡崎の尊勝寺址や法住寺殿址でも出土している。ところが一点だけ蓮華文の丸瓦が出土している。蓮華文の丸瓦ではあるが、ありふれたものではなく、平安京域では出土を見たことがないと坂東さんは書きそえている。高橋健自氏が蒐集された瓦を、昭和五年に石田茂作氏が編集された大著『古瓦図鑑』には下鴨神社出土の瓦に加え、上賀茂神社出土の瓦も多数掲載されていて、高橋健自氏も注目されていたことがわかる。

八世紀の鴨県主のなかにも、仏教に帰依《きえ》した者がすでに現れていた。天平六年（七三四）七月二七日の「智識優婆塞《うばそく》等貢進文」に「鴨県主黒人　年廿三　山背国愛宕郡賀茂郷岡本里戸主鴨県主呰麻呂戸口」が、読経として「法華経一部、最勝王経一部、涅槃《ねはん》経一部、方広経一部、維摩《ゆいま》経一部、弥勒《みろく》経一部、仁王経一部、梵網《ぼんもう》経一部、雑経合十三巻」などを書き、そのほか個々は略するけれども誦経多数をあげている（『寧楽遺文』中巻）。この程度の経典についての知識のある人は、豪族には珍しいことではないけれども、あとでふれるように黒人《くろひと》の居住地の岡本里には注意してよかろう。

仁明天皇の天長一〇年（八三三）一二月のことだが、道場一処が「山城国愛宕郡賀茂社の東一里ばかりの里にあって岡本堂と号す。これ神戸《かんべ》の百姓が賀茂大神のために建立したものだが、天長年中に検非違使《けびいし》がことごとく毀廃した。ここに至って勅していう。仏力も神威もどちらも尚《とおと》く、いま本意をたづね神分の縁によりとくにかの堂宇の改建を聴す」（『続日本後紀』）。神戸は「かんこ」ともいって、神社の経済を支えるために所属させられた人たちだが、仏力も神威もどちらも尚《とおと》い（仏力神威相須（須）尚矣）という理念は注目してよい。

このように特例として岡本堂の存続が許された前史として、賀茂県主《あがたぬし》黒人の仏教への帰依《きえ》があったことも見逃せない。なお岡本の里には鴨岡太神社が『延喜式』神名帳に見え、岡太は岡本

片山御子神社（片岡社）

のこととみられる。これも神戸の百姓が奉斎したものであろう。

この文中に賀茂社東一里ばかりの里とあるように、近世の加茂六郷の一つに岡本郷があり、上賀茂神社が管理し錦部郷といったこともある。

室町時代に製作された「賀茂別雷神社境内絵図」が神社に伝わっている。この絵図は鎌倉時代に描かれた原本を室町時代に写したものと考えられていて、中世の上賀茂神社の状況を知ることができる。

それによると玉依姫をまつる片岡社の南側に、西から多宝塔、観音堂、鐘楼が東西に並び、これが神宮寺であった。ならの小川の東方で、御物忌川《おものいがわ》と御手洗川《みたらしがわ》の合流点の南東に当《あた》る。片岡社は『延喜式』神名帳では片山御子神社とよばれ、本殿は重要文化財になっている。

大島（源）武好が宝永二年（一七〇五）に著した『山城名勝志』の「愛宕郡」の項では、賀茂社については下社を先に書き上社をあとで書いているが、上社の寺関係として経所、経蔵、多宝塔などをあげ、多宝塔については「今沢田社東の蓮池北に小堂あり多宝塔と号す」とある。この小堂は先にあげた室町の境内図に描かれた多宝塔とは別物と考えられ、もとの塔は火災で失われたのかもしれない。文中の蓮池はもとこの寺に付属して設けられたものであろう。『山城名勝志』では、さらに一の鳥居の西方に聖観音像を安置していて、土地の人が大門村の名をおぼえており、この村の別名は聖神寺村といったことを記している。

聖神寺といえば元慶二年（八七八）四月に仁王般若経の一〇〇の講座を設けたとき、「京師は御在所より始めて聖神寺に至る三十二、畿内および外国は六十八なり」（『三代実録』）にでている聖神寺のことであろう。

『延喜式』大膳職の項に、「七寺盂蘭盆《うらぼん》供養析」の割注として「東寺、西寺、佐比寺、八坂寺、野寺、出雲寺、聖神寺」とあり、支給された品々を細かく記している。この記述からみると、平安中期ごろには聖神寺は政府からかなりの扱いをうけていたとみられる。「聖なる神の寺」とはこの寺の性質を端的に語っており、先に述べた神宮寺より先に造立されていたようである。いまのところ上賀茂神社関連の寺としておくが、神宮寺とは別に成立したものであろう。

いずれにせよ、今日の上賀茂神社の状況は、明治初年の神仏分離よりあとの様子を示しているものだが、この神社では神仏分離への動きが江戸時代にすでに始まっていたようでもあり、今後の研究が待たれる。

スグキの里としての上賀茂

スグキは漢字で書くと酸茎である。「すいぐき」がだんだん縮まったものであろう。スグキの栽培は上賀茂神社の社家や農家の畠でおこなわれていたし、漬物としてのスグキも上賀茂で作られていた。昔は酸菜《すいな》とか加茂菜といったこともあるようである。

一一月に収穫したスグキは、畠から抜き取ったあと、神社の境内を流れる楢《なら》の小川が境内から出て明神川となるあたりの水でよく洗った。神域を流れる川の水で洗わないとスグキの味はでないといわれているが、そこにも信仰がちらついている。

洗ったあと皮をむき塩漬けにして四斗樽につめて、重石《おもし》をつるした長い棒で重量をかける天秤《てんびん》圧《おし》（押）の風景は、冬の上賀茂の風物詩として名高い。そのあと樽を室《むろ》にいれ加熱保温して自然に発酵させると、ほのかな酸味と独特の旨さがでる。

毎年のことだが、スグキを求めるタイミングがぼくにとっては重要である。庭に霜が降りるころを見はからい、樽のまま売っている店で葉のよくついたものを選んでもらって買う。

スグキは蕪菁《かぶら》の一種で、根を食べるのだが、一緒に漬けられた葉もうまい。俎《まな》板の上で葉を微《み》塵《じん》に切ってもらい、七味をふって醤油を数滴たらし、熱いご飯と一緒に口にいれると極楽気分である。

一度だけ秋に野菜としてのスグキを八百屋で手にいれた。期待しながら煮てみたが、それほど旨いものではなく、やはり漬物でないと駄目だということを経験した。もし昔の上賀茂の誰かが漬物に加工することを始めなかったら、京都の冬は淋しいものになっていただろう。なお五月初旬のころに、淡黄色になったスグキをビワ（枇杷）色といって好む人もいる。酸味がよく出ていて独特の味がする。

江戸時代前期に人見（小野）必大《ひつだい》という医者がいた。元禄八年（一六九五）に岸和田藩主岡部長泰の援助をうけて『本朝食鑑』の大著を刊行した。

必大は京都の嵯峨でも暮らしたことがあり、のち江戸で生活した。京都のときに見聞したのであろうが、スグキの記載がある。「洛外の賀茂里人、造るところを号《なづ》けて酸茎菜といい、之を賞味している」と「菜部」の項で述べている。

スクギの天秤圧（中田昭氏撮影）

この文より先に「香物」の項で、近江漬（カブラの漬物）に関連して、「京外の賀茂の里人もこれを造っており、経年（時間がたって）酸味を生じたものを酸茎という。当今各家でも真似て造っている」と述べている。『本朝食鑑』はスグキのことに言及した古い例である。

ぼくの予測では鎌倉時代ごろにスグキを食べ始めたかとおもうが、いまのところ江戸前期の記録しかさかのぼれない。

二〇〇七年三月に上賀茂神社へ参詣した帰りに、一の鳥居の前の通りを東へ行ったところにあるすぐき処の「なり田」に寄った。この店は由緒が古く、母が健在なころはときどき店まで買いに行っていたし、年をとってからは郵送でとりよせて食べさせてくれていた。この日は季節もちょうど良かったのか、店先に試食に出してあった葉の刻んだものがぼくの求めている味だった。

今回の本には、できるだけ食物のことを書くのを抑えているが、上賀茂を書くとやはりスグキにふれないわけにはいかなかった。再度いうが四斗樽に入ったのを見つけて、店員さんに一つ選んでもらうこと。あらかじめ真空パックしてあるものはぼくは買わない。

糺《ただす》の森と社叢《しゃそう》

下鴨神社には境内の南方に糺《ただす》の森があり、その北方につづく神域のほぼ全域がケヤキ、エノキ、ムクなどの落葉広葉樹からなる樹叢におおわれ、社叢といってもよい。このような森が京都盆地内にあるのは奇跡といってよかろう。上賀茂神社にも大木は多いけれども、社叢とよべる景観は下鴨神社のほうがまさっている。

『源氏物語』には光源氏が都を退去するにさいして、賀茂の下の御社のほうを拝んで、次の歌をよんだ。

憂き世をば　今ぞ別るゝとゞまらむ　名をば糺の　神にまかせて（須磨の巻）

つまり下鴨神社は糺《ただす》の神でもあったのである。糺の森には人間の心を清純にする神秘の力があったのであろう。下鴨神社は森の神でもある。

森は林と区別される。林は「人のはやした」空間であって、人が積極的に植栽して創りだした人工の森である。下鴨神社の森も人間が植栽したものではないが、長年にわたって樹木が育つように人が手を加えた結果、このように見事な森ができあがったものであって、自然と人とが力をだして生みだした空間といってよかろう。

先日、下鴨神社に参詣したとき、参道の左手（西側）に大木の切株があって、その切株を鉄板で覆って雨水がかからないようにしてあった。切株にまで人の愛情がそそがれている様子をみて、ぼくは感動した。

下鴨神社境内の大木の切株

下鴨神社は賀茂川と高野川との合流点にある。だが水との関係はそれだけではなく、境内のほぼ中央を泉川と奈良の小川が南流して高野川に注いでいる。

泉川と奈良の小川は幅は狭いけれども水量は豊かで

下鴨神社の御手洗川（瀬見の小川）

ある。この奈良の小川の下流が瀬見の小川とも御手洗川《みたらしがわ》ともいっていて、葵祭に斎王代が御禊《みそぎ》をするのは、奈良の小川の川べりである。奈良の小川の右岸には水辺まで斎王代が下りるための石段が設けられている。このような川に下るまでの段の設置は、四、五世紀の祭祀跡として知られている三重県伊賀市の城之越遺跡でもみられる。城之越の推定禊場の水はやがて木津川上流に流れ込み、南山城の岡田賀茂の地をも流れ、はては淀川となって大阪湾に注いでいる。

余談になるが、下鴨の名物にみたらし団子がある。下鴨神社前のバス停（本殿の横）の西側にある茶店で求めることができる。みたらしとは下鴨神社境内を流れる御手洗川にちなんだ名であり、ここに湧く水泡《みなわ》を形どったものと伝えられている。蜜をたらした団子の総称のようにおもっていたが、本来は下鴨の団子の名であった。なお下鴨のみたらし団子は蜜味のものだが、特別に注文すると醤油味のものを作ってくれるそうで、ぼくはこのほうが好きである。とにかくこのような竹串にさした団子は、昔の日本人もよく食べたのである。

鴨社の祭神と上賀茂神社の御阿礼《みあれ》神事

下鴨神社には西本殿と東本殿が並んで建っていて、ともに国宝建造物である。西本殿にはすでに述べた賀茂建角身命《かもたけつのみのみこと》が、東本殿には玉依媛《たまよりひめ》（日売《ひめ》）がまつられていて、正式の社名は賀茂御祖《みおや》神社である。御祖というのは、上賀茂神社の祭神である別雷（若雷）神の外祖父としての建角身命を祠るからである。

すでに述べたように上賀茂神社の北方には神体山としての神山《こうやま》があり、上賀茂神社に詣るのは神山を拝礼するのであることもすでに説明した。

毎年の大祭（五月一五日）ごとに、神山から祭神を祭場（現在の神社）へ迎える御阿礼《みあれ》神事がおこなわれ、古くはこの神事で斎祝子《いつきのほふりこ》という女性が重要な役割を果たしていたことについても述べた。

御阿礼《みあれ》神事は上賀茂神社北西約八〇〇メートルの本殿と神山を結ぶ線上の丸山の山中へ、御生《みあれ》（阿礼）所《ところ》とよぶ神域（神籬《ひもろぎ》）をこしらえ、そこで夜におこなわれる。この神籬は松杭を地上六尺の高さに立て、それに杉の横木を三段に組み、松、檜、柳、金木等で内部が見えないようにさし込み、前面外側に一間半の長さに葵桂を三組つけて御囲とする（この個所は賀茂別雷神社、建内光

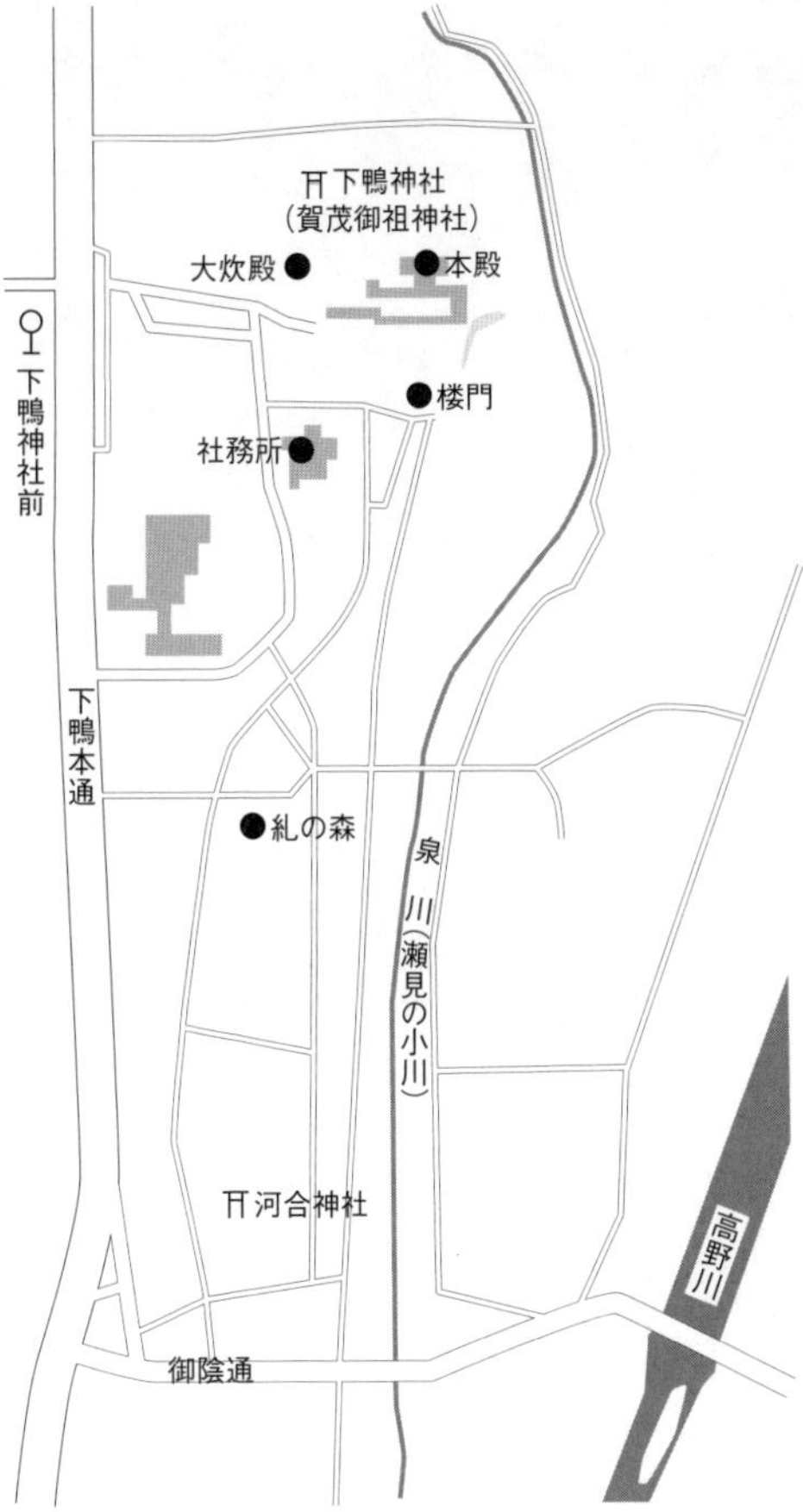

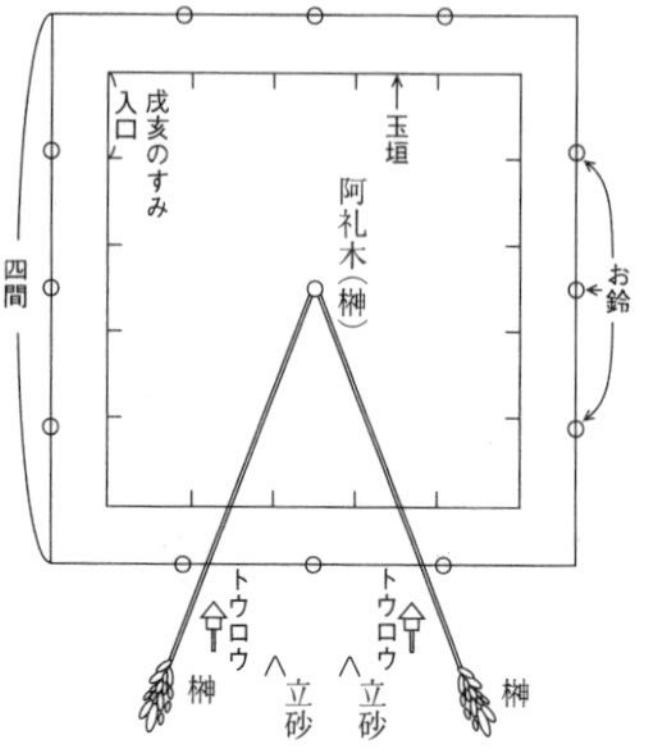

御阿礼所

儀前宮司の『上賀茂神社』（学生社）によった）。御囲い内部中央の榊を阿礼木《あれぎ》という。この神事は秘事とされ、正面神籬前に二基の立砂に榊を立てることが重要といわれている。このような立砂は上賀茂神社の細殿の前には常時二つ作られていて、立砂の頂に杜の象徴として松葉が立てられている。

賀茂祭にさいして、神の降臨を願うためおこなわれる神事が、上賀茂神社では御阿礼祭であるのにたいして、下鴨神社では御蔭《みかげ》祭とよんでいる。

ぼくが注目しているのは、上賀茂神社では北山の一角にある神山《こうやま》が神のいます神体山であるのに、下鴨神社では東山の一角にある御蔭山《みかげやま》が神体山である。この山の所在地は上高野に属し、叡電の八瀬比叡山口駅の南西にあって高野川がすぐ北側を流れている。御蔭山は御生《みあれ》山とも書くことがあって、東山三十六峰の一つで標高約二〇〇メートルであり、山頂には下鴨神社の摂社である御蔭神社が鎮座している。

このように上賀茂神社と下鴨神社には、それぞれ別の神体山が古くからある。このことは本来それぞれが別の神社であり、よく説かれていることだが、奈良時代後半になって下鴨神社が分離してできたという推定は成立しにくいように、ぼくは考えている。

上賀茂神社は賀茂川の流域にあって、水源にある貴布禰神社とはすでにみたように強く結びついていた。下鴨神社は賀茂川と高野川の合流点近くにあるとはいえ、高野川と強く結びついていた。下鴨神社の境内を流れる奈良の小川と泉川も高野川に流れこんでいて、高野川の水域にあるといっても過言ではない。

今年（二〇〇七）も御蔭祭はおこなわれ、宮司や神職約一三〇人が神の荒魂《あらみたま》をおさめた神霊櫃《しんれいびつ》をかかげて山を下った。そこから下鴨神社までの道は、自動車がひんぱんに通るため、途中はしめ縄をはったトラックで運び、神社の近くにつくと古式にのっとり、神馬の背に神霊櫃をのせて本殿まで運ばれた。馬が神を運ぶという図式は、古代からの馬の役割を知るうえで示唆に富んでいる。

降臨石（神山山頂、『賀茂別雷神社由緒略記』より）

神仏分離以前の下鴨神社

明治初期の神仏分離の大嵐の吹く前は、下鴨神社にも仏教関係の建物があった。現在の社務所のあるあたりの北に護摩堂と読経所があり、河《か》合《わい》神社にも小経所と供僧の詰所があった。また河合神社の北方、下鴨神社の社務所の南西に神宮寺があって、池に面して観音堂が建っていた。残念ながら、これらの建物が神仏分離のあとでどうなったかとか、建物内に置かれていた仏像や経典類がどうなったかは、今回は調べられていない。

ぼくの感想では、上賀茂神社にくらべると仏教との融合の度合は弱く、この点、本来の賀茂神の信仰をより強く伝えようとした伝統があったようにうかがえる。

下鴨神社の社家に鴨脚家《いちょうけ》がある。発音は「いちょう」家でなぞなぞめいた家名である。鴨の脚（足）跡は銀杏の葉の形に似ているようだが、もっと深い意味があるのかもしれない。鴨川には鳥が多く一三〇種はいるといわれ、ぼくもカモが泳ぐ風景は何度も見ている。しかし足跡を注意して見たことはない。

鴨脚家には、前に述べた井上光貞先生が「カモ県主の研究」にさいして利用された、賀茂神社の神官家の古系図が伝わっている。これは奈良時代のころからの事実を述べた、たいへん古い系図である。

下鴨神社の中世の様子を描いた「鴨社古図」は貴重な資料であるが、これを書写したのは鴨脚《いちょう》光富とみられていて、鴨脚家の役割がうかがえる。鴨脚家など下鴨神社の社家の家では、葵祭や御生神事の日には黄飯という特別の食事をとり、床の間に「御神号」「鴨氏の系図」「鴨社絵図」の三幅を掛け、祭神を招く習わしがあったという（賀茂御祖神社編『下鴨神社と糺の森』の新木直人氏執筆の「鴨社古図を見る」の項、なお新木直人氏は下鴨神社の現宮司である）。

高麗美術館と鄭詔文さんのこと

久我《くが》神社へ行ったあと上賀茂神社へと向った。堀河通を北に進むと加茂川中学があった。ここは一昔前に鄭詔文《ていしょうぶん》さんのお宅へ伺うときに目印にした場所である。現在はそのお宅のあったところに高麗《こうらい》美術館が開設されている。

鄭さんはぼくより年上だが仲がよく、親友といってよい間柄だった。その鄭さんは、高麗美術館が創立された一九八八年の翌年に他界された。急に懐かしさがこみあげてきたので、数年ぶりに高麗美術館に立寄って、短い時間だったが館内をまわって李朝の陶器や民画などを堪能した。そのあと賀茂川にかかる御園《みその》橋を渡ると上賀茂神社についた。今まで上賀茂神社と高麗美術館がこんなに近いとは気づかなかった。これは偶然ではあるが、そこに歴史的な因縁が感じられ、鄭さんのことを書くことにした。

高麗美術館はたんに朝鮮の文物を集めたミュージアムではない。館の名である「高麗」は、朝鮮半島が一つになったときの国名になると仄聞《そくぶん》したことがあって、民族の悲願をこめた館名である。といって政治色があるわけでなく、朝鮮の古美術品、民具や民画など、民衆の生活の匂いのただよう展示になっている。

古代の京都人は朝鮮や中国はもとより、異国の知識や文物にたいして強い関心を示し、その摂取につとめた。異国だけではなく、列島内においても蝦夷や隼人との交流を深めていた。その一部についてはすでに述べた。

日本のなかの朝鮮文化

一九六九年三月に京都のマチの一角から『日本のなかの朝鮮文化』という雑誌が誕生した。季刊の雑誌で、書店に並んだとき、ぼくはさっそく一冊を求め

高麗美術館（高麗美術館提供）

た。この雑誌の実質的な発行者は鄭詔文さんである。鄭さんは実業家であるが、稼いだお金を文化事業につぎこまれたのである。薄い雑誌ではあるが、ずばり日本と朝鮮との交流史の深層を標榜《ひょうぼう》できている。たしかに日本史で語られる朝鮮像については、どこかにゆがみがひそんでいた。ぼくはその雑誌にカルチャーショックをおぼえた。

創刊号の表紙には木津川市にある高麗寺址の石碑の写真が印刷してあった。奇しくもその寺の名の高麗が、一九年後に実現した高麗美術館の名称になるのである。

高麗は日本の古代には「コウクリ」とか「コマ」といい、この寺址の場合は「コマデラ」である。ちなみに『日本書紀』では、すべてが高麗と表記されていて、高句麗はでていない。しかし一〇世紀から一四世紀におよんで朝鮮半島を統一した高麗と区別するため、古代のほうの国名を高句麗と分けているのである。一〇世紀からの高麗を日本では「コウライ」と発音し、この美術館もその発音を使っている。

『日本のなかの朝鮮文化』六号（一九七〇）には、作家の金達寿《きむたるす》さんが「帰化人ということば」と題する短文を掲載された。当時は帰化人という言葉に誰一人疑問を感じず、古代史だけでなく日本史の教科書でもごく普通に使われていた。金さんはそのような日本人の根強い意識のことから切りこみ、渡来人とするのが実情にかなっていると提言された。短い文章ではあったが教えられるところが多く、さっそくぼくはゼミの学生にこの雑誌を回覧した。

この号がでてから間もなく、古代史研究者のあいだから帰化人が消え、渡来人とすることが普及しだした。なかには意味はわからないが大勢《たいせい》に従ったような人もみられたが、ぼくはそれでもよいとおもった。なおぼくは渡来系氏族というように一工夫して使っている。

鄭さんのお人柄もあって、古代史では林屋辰三郎、上田正昭、井上光貞、直木孝次郎、水野祐などの研究者、考古学からも有光教一や大塚初重、さらに松本清張、司馬遼太郎、湯川秀樹などの著名人が毎号のように座談会で問題点を抉《えぐ》りだされ、そのこともこの雑誌の評価を高めた。

ある日ぼくは鄭さんの訪問をうけ、九号の「古墳をめぐって」の座談会に加わった。一四号では「高松塚壁画古墳をめぐって」の座談会に上田正昭、金達寿、司馬遼太郎さんらと参加した。

その後もこの雑誌は号を重ね、一九七六年には兵庫県豊岡市で「天日槍《あめのひぼこ》をめぐって」の公開座談会がひらかれ、ぼくはこれにも参加し、一九七八年には長野市での「古代信濃と朝鮮をめぐって」の座談会にも参加した。その翌年には京田辺市（当時は田辺町）で、上田さんや金さんとともに「南山城の古代文化」の座談会に参加し、京都の歴史にもせまることができた。

だが残念なことに、一九八一年の五〇号の刊行をもって休刊となった。休刊の原因はいくつかあるが、鄭さんがのこされた命を高麗美術館の実現にそそぐためというのが大きかったようにおもえる。たしかにその頃には鄭さんの体力にもかげりが見え始め、ぼくも微力ではあったが館の実現に協力した。

現代史の生き証人

鄭さんは『日本のなかの朝鮮文化』五〇冊をのこし、高麗美術館はその死後にも立派に役割を果しつづけている。ふと考えると、古代以来の在日、在京の朝鮮人のなかでも、文化的な役割、とくに日本人のもつ朝鮮像を鮮明にさせた点では、鄭さんの功績は抜群であるとぼくにはみえる。

ある大手新聞社が毎年秋におこなっている文化賞の候補に、ぼくはずっと鄭さんを推挙しつづけたが、その新聞社の思惑もあって実現せず仕舞だった。

前にも述べたが、ぼくは同志社大学の総合科目として、「京都の自然と歴史」「京都学」の授業を一〇数年間担当した。今から考えると「京都学」の前身である。ぼくはこの授業のゲストスピーカーとして何度か鄭さんをお招きした。ゲストスピーカーは年に一回だけ、どなたかを招聘できるという制度である。

鄭詔文収集第1号の李朝の白磁壺

（高麗美術館提供）

鄭さんは子供のころからの京都の生活を回顧し、差別の体験などを話され、学生たちに強い衝撃をあたえた。講義のあと学生たちに感想文を書いてもらったが、一様にカルチャーショックの強烈さが赤裸々に述べられていた。このレポートは鄭さんの死の直後にご遺族に記念としてお渡しした。

実業界ではなばなしい活躍をしていた鄭さんが、どうして雑誌作りや美術館作りをおもいたたれたのか。これについてぼくが鄭さんからお聞きした話がある。

鄭さんがお若いころに、とある京都の古美術商のショーウィンドーに大きな白磁の壺が飾られていた。妙に心がひかれて店主に聞くと李朝の焼物であった。

鄭さんは昔の祖国がこれほどの陶器を作れたことに感激し、ついにこの壺を手にいれられた。

これが鄭コレクションの第一歩だったのである。

紆余曲折をへて、一九八八年に高麗美術館発足の祝賀パーティーが二条城近くのホテルでひらかれ、司馬遼太郎さんも出席された。席上、初代の館長を引きうけられた林屋辰三郎さんが、ずっと立ちつづけられていたことが印象にのこった。このころ林屋さんは持病がでて、本当は立つことは無理な状況だった。ぼくが椅子にお座りになることをすすめたが、律儀な林屋さんは閉会まで立ちつづけられた。

その鄭さんも、司馬さんも、林屋さんもすでにこの世におられない。ぜひ京都の歴史をさぐる旅で、高麗美術館を加え、以上述べた京都の現代史のあかしを噛《かみ》しめてほしい。若い日の鄭さんが出会った李朝の白磁の壺も陳列されているはずである。

第4章　出雲郷や花の御所

——御霊神社から相国寺のあたりへ——

出雲路橋
賀茂川
鞍馬口駅
御霊神社
卍慈雲院
卍慈照院
地下鉄烏丸線
長得院卍
豊光寺
卍
承天閣美術館
大光明寺卍
方丈
卍相国寺
浴室
足利義政の墓
法堂
烏丸通
卍瑞春院
卍 大通院
鐘楼
養源院 卍
卍林光院
卍光源院
普広院 卍
卍 玉龍院
幸神社
室町通
同志社大学
同志社女子大学
今出川駅
室町殿石碑
冷泉家
京都御所
今出川通

上と下の出雲里（郷）

古代の愛宕《おたぎ》郡には出雲郷《いずものさと》があった。出雲の地名がつくのには意味があって、出雲国からの出雲人の大きな移住先だった。出雲国のほかではこれほど多数の出雲人が居住した土地は他にはない。

今日でも賀茂川のすぐ西岸に南北に長く出雲路《いずもじ》の地名はのこり、さらに賀茂川にかかる橋を出雲路橋といっていて、出雲郷の一角はおさえられる。

奈良市の正倉院には、神亀三年（七二六）に作られた「山背《やましろ》国愛宕《おたぎ》郡出雲郷計帳《けいちょう》」が伝えられていて、『寧楽遺文《ならいぶん》』上巻に収められている。それによってこの土地の住民の大半が出雲臣《いずものおみ》だったことがわかる。『日本古代人名辞典』洛東の巻では、じつに一八頁にわたって出雲臣の人名が列挙されているが、その大部分が山背国愛宕郡出雲郷の住人である。これは偶然にその地の計帳がのこっただけではなく、出雲人の一大根拠地であったことを雄弁に物語っている。

計帳は、人民に調《ちょう》と庸《よう》を課するために作成する基本台帳で毎年作られるものだが、より子細にみると、「山背国愛宕郡雲上里計帳」と「山背国愛宕郡雲下里計帳」とがある。これによって、八世紀のはじめにはすでに出雲郷が上《かみ》と下《しも》の二つの里《さと》に分かれていたことは注目してよい。この区別を軽視して一括して扱っている人もいるけれども、ぼくは二つの里に何か違いを見いだせないかと考え、以下二つの里の記載にしたがって検討しよう。

『和名抄』の出雲郷の項には「以都毛《いつも》有㆓上下㆒」と註記されている。「以都毛」は出雲のことで、平安前期にも上と下の二郷のあったことがわかる。古代の発音は正確にはわからないが、雲上里（郷）を「ウンジョウリ」とよんだとしても、「出雲のカミの里《さと》（郷）」の意味であったことは明らかである。愛宕郡では粟田郷と出雲郷が上と下に分かれた大きな土地だった。

論者のなかには、雲上里を賀茂川より西とし、雲下里を賀茂川より東という具合に賀茂川をはさんで東西に出雲郷はひろがっていたと推測することもあるが、賀茂川より東は賀茂郷であり、この見方は成立しないとぼくはみている。

出雲路の道祖神としての幸神社

出雲路《いずもじ》とは、北から愛宕郡の主邑《ゆう》のあった粟田郷や愛宕郷へ行くのに出雲郷を通過する道のことであり、さらに出雲国への出発点でもあった。小さなことだが、出雲郷のほぼ中間に「鞍馬口」の地名がのこる。鞍馬口から北の道は鞍馬路ともよばれているから、出雲郷は鞍馬や貴船にいたる出発点でもあった。

ぼくの推定では雲上里はより北に、雲下里はより南にあって、その境付近に幸神社《さいのかみやしろ》があった。この神はもと賀茂川の西岸にまつられていた道祖神で、サイの神とは塞の神とも障の神とも書き、交通の要衝（衢《ちまた》）にまつられることが多い。現在は今出川通に面した同志社女子大学のすぐ北東に鎮座している。

出雲路の幸神社は、天孫降臨で天孫たちを先導した猿田彦を主神としている。猿田彦は『日本書紀』の一書では衢神《ちまたのかみ》とよばれている。出雲郷は鞍馬や貴船、ひいては若狭や越《こし》の国々への出発点であり、北西へと道をとると丹波、ひいては因幡や出雲への出発点でもあった。

鎌倉後期ごろに成立したとみられる『源平盛衰記』に、出雲路の道祖神のことがみえる。宮中で不始末をおこして陸奥へ追われた藤（藤原）実方《さねかた》が歌枕を調べるうちに、陸奥の名取郡笠島の道祖神に蹴殺《けころ》された。

実方は馬に乗ったまま道祖神の前を通ろうとした。ある人が「この神は効験無双の霊神、下馬《げば》して再拝して過ぎ給え」と教えた。実方がこの神について尋ねると「これは都の賀茂の西、一条の北の辺におはする出雲路の道祖神の女《むすめ》なり」といった。だが実方は「この神は下品《げほん》の女神、下馬に及ばず」と通りすぎようとしたので、道祖神は馬をも主をも罰して殺したという。実方の墓は社の傍にいまもあるという。以上は水戸の刊行した「参考源平盛衰記」にもとづき出版された『新定源平盛衰記』（新人物往来社）を簡略にしたものだが、旅をする人にとっての道祖神の信仰の一端はわかるし、出雲路という道の役割も推測できる。

幸神社

『源平盛衰記』よりやや遅れて成立した軍記物語として『曾我物語』がある。源頼朝がおこなった富士の裾野の巻狩りの機会に、曾我兄弟が父の敵を討ったことにちなんだ物語である。この物語では、陰湿な政争がひきおこす御霊《ごりょう》信仰が随所にでていて、各地の神々がよく登場する。巻第六に夫婦和合のことを述べたなかに「出雲路の妻会《さえ》の結び」とあるのは出雲路の塞《さい》の神のこと、つまり道祖神である。

石　　神

道祖神は夫婦和合の神である。面白くおもったのは幸神社の本殿の背後に、注連縄をかけた石神が祠《まつ》られている。近づくと男性の性器を象《かたど》ったとみえる石塊であり、信仰の対象になっている。この男根形の石については、木内石亭の『雲根志』がふれている。

出雲路の石神は古くから知られていた。南北朝から室町前期の武将である今川貞世（了俊）が、九州探題として九州へおもむいたときの紀行文である『みちゆきぶり』に、つぎのような一節がある。「播磨の飾磨《しかま》の道ばたに石の塚があり、そこに出雲路の社にあるような『かたども』を見つけた。その由来をたずねると『この道をはじめてとおる旅人は、たかきもいやしも、必ずこれをとり持て、石の塚をめぐりてののち、おとこ女のふるまひのまねをして通る事』の答えがあった」。貞世がそのまねをしたかどうかはともかく、道祖神の役割の具体的な一例がわかる。以上は山陽道での見聞である。

雲上里と雲下里の計帳

ここで雲上里と雲下里の計帳をみよう。この計帳は完全にのこるのではなく、数個所が失われた断簡である。

雲上里では八人の戸主の名は記されているが、八人とも出雲臣《いづものおみ》である（このほか戸主名の不明の者が二人いる）。これにたいして雲下里では戸主の名のわかる一二人のうち出雲臣が一〇人であり、出雲臣が里を構成する大半を占めている点では雲上里と同じだが、多少の違いがある。つまり、戸主のなかに上毛野君族長谷《かみつけののきみのやからはせ》と秦高椅色夫智《はたたかはしのしこぶち》の二人がいて、出雲臣以外の他姓の者も混住している。

以上のことから、雲上里が出雲郷のなかではより主邑だったと推定される。このことは、後に述べるように出雲郷には二つの出雲寺があり、そのうち雲上里にあったとみられる上出雲寺のほうが、より立派な伽藍をもっていたとみられることとも符号する。なお後でも述べるが、上出雲寺（出雲寺ともいう）は今日の御霊神社（上御霊神社）の境内一帯にあったとみられ、雲上里のほぼ中心が推定できる。

雲下里の出雲臣以外の二人の戸主のうち上毛野君族長谷《かみつけののきみのやからはせ》について説明しよう。上毛野君族長谷は年五一歳で母は出雲臣阿麻爾売《あまにめ》、妻は檜前民使首志豆米売《ひのくましずめめ》である。上毛野君は東国の上毛野（上野）の豪族だが、前に述べた田辺史《ふひと》とも親縁関係があった。

檜前民使首《ひのくま》は、地縁的に坂上氏と関係はありそうだが、南山城の百済系渡来人の怒《ぬ》（奴）理使主《のりみ》（能美）とも関係があった。ヌリノミは筒木にいた大富豪である。ぼくが興味深く感じたのは、家族のうちの男と女に父方の上毛野をなのる子と、祖母方の出雲臣をなのる子とが混在していることである。

雲上里と雲下里で戸の構成人数のわかるのは雲上里では四戸、雲下里では一一戸である。細かくみると雲上里では最大人数の戸は四一人、最少人数の戸は一四人、雲下里では最大人数の戸は四一人、最少人数の戸は八人である。

以上の人数には奴婢《ぬひ》は含んでいない。雲上里の一〇戸のうち奴婢を有する戸は五戸で、もっとも多くの奴婢を有する出雲臣大嶋の戸では二六人の奴婢がいる。大嶋の戸籍は断簡で、戸の構成人数は不明であるが、大嶋は正六位下の位をもっていて、戸主のなかでは高い位であることは注意してよい。このほか雲下里一三戸のうち奴婢を有するのは二戸にすぎないが、出雲臣麻呂の戸口四三人の戸では別に一七人の奴婢がある。

ぼくが注目するのは雲上里の出雲臣大嶋の戸であって、奴一人と婢二人が房戸主出雲臣隠加《いか》の母の出雲臣意斐売《おひめ》の奴婢だと註記されている。意斐売《おひめ》は年七六歳だった。

雲下里でも、戸主出雲臣麻呂の妻である出雲臣大家売《おおやめ》で年三五の者が一一人の奴婢をもっていたことが註記されている。

戸主の母が奴婢を有する例は、大宝二年（七〇二）の「御野《みの》国加毛《かも》郡半布《はぶ》里戸籍」にでている県造《あがたのみやつこ》吉事《よごと》の戸でもみられる。

当時の戸籍や計帳は、形式上では全体の戸主は男性がつとめたが、母や妻が何らかの権限、おそらく宗教上（祭祀上というべきか）の役割を握っている場合があって、個人として奴婢をもつことがあったと推定される。

さきほど房戸主と書いたのは実際の生活でのまとまりを示す単位とみられるが、この制度は長続きしなかった。なお御野国加毛郡半布里とは美濃国加茂郡羽生《はぶ》のことで、現在では岐阜県加茂郡富加町羽生になっている。

出雲狛から出雲臣狛へ

山背《やましろ》の出雲臣の集団が勢力を築《きず》くうえで、壬申《じんしん》の乱での出雲狛《こま》の活躍がある。壬申の乱とは、六七二年におこった天智天皇の弟の大海人皇子《おおあまのみこ》（乱のおこった頃は吉野宮側ともいうし、のちの天武天皇）と天智の子の大友皇子（近江朝側）との皇位継承の大戦争であった。

この内乱にさいして、山背国の愛宕郡からは山背直《あたい》小林（のち連《むらじ》をへて忌寸《いみき》となる）がいち早く大海人側に加担したことは、前著（洛東の巻）で述べた。さらに近江朝側の拠点の玉倉部邑（米原町付近か）を攻めたり、湖西の拠点である三尾城を攻め落とした大海人側の将であった出雲狛も、山背国愛宕郡の人とぼくはみる。

出雲狛は、この戦争にさいしての手柄によって三〇年後の大宝二年に従五位下に叙せられ、翌月には狛は臣《おみ》の姓《かばね》を賜っている（『続日本紀』）。考えてみると壬申の乱には出雲人からは狛だけでなく、かなりの人数が戦士として参戦したことが推定されるから、このとき多数の出雲臣ができたのであろう。なお『日本書紀』では、壬申の乱の記事に二度にわたって「出雲臣狛《いずものおみこま》」として記しているが、これは臣を追記したものであって、『続日本紀』が明記するように乱の当時は出雲狛であった。

雲上里と雲下里の計帳では、戸主たちが位だけでなく勲十等とか勲十二等などの勲位をもつ者が五人いる。内訳は雲上里四人、雲下里一人である。これらは壬申の乱より後の、何らかの戦での功にむくわれた者たちであろう。このように山背国愛宕郡の繁栄には、以上のような戦にさいして生命を投げだして奮闘した者たちが多数いたことも見逃してはならない。

山背国愛宕郡出雲郷と出雲国とはどんな関係にあったのだろうか。それを明らかにするため、つぎに近畿全域に目を向けてみよう。

ヤマトの出雲荘と出雲の意宇《おう》郡

奈良県桜井市は狭義のヤマト（倭・大倭）の地であるが、ここに纒向《まきむく》遺跡がある。三世紀後半から急に出現する宗教色のこい遺跡であって、遺跡のなかに最古の巨大前方後円墳の箸墓古墳がある。

ぼくは女王台《と》(壱)与《よ》のいた邪馬台国の都の可能性はあると考えていて、のちのヤマト政権につづいていくとみている。

箸墓古墳の造営については、崇神紀に神と人とが力をあわせて造営したとする説話をのせている。この場合の神とは漠然とした神ではなく、御諸《みもろ》山（三輪山）にいます大物主神であって、出雲系の神とみてよかろう。

注目してよい事実がある。纒向遺跡のすぐ西方の低地に、興福寺領の出雲荘《いずものしょう》があった。この地の出雲との関係は古墳時代にさかのぼり、仁徳紀にはこの地にあったとみられる倭《やまと》の屯田《みた》の管理をする司《つかさ》が、出雲臣の祖の淤宇宿禰《おうのすくね》だったとのべられている。淤宇《おう》は意宇とも於宇とも書き、出雲国東部の地域名である。とはいえ出雲荘に出雲人が奈良時代や平安時代にいたことを示す史料は今のところは見出せない。

ここで出雲国の意宇《おう》郡について少しみておこう。『出雲国風土記』では出雲国にある九つの郡のうちの筆頭に意宇郡があげられている。その位置が近畿に近い東部にあることにくわえ、郷の数が最多の一一あることにもよっている。さらに郡司のなかに三人の出雲臣が名をつらねている。出雲臣が郡司になっている例は、意宇郡のほか嶋根《しまね》、楯縫《たてぬい》、飯石《いいし》、仁多《にった》の四郡でもみられ、出雲臣が出雲国のほぼ全域に勢力をのばしていたことがわかる。

『出雲国風土記』では、意宇郡の山代《やましろ》郷にある新造院《しんぞうのいん》は飯石郡の少領《すけのみやつこ》出雲臣弟山《おとやま》が造るとあって、飯石郡の郡司には意宇出身者が派遣されていたとみられる。弟山《おとやま》はのち出雲国造《くにのみやつこ》に任じられている。このほか楯縫郡《たてぬいのこおり》の沼田郷《ぬたのさと》にあった新造院も大領《おおみやつこ》出雲臣太田《おおた》が造るとあって、出雲臣が仏教に帰依《きえ》していたことがうかがえる。

意宇郡の山代郷と丹波の氷上戸辺

山背国愛宕郡の出雲臣集団が出雲国へ移住して、国造や郡司に任じられたとする見方もあるが、後に述べるように愛宕郡出雲郷の繁栄は七世紀以降とみられることから、年代的には成立しそうもない。

地名に関することだが、出雲国意宇郡に山代郷《やましろのさと》がある。山代は山背とともに平安京以前のヤマシロの表記である。『出雲国風土記』によると山代郷には正倉《みやけ》が置かれていた。ということは出雲国の国府にともなう重要施設があったということで、政治的にも要地であったといってよかろう。ちなみに出雲国国府は意宇郡大草郷にあって山代郷と隣接している。この山代郷には前方後方墳の山代二子塚古墳をはじめ多くの古墳があって、六世紀にはすでに大豪族のいた地であることがわかる。

出雲国の政治的な中枢の地に、ヤマシロの地名があることは重視してよかろう。ぼくの推定では山背国愛宕郡出雲郷や、ことによるとヤマトの屯田との連絡を担当する役目のあった土地とみられる。

意宇郡についてはもう一つ注目してよいことがある。場所は不明ではあるが、『出雲国風土記』には意宇郡の社のなかに二つの意陀支社《おたき》がある。オタキは山背国愛宕《おたぎ》郡のオタキに関係する地名とみられ、このことにも注意してよかろう。

崇神紀によれば、出雲臣の遠祖の出雲振根《ふるね》の管理する神宝をめぐって、ヤマトと結んだ弟と紛争がおこり弟は殺された。そこでヤマトは吉備津彦らを派遣して振根を殺した。

以上の紛争が出雲国で発生したとき、解決のため重要な発言をしてきたのが丹波の氷上《ひかみ》の氷香《ひか》戸辺《とべ》だった。氷香は氷上と同じであろう。細かいことは省くが、丹波の氷上にヤマトと出雲との仲介の役目をもった戸辺《とべ》(戸女・女性の司祭者)が置かれていたようである。

このように氷上は出雲との関係を考えるうえで重要な土地らしく、先に述べた平安京の羅城門や、鞍馬寺にある兜跋毘沙門天像《とばつびしゃもんてん》の系譜につらなりそうな像が十数体も集っている達身寺《たっしんじ》が、丹波市氷上町にある。なお羅城門に置かれていた兜跋毘沙門天像は、現在は東寺《とうじ》に移されている。一個所で達身寺ほど多くの兜跋毘沙門天のある寺は他になく、その理由が出雲国への仏力による鎮撫にあったようにぼくはみている。

兜跋毘沙門天像は、蝦夷との接触の地である岩手県に多いことはすでに述べた。そのような毘沙門天が丹波の氷上に多いことについて不思議さを感じそうだが、平安時代の弘仁五年(八一四)に出雲国で大きな俘囚《ふしゅう》の乱(荒橿《あらかし》の乱)があった。そのことは別に論じたことがある(『山野河海の列島史』朝日新聞社「蝦夷私考」の項)。俘囚《ふしゅう》はある程度律令制になじんだ蝦夷のことである。

氷上の近辺には、『和名抄』によると賀茂郷や葛野郷など山背の地名と関係するとみられる土地があって、今後の研究の進展がまたれる。

氷上は出雲国と山背国をつなぐ陸路の途中にあるが、さらに山背国に近い丹波国桑田郡に出雲神社がある。式内社であり『徒然草』に「丹波に出雲といふ所あり。大社をうつして、めでたく造れり」(二三六段)とあって、ある僧たちが参詣したときの話がのっている。中世には丹波の一の宮となっていた。

今日では出雲大神宮ともよばれ、京都府亀岡市千歳《ちとせ》にある。千歳には古墳中期の前方後円墳の千歳車塚古墳がある。今のところ丹波の古代に出雲人がいたことを示す史料はみつかっていないが、出雲人の移動を考えるうえでは重視してよい神社である。

雲太、和二、京三

藤原為光の名を記憶していますか。後一条天皇のときの太政大臣で法住寺殿ともいった。その名で見当がついただろうが法住寺の建立者である。

為光の子が松雄君でのち藤原誠信《さねのぶ》となる。まだ七歳だった天禄元年(九七〇)に、父の為光は松雄君のため、当時文人として名をはせていた源為憲《ためのり》に依頼して、子供の教養をたかめる目的で暗誦しやすい教科書づくりをおこなった。これが『口遊《くちずさみ》』である。「くちずさみ」とよばれるが「くゆう」ということもある。

覚えやすくするため工夫がこらされているとはいえ、ぼくが読んでも新しい語句が次々にでていて、当時の貴族が子供のころから勉学にはげんでいた一端がわかる。

『口遊』を撰述した為憲は、『和名抄』を著した源順《したごう》の弟子で、文章、漢詩、和歌づくりに秀で前に述べた「空也誄《くうやるい》」をも撰した。

『口遊』は幼学の教科書ともいわれるが、高い知識がないと読みづらい個所が多い。そのなかで「山太、近二、宇三」という暗誦しやすい箇所もあり、「謂之大橋」の註記があるため有名な大橋のベストスリーだとわかる。それにつづく説明で「今案、山太山埼橋」とあって、「ベストワン、つまり太郎は山城の山埼（崎）橋」で、「近二勢多橋」は「二郎、つまり二番めが近江の勢多橋」、「宇三」は「（山城の）宇治橋が三番め」であることがわかる。これによって平安中期に都の周辺にあった大橋の様子がわかる。

これから問題にしようとおもうのは居処門のなかの次の個所である。ちなみに『口遊』が使う門とは章とか節にあたる語である。

「雲太、和二、京三（謂大屋誦）」とあって、これが大きな建物についてのベストスリーをいった誦であることがわかる。これにつづいて「今案、雲太謂出雲国城築《きつき》明神々殿（在出雲郡）、和二謂大和国東大寺大仏殿（在添上郡）、京三謂大極殿。八省」とある。

読み下しながら説明すると雲太とはベストワン、つまり太郎は出雲国の出雲郡にある城築《きつき》明神の神殿だということである。ここでいう城築《きつき》は古くは寸付、神亀三年（七二六）から杵築と書くようになり、明治初年まで杵築大社だった。それから今日のように出雲大社になった。ようするに出雲大社の神殿が日本一の大建築だったのである。

二番めは大和国の東大寺の大仏殿で、添上郡《そふのかみのこほり》にあることも丁寧に教えている。三番目は京にある平安京の大極殿で八省が取りかこんでいるの意味で位置をあらわしたのだろう。

大屋というのは寺の五重塔や七重の塔のように高いだけでは駄目で、容積の大きな建物だった。今述べた文章に「今案《いまあんずるに》」の語があったことから、この誦は為憲がこしらえたのではなく、都の人が日頃口ずさんでいた言葉とみられる。

後の時代にも京都人は、「丸・竹・夷・二・押・御池《おいけ》・姉・三・六角・蛸・錦」（北から京都の通り名の頭を並べたもの）のような口ずさみを好んだ傾向がある。ぼくが注目しているのは、平安中期の都人のあいだに出雲にある杵築明神の神殿のほうが都の大極殿よりも壮大だという誦が流行していて、それを七歳の松雄君にも教えたということである。

ここで出雲大社の神殿の壮大さについて少し述べておこう。二〇〇〇年に神殿の改築にさいして発掘がおこなわれ、栗の巨木からなる柱の根の部分があらわれた。このとき検出されたのは鎌倉時代の本殿の基部だが、それによって一六丈（四八メートル）説を肯定する人が増加した。ちなみに現在の神殿は八丈（二四メートル）である。出雲大社の古伝では、古くは神殿が三二丈あったとあるが、ぼくはこの伝承もあながち荒唐無稽ではなく検討に値すると考えている。

大国主の国譲りの神話でも、国譲りの代償として造営した天の御舎《みあらか》の壮大さが述べられているが（『古事記』）、斉明天皇五年（六五九）の是歳《ことし》の条に「出雲国造に命じて神の宮を修厳《つくりよそわ》せしむ」（『日本書紀』）とあって、少なくとも七世紀代に大神殿のあったことは認めてよかろう。さらに平安後期には天下無双の大廈《たいか》といって、その大きさが知れわたっていた。

為憲が『口遊《くちずさみ》』を著したときに「山太、近二、宇三」と「雲太、和二、京三」の、都で流行していた誦を借用したとぼくはみる。山崎橋、勢多橋、宇治橋の三つは都人の日常的な行動範囲内にある。これにたいして出雲国でもその西部にある杵築大社は、普通に都の人たちが見られるところではない。

さらに注意してよいことは『出雲国風土記』の出雲郡杵築郷の項に、「天《あめ》の下《した》造らしし大神の宮を造り奉《まつ》らむとして諸《もろもろ》の皇神《すめがみ》ら宮処《みやどころ》に参集して杵築《きづ》きたまひき、故《かれ》、寸付《きづき》という」とあって、大穴持（大国主）の宮づくりについては述べている。しかしその壮大さについては何もふれていない。どうやら出雲国ではことさら杵築大社の神殿の大きさについては述べる必要はなかったのである。

結論として、「雲太、和二、京三」の誦を喧伝したのは山城国愛宕郡出雲郷の人たちで、それがそこに住む人たちの役割だったとおもう。山背国の出雲郷は、都での物品や情報を手にいれ出雲国に伝達したり、出雲国からの人たちや送られてくる品物の処理などにくわえ、故郷の出雲の宣伝をすることも重要な役割だったとみている。これは出雲だけでなくほかの国（例えば相模国）にもあったのであろう。「雲太、和二、京三」や「天下無双の大廈《たいか》」などの誦や句は、出雲郷の人たちがひろめたとぼくはみるのである。

地下に窓をあけるということ

平安京の北限にある東西の道としての一条大路は、今日の今出川通より約三〇〇メートル南にあった。この部分の東よりの地は京都御所（御苑）にとりこまれ、一条大路の名残をとどめるものはない。京都御所の西辺に沿って南北にはしる烏丸《からすま》通より西では、道幅は平安京のころよりずっと狭くなったけれども、一条通として存続している。

本書では洛北を書いている。京都人の感覚での洛北は、今出川《いまでがわ》通よりずっと北方の北大路あたりから始まるが、平安京域より北を扱うことにする。
今出川通の北側には、最後の公家屋敷として冷泉家《れいぜい》があり、冷泉家時雨《しぐれ》亭文庫には、藤原定家の自筆本など貴重な古典籍が伝えられている。秋に特別公開されることがある。冷泉家の屋敷を取りかこむようにして、同志社大学今出川校地がある。

今出川校地には明治時代の煉瓦造の建物が五棟あって、いまなお使いつづけている。そのうちの有終館は、ぼくが予科時代に授業をうけたのだが、いまは学長室など本部関係が使っている。ぼくが大学に勤務してから、クラーク記念館も大学院の授業によく使った。

昭和四〇年代後半になると、校地内では古い木造建築をとりこわし、新しい校舎に建て替えることが計画され始めた。

昭和四七年夏に調度課長の北村金之助氏の訪問をうけた。たまたま山本浩三学長が海外出張中であったため、ぼくの意見を求められたのだった。今出川校地の南西角、そこは冷泉家の西隣でここにも公家屋敷はあったし、幕末の文久三年には薩摩藩邸が設けられたのだが、図書館建設が計画された。すると京都市から、地下の文化財の発掘をする必要が伝えられたという。当時はそのような発掘は京都市の担当機関が執行するのが慣例だったが、念のため大学で考古学を担当していたぼくに意見を求められたのだった。

ぼくは考えた。大学内のことは大学の自治の面からいっても大学でおこなうべきである。そこで急遽、同志社大学校地学術調査委員会（以下校地委員会と略す）の設立を提案した。といって予算や人員の裏づけはなく、とにかくぼくが発掘を担当することになった。本音をいえば、公家屋敷跡など新しい時代のことはぼくの得意分野ではなく、自分の研究にとってはさほど得るものはなさそうだが、大学に所属する者として実行をはじめたのである。

この調査では、下層に厚い砂利層があって、その上に近世の陶磁器片を含んだ三度の火災層があった。さらに川の氾濫（洪水）でもたらされた礫を集めた個所があった。これは人為的な遺構ではなく礫を片付けた跡とみられた。

このような京都のマチでの発掘は、近代の堆積物が多いとはいえ、災害の歴史を明らかにする手立てでもあることを痛感した。元治元年（一八六四）の蛤御門（禁門）の変のときに、京都のマチは三日におよぶ火災の被害をうけた。最上層の火災跡は、そのときの痕跡とみられた。

その後、校地委員会に専任担当者も採用し、今出川校地のほか新町校地、田辺校地などでの発掘をつぎつぎにおこない、出土品を活用するため田辺校地に歴史資料館を開設するなどにいたっている。なお似た事態は多くの大学でもおこり、京都大学、東京大学、九州大学などでも類似の調査機関があいついで設置された。

今出川校地ではそれ以来数度の発掘をおこない、さらに隣接する同志社女子大学や、少し離れて西方にある新町《しんまち》校地でも発掘した。ちょうど地下に窓をあけるように、しだいに発掘によって地下の様子がわかりだした。後で述べるように、今出川校地と新町校地のあいだに足利義満の室町幕府、通称「花の御所」があったのである。

その後、今出川校地の北にある相国寺《しょうこくじ》の境内や、さらにその北方にある京都成安女子学園（当時）の土地も、小面積ではあったが調査の要請をうけた。

最初のころは、今出川校地の地下には近世に公家屋敷があり、中世には広大な相国寺の境内だったという程度の知識ではじめたのだが、発掘が校地でも北寄りの地や相国寺の境内におよぶと、七、八世紀の須恵器や九、一〇世紀の緑釉陶器の破片が点々と出土することに気づきだした。当時は古代の出雲郷の範囲についてはまだ定説はなかったものの、どうやら出雲郷の一角にあたっているのではないか、との考えもではじめた。

出雲寺創建時の竪穴住居群

出雲寺はすでにふれたように、御霊神社の境内一帯にあったと推定されている。ここでは飛鳥後期にはじまり、奈良時代をへて平安後期におよぶ瓦が出土している。天武・持統朝ごろに創建された寺があるのだろう。江戸中期にできた『山城名勝志』巻之二に、出雲寺には上出雲寺と下出雲寺があり、「今按ズルニ相国寺慈照院ノ北ニ出雲寺町有リ」としている。慈照院は相国寺の塔頭のひとつではあるが、境内の北西角の突出したところにあって、御霊神社に近い。ただしその町名はいまはない。

この寺址より南南東に約三五〇メートル離れた相国寺境内で、承天閣《じょうてんかく》美術館が建築されることになり、京都市埋蔵文化財研究所が二〇〇四年に発掘を実施した。その成果は『相国寺旧境内』として二〇〇五年に刊行された。

このたびの調査では、近世や中世の遺構だけではなく、古代の遺構の検出につとめ、竪穴住居址や掘立柱の建物址の掘りだしに成功した。

平安京周辺において七、八世紀の建物群がまとまって出土したのはこれが初めてであり、発掘技術の進歩と丹念な調査は賞賛に値する。

竪穴住居址は、発掘対象のどの地点でも見つかったから、ここに集落があったのは間違いない。竪穴住居址の発掘とはいえ、関東の縄文時代の住居址や近畿地方でも丘陵上にある弥生時代の高地性集落の住居址のように、洪積層を掘りこんでこしらえた場合は検出しやすい。これにたいして今回のように、シルト（細かい砂泥）からなる堆積土層に掘りこんだ竪穴住居では、輪郭や床面、とくに床面の検出がむずかしかったようである。

二〇棟の竪穴住居址が見つかり、伴出の土師器や須恵器の年代からみて、七世紀中ごろから七世紀末までの比較的短期間のものとみられる。その期間とは後に述べるように出雲寺の創建の時期にほぼ一致しているし、すでに述べたように正史に賀茂社の祭礼記事が見えだす直前でもある。竪穴住居群が廃絶した直後の八世紀初頭には、二棟のかなり立派な掘立柱の建物があった。これはおそらく神亀三年の計帳（一四七頁）に名をのこしている、出雲臣クラスの人の住居の可能性が強い。

掘立柱の建物址から出土した土器類の比率では、須恵器のほうが土師器よりも多い。これにたいして竪穴住居址群ではこの比率が逆であったから、この点からもそれぞれの建物の住人には階層の違いがあったとみてよかろう。

竪穴住居址は二〇棟あったけれども、これは同時に地上にあった家の数ではなく、住居址には重複（考古学では遺構の切りあい関係という）があるので、一時期にあった建物の数は多くみて七～八棟であろう。これはあくまで今回の発掘された範囲内でのことで、実際の集落内にあった住居址ははるかに多かったとみてよい。これらの住居址には火災をうけた痕跡はなく、なかには一気に埋め戻された例もあった。

竪穴の規模は、小さなもので一辺一・七メートル、大きなもので一辺五・三メートル程度で、一辺三〜四メートルぐらいのものが多く、比較的小規模な竪穴住居址である。

約半数の竪穴住居には、造り付けのカマド（竈）が検出できたから、住居内で調理などの生活の営みがあったとみてよかろう。カマドが東西南北のどの壁に設けられていたかについては一定ではなく、東壁に設けられたものと北壁に設けられたものとに分かれていた。これは住人の習俗にかかわることか、それともこの土地の風向きと関係するのかについては後考をまつ。

竪穴住居址内からは、かなり大量の鉄滓や鍛造剥片が出土していて、鉄器加工に従事した者がいたようである。

竪穴住居址の規模が小さく、さらに一般的にいって近畿地方では七世紀代には竪穴住居は建物の主流ではなくなっていることから、この住居群は出雲寺の建立時に住んだ工人集団の住居とみる説がある。

もう一つの解釈は、すでに述べたように出雲臣のなかには奴婢を所有する者がいた。雲上里の出雲臣大嶋は二六人の奴婢をもっていたし、雲下里の出雲臣麻呂も一七人の奴婢をもっていた。このような奴婢の住居ともみられるがこれも後考をまつ。

一八六号の竪穴住居のカマド付近から、行基《ぎょうき》葺の瓦が出土している。行基葺の瓦は、古代に用いられた丸瓦で、断面でみるとカーブがきつく煙道の覆いに用いやすい。

東京都国分寺市の武蔵国分寺址に付属した竪穴住居址でも、国分寺の瓦をカマドの材に転用した例があった。これは昭和三〇年代の『西郊文化』で読んだ記憶はあるのだが、今回はその雑誌を見つけられなかった。おそらくカマドの用材として、出雲寺の不要となった瓦を一枚持ち帰って転用したのであろう。

このように相国寺の方丈の北東の地下に、出雲郷に関連した建物址群があったとみられ、出雲郷研究にとって一つの定点となった。なお相国寺の北約一〇〇〇メートルの大谷大学のある上総町でも七〜八世紀の竪穴住居址が検出され、出雲郷のひろがりを推定できる。

出土遺物から出雲寺に注目したのは、八坂寺（法観寺）の項で紹介した京都の歴史家の田中重久氏である（「奈良朝以前寺院址の研究」『夢殿』第一八冊、一九三八年）。残念ながら、その後も出雲寺址につてはまだ発掘がおこなわれたことがなく、まず史料にあらわれた出雲寺からみよう。

出雲寺の関係史料

出雲寺の史料といっても、創建期やそれにつぐ奈良時代については史料はのこっていない。すでに述べたように『延喜式』では出雲寺の名は二度でている。菖蒲佩《はい》を供える一五の寺のなかに出雲寺がある（内蔵寮）し、盂蘭盆《うらぼん》の供養料をあたえる七寺のなかにも出雲寺があり（大膳下）、平安中期には東寺や西寺《さいじ》につぐ大寺としての扱いをうけていた。

平安後期になると、出雲寺では建物が荒廃し始めたことを示す史料がある。『宇治拾遺物語』の下末一に、「出雲寺の別当（の）父（が）鯰《なまず》になりたるをしりながら殺（し）食（う）事」がある。これと類似の話は『今昔物語集』巻二〇の「出雲寺別当浄寛、食父成鯰肉現報忽死語」である。当時どのような読みをしたかを知りえないが、「出雲寺の別当の浄寛が鯰になった父の肉を食べ現報（現世でのむくい）をうけて忽《たちまち》に死んだ語《はなし》」である。

『宇治拾遺物語』の出雲寺の話の前半は、平安後期での出雲寺の様子をしのべるので重要である。「今は昔、王城の北、かみついづも寺といふ寺たてしより後、年久しくなりて、御堂もかたぶきて、はかばかしう修理する人もなし」とある。

この記述によって出雲寺には上と下の二寺があったように考えられる。細かく点検すると、すでに述べたように八世紀前半には雲上里と雲下里の二つの里になっており、『和名抄』でもそのことを踏襲しているから、上出雲の郷《さと》（里）の寺としての「かみついづも寺」だった可能性も捨てがたい。出雲寺は地名をつけた寺の名であるが、その場合の地名を「上出雲」とみるわけである。上と出雲をつなぐ「つ」は「の」の役割である。これについては強弁する気はないが気づいたのでメモしておこう。

後半の話の内容は荒唐無稽であるので、概要だけを述べておこう。「出雲寺に、じょうかく（浄覚）という別当がいた。先の別当の子だが妻子もちの法師である。ある夜、浄覚は夢をみた。杖をついた父の別当があらわれつぎのことをいった。

「あさて《ママ》大風が吹いてこの寺は倒れるだろう。自分は寺の瓦の下で三尺ばかりの鯰になっている。庭をはって逃げるとき、きっと童たちが打殺すだろう。そのとき汝は童たちをとめて賀茂川にはなしてくれ」

これを聞くと浄覚は目がさめた。

浄覚は夢のことを妻などに話した。昼ごろからにわかに空が曇って風が吹きだし木を折り家をこわしだし寺もくずれた。すると天井の裏板に雨水がたまっていて、大いなる魚がいて、そのなかに三尺ばかりの鯰がいた。鯰は庭にはいだしていって浄覚の前にあらわれた。だが浄覚は魚が大きいことを喜び、かな杖（鉄棒）を頭に突きたて、子の童をよんで草刈鎌であぎと（魚のえら）を切って包んで家にもって帰った。妻はこの鯰が夢にでてきた父ではないかといったが、浄覚はかまわず食べはじめた。すると鯰の骨が咽《のど》にささって浄覚は死んでしまったという。

嫌な内容だが、悪事のむくいが現世ですぐにおこった結果にはなっている。この話からわかるのは、そのころの出雲寺の荒廃は建物のことだけではなく、別当をつとめる法師の生活や根性までが荒れすさんでいたこと、それと賀茂川の鯰を人びとが食うことはあったらしいこと、などの歴史はさぐれたとおもう。それにしても死んだ人が鯰となって、寺の屋根裏にすむという発想はどこから生まれたのだろうか。これも宿題にしてよかろう。

御霊堂から御霊神社

平安遷都の直後から、桓武天皇や政治にたずさわる人たちを悩ませたのが死者の御霊《ごりょう》である。御霊をミタマと発音する場合には和《やわ》らいだ霊魂をおもいうかべるが、ゴリョウと発音する場合には祟《たた》りをひきおこしかねない怨霊《おんりょう》をおもいうかべる。

疫病が流行したり天災がおこると、それらの原因に政治的な事件で失脚し命を落とした人たちの御霊、つまり霊魂による報復と考え、それらの御霊を鎮めるための祭礼や供養がおこなわれるようになった。これが御霊信仰で、今日では考えがたいほど桓武天皇をはじめとする為政者がこのような迷信にとりつかれた。

御霊を鎮めるためにおこなわれた宗教的行事が御霊会《ごりょうえ》で、清和天皇は貞観五年（八六三）に平安京内の神泉苑で盛大な御霊会をおこなっている（『三代実録』）。

神泉苑についてはつぎの巻で述べる予定である。今日の京都のマチを東西に貫く大通りを御池《おいけ》通りとよんでいるが、その御池とは神泉苑の核になる泉池《せんち》のことである。泉池とは水の湧く泉であるだけでなく、その水を貯える池のある場合をいう。神泉苑は京都市内で唯一、平安時代の面影をのこす土地であってぼくはよく訪れる。

貞観五年の神泉苑での御霊会で、鎮める対象とされた御霊の筆頭は桓武天皇の弟の早良《さわら》親王、つまり崇道《すどう》天皇である。

早良親王をまつる崇道神社については、先に「小野毛人の墓誌と墓」の項でふれたが、政治的な事件に連座して命を落としている。死後その怨霊がおそれられ、崇道天皇の尊号がおくられている。

崇道《すどう》天皇についで伊予親王、藤原夫人《ふじん》（吉子《きつし》）、観察使、橘逸勢《はやなり》、文室宮田麻呂《ふんや》の六人があげられている。伊予親王は桓武天皇の皇子だが、謀反事件をおこした。その母が藤原夫人である。観察使とだけ記し氏名を書いていないのは藤原仲成のことである。仲成は桓武天皇に重用された式家の種継の子で、北陸道の観察使になったことがある。平城上皇がおこした薬子《くすこ》の変で、嵯峨天皇側に捕らえられ殺されている。

橘逸勢《はやなり》はすでに第一章で述べた延暦二三年の遣唐使の一員であったし、その能筆によって三筆の一人に数えられていることは名高い。だが晩年にある政変の首謀者として伊豆国に流されその途中で没している。死後に御霊としておそれられた。

文室宮田麻呂は平安初期の官人で、筑前守のとき、新羅の役人であり海商としても知られる張《ちょう》宝高《ほうこう》と組むことを計画した。のち謀反の罪で流されている。これら六人のほかにも御霊としておそれられた人は多くいた。

『類聚符宣抄』という太政官符や宣旨《せんじ》(口頭による命令の記録)などを集めた本がある。平安末期には成立していたとみられている。

この本によると天徳二年(九五八)に疫病がおこって死人がでたとき、平安京の内外にある寺社で仁王般若経の転読をおこなっている。賀茂上、賀茂下、松尾、稲荷、祇園天神堂などとともに、西寺御霊堂と上出雲御霊堂があって、上出雲寺に御霊堂のあったことは注意してよかろう。

このときの記録では、上出雲御霊堂にだれの御霊を祠っていたかは記されていないが、上出雲寺に付属した御霊堂がしだいに大きくなって、御霊神社に変わっていったようにぼくは考える。すでに述べたように、平安後期の上出雲寺は建物の荒廃にくわえ僧侶の生活にも堕落がみえだしていて、寺の衰退に拍車がかかったようである。

御霊神社は御霊の森ともいわれるように、境内には黒松の老木が繁茂し、西側からの楼門はそれほど古くはなさそうだが堂々とした建物である。この楼門のすぐ前に昔からの菓子としての「唐板《からいた》」を商う店がある。

宝暦五年(一七五五)の造営と伝える本殿には八座の神をまつっていて、その筆頭は崇道天皇である。次が井上皇后である。聖武天皇の皇女で井上内親王として知られ、光仁天皇の皇后となり他戸《おさべ》親王を生んだ。他戸親王は山部王（のちの桓武天皇）の異母弟であり、山部王より先に皇太子になっていた。井上皇后はのち光仁天皇にたいしての呪詛《じゅそ》事件をおこし、他戸親王とともに幽閉されともに死んでいる。山部王の即位は、他戸《おさべ》親王を亡き者にすることによって実現したのであり、その怨魂の強さは想像される。

御霊神社（上御霊神社）

　四番めは、藤原大夫人で、橘逸勢と文室《ふんや》宮田麻呂は神泉苑の御霊会でもまつられた人たちである。このほか火雷神《ほのいかずちのかみ》と吉備真備《まきび》もくわわり計八座となる。この八座によって御霊神社は八所御霊大明神ともいわれた。

　このうちの火雷神は、死後に火雷天神《からいてんじん》としておそれられた菅原道真《みちざね》のことかと推定される。吉備真備《まきび》は二度も遣唐使として唐に派遣され、右大臣にもなるなどはなばなしい生涯を送った人で、非業の運命をたどったようにはおもえない。でも吉備氏の本流の下道氏の出であり、吉備氏を興隆させられなかったことでは怨念をのこしたのだろうか。晩年には天武天皇の孫の文室浄三《ふんやのきよみ》の即位を計画したが、辞退されたことはある。この点はさらに検討を要する。

　貞観五年の神泉苑の御霊会では祭祀の対象ではなか

ったのに、御霊神社では崇道天皇のつぎにまつるべき神となったのが井上内親王である。井上内親王は八世紀後半の人物だが、早くから山部王はその御霊をおそれた。井上内親王と他戸《おさべ》親王が命を落とした南大和の丹生《にう》川のほとりに、桓武天皇によって御霊社と霊安寺《りょうあんじ》がつくられたのであろう。昔の宇智郡、現在は五条市になっている。

『日本後紀』によると、桓武天皇の死の前年の延暦二四年（八〇五）に「一小倉を霊安寺に造り、稲三十束、調綿百五十斤、庸綿百五十斤を収め、神霊の怨魂を慰めた」とある。「神霊の怨魂」とは御霊の何たるかを端的に表現している。

御霊神社の社伝では、大和の御霊社が平安遷都後に京へ移されたとあるが、先ほどあげた上出雲御霊堂とは井上内親王をまつっていたと考えられる。ようするに、奈良時代末の代表的な怨魂である井上内親王と他戸親王も、長岡京への遷都後の代表的な怨魂である崇道天皇も、ともに山部王（桓武天皇）によって命を落とした人たちだったのである。

ところで八座の四番めにあがっている「藤原大夫人」については異議がでる。橘逸勢を「橘大夫」としたり、文室宮田麻呂を「文大夫」としていることから、「藤原大夫」の神（人）とみるのである。大夫は漠然というと高級の官人につける称号で、『魏志』倭人伝では倭国の使者を魏の皇帝がだした詔書のなかで「大夫」とよんで、倭国での慣行を追認しているから、律令制よりずっと以前から倭国で使われていた称号である。

「藤原大夫人」を女性ではなく男子とみて「藤原大夫」の神とみるならば、それは藤原広嗣《ひろつぐ》のこととみてよかろう。

広嗣は式家本流の宇合《うまかい》の子で、大宰少弐に左遷されたとき、隼人を味方につけて挙兵し、政府に反乱をおこした。天平一二年（七四〇）のことである。この事件によって広嗣は殺されるのだが、聖武天皇のうけた衝撃は大きく、都を南山背の恭仁《くに》や近江の紫香楽《しがらき》に遷《うつ》したり、国分寺・国分尼寺の造営を実行するなどの事態を生じた。ひとつには広嗣の御霊がおそれられたのであろう。ぼくは前に佐賀県唐津市の鏡神社を訪ねた。意外だったのは正面にある社殿の祭神は藤原広嗣であって、広嗣にたいする接し方が近畿と九州島では大きく異なっていることを痛感したことがある。ことによると天徳二年の史料にあった「西寺御霊堂」とは広嗣をまつっていたのではなかろうか。

そういえば貞観五年の御霊会では、事件の首謀者の伊予親王とともに藤原夫人（吉子）があげられていたが、御霊神社の八座の神のなかに伊予親王はない。そう考えると藤原大夫としての広嗣であった可能性は強くのこる。前に「吉備大臣ハ広嗣ガ師ナリ」という奇妙な話を何かで読んだ記憶がある。奇妙というのは、広嗣が反乱をおこした理由のひとつが吉備真備の排斥だったからである。

出雲寺の伽藍

前に引用した『山城名勝志』の出雲寺の項には、さらに続けて延長四年（九二六）の「出雲寺流記」の記事を掲載している。延長四年は平安中期で、原史料がのこったのではなく転写された史料によったようである。

この「出雲寺流記」は、明治の末年から大正の初期にかけてつぎつぎに刊行された『古事類苑』の宗教部三に「出雲寺記」として収められている。

『古事類苑』は日本の百科史料事典といわれるほど信用度は高く、ぼくの書斎でも手の届くところに「総目録・索引」をおいていて、階下の書庫で該当の巻を探し出して利用している。以下はその内容の引用であるが、割注として二行にしてある個所を（　）に変え、さらに数字の表記をやさしくした。

金堂（七間四面　二蓋〈階のことか森註〉瓦葺）　一宇
金色丈六釈迦如来像一体　天皇御願
同千手観音像一体　皇太后宮御願
丈六弥勒慈尊像一体　一品内親王御願
梵天帝釈四天王像各一体
講堂（五間四面）　一宇
半丈六毘沙門天像一体
大吉祥天像一体
六観音像一体
食堂（五間四面）　一宇（瓦葺）
十一面半丈六観音像一体
等身毘頭盧像一体
虚空蔵菩薩像一体
鐘楼（五石納鐘一口）　経蔵各一宇（瓦葺）

三重塔（二基、瓦葺　仏舎利十六粒安置）
宝蔵　三宇（一切経三部、無垢称経一千巻、般若経一万巻安置）
四面回廊（八十間、瓦葺、中門）
南大門二階（瓦葺、増長広目二天、金剛力士像各一体安置）

これによると出雲寺の伽藍は南大門と中門があって、中門をとりこんで回廊がめぐらされ、二蓋（階か）の金堂とは裳層《もこし》がついていたかとおもう。講堂、食堂、鐘楼と経蔵、さらに三重塔二基もあった。講堂のほかは瓦葺の建物だから、出雲寺址から多くの瓦が出土する理由はわかる。堂々とした伽藍を配置した寺で、これは荒廃期の出雲寺ではなくそれ以前の様子を伝えていると推定される。これらの記載を総合すると、出雲寺は薬師寺式の伽藍配置だったかとおもう。薬師寺は天武天皇が建立した寺であり、藤原京のときの本薬師寺にもすでに東西の二塔があった。

出雲寺から運ばれたとみられる塔心礎

出雲寺はすでに紹介した史料によると二つの三重塔があった。東塔と西塔であろう。そのどちらかの塔のものの伝承のある心礎が、手水鉢に転用されて、今日まで東本願寺の管理する渉成園《しょうせいえん》（枳殻亭《きこくてい》）にのこっている。

古代の石造品の石仏、石塔、礎石などを庭園に集める流行が近世ごろからあったらしく、前に新宮涼庭《しんぐうりょうてい》の順正書院の庭園にも多数の石造品があることにふれた（洛東の巻の「無鄰庵と順正書院」）。

出雲寺のものとみられる心礎については、郷土史家の徳永勳保《やすお》氏から教えられ、関係資料もおくられてきた。その資料のなかに大正四年（一九一五）七月二日に、東京の三越呉服店でおこなわれた「流行会講演会」の講演記録があった。

三越呉服店は三越百貨店の前身だが、大正のころから今日流にいっての「カルチャー教室」に類する催しのあったことは驚きである。

講演の題は今泉雄作氏による「光琳と茶室」であった。そのなかで尾形光琳の茶室の蹲《つくばい》（手水鉢《ちょうずばち》）には古い塔の心礎が使われていて、それが明治末年に売りにだされ、東本願寺が入手したということを述べ、今泉氏がその心礎を実見された様子もうかがえる。

今泉氏は帝室博物館（東京国立博物館の前身）の美術部長をつとめた人で、当時の有名人だった。今泉氏はこの心礎が光琳の屋敷からもそれほど遠くない、相国寺の大塔のものかと考えられた。相国寺の大塔についてはすぐあとで述べるが、室町時代の塔であるから心礎を用いた例はきかず、今問題にしている古式の心礎は候補からははずしてよかろう。とはいえこの今泉氏の講演記録が、この心礎についての最初の文献なのである。

まず尾形光琳について述べよう。光琳は江戸中期の画家であるが、今日流にいえば意匠デザイナーといってもよく、蒔絵も作った。

調べてみると、光琳の屋敷は御霊神社のすぐ西の上御霊中町にあった。今日では烏丸通となっている。このあたりの烏丸通は明治四三年に開通したのだった。ということは、出雲寺跡の西方約二〇〇メートルのところに光琳の屋敷はあったのである。出雲寺跡にあった心礎を光琳が自分の屋敷へ運ぶことは、それほどむずかしくはなかったとみられる。

この心礎は光琳の屋敷が荒廃してからは藪内《やぶのうち》とよばれる地となり、藪のなかにあって、泣き石として地元では知られていたようである。烏丸通の開通にさいして、売却されることになったのであろう。

明治の末年からこの心礎は、東本願寺の別邸内の建物の濡縁《ぬれえん》のそばに置かれている。注意してほしいのは渉成園（枳殻亭《きこくてい》）は国指定の名勝として公開されているが、別邸の建物は非公開であって庭には入ることはできず、特別の機会を待たねばならない。

この心礎については、渉成園の庭園の世話をしてこられた加藤寿楽（弥寿雄）氏が、長年の観察成果を「渉成園の礎石」（自費出版の『環翠』）として発表している。花崗岩の巨石を用い、石の大きさは長さ二・二メートル、幅一・六メートルの隅丸の長方形で厚さは約五〇センチある。中央に心柱をうける直径約四〇センチの円穴（凹柱座）が彫られている。この円穴のまわりに浅い環状の溝の痕跡があるのは、湿気抜きあるいは通気の工夫であろう。

加藤氏はこの心礎がもと光琳屋敷にあったことをふまえながらも、相国寺の塔のものとする仮説を否定し「上出雲廃寺の塔心礎と考えるのが普通で一般論とした」と結んでおられる。ぼくもこの加藤氏の解釈でよかろうと考えている。

この心礎をぼくはまだ丁寧に調べる機会はなく断言はできないが、隅丸長方形で中央に大きな円穴のあるのは、奈良県橿原市の久米寺に例がある。円穴内にたまっている水を除いてよく精査できた結果を待ってさらに考える機会があるだろう。

塔の心礎については石田茂作氏の「塔の中心礎石について」の論文が昭和七年に『考古学雑誌』に発表されたし、田中重久氏の「塔婆心礎の研究」が昭和一四年に『考古学』に掲載され、のち『聖徳太子御聖跡の研究』にも再録されている。なお渉成園の心礎についてはそのどちらにも触れられていない。

出雲寺跡出土の瓦と創建年代

　御霊神社の境内の北寄りにある参集所の建設にさいして、昭和一一年ごろに出土した瓦が神社に保管されている。瓦にまじって一点だが円筒埴輪の破片があって参考になる。これらの瓦については、二〇〇五年に京都市埋蔵文化財研究所が調査して、前田義明氏が「御霊神社境内の採集遺物」（『研究紀要』第一〇号）として紹介している。

　それによると、出雲寺の創建時のものとおもわれる丸瓦も平瓦も、藤原宮出土のものと関係が深く、とくに藤原京の本薬師寺跡から出土する瓦と酷似している。

　本薬師寺系の瓦ではあるが、細かく見ると違いがある。出雲寺跡出土の瓦は、出雲寺より北西二・一キロメートルにある西賀茂瓦窯群の蟹ケ坂瓦窯で製作されていて、おそらくヤマトから工人が移動したのかそれとも木型が運ばれてきて製作したのであろう。蟹ケ坂瓦窯址については第2章の「西賀茂窯址群と摂津の吉志部窯址群」で述べた。

　前田氏は出雲寺跡出土の瓦を本薬師寺跡出土の瓦と比較し、本薬師寺の創建より一〇～二〇年をへて出雲寺の創建期の瓦が作られたと推定している。本薬師寺は六八〇年に建立が発願されたのだから、出雲寺は六九〇年代から七〇〇年の初めに建立されたと推定できる。

　ぼくは出雲寺は壬申の乱で功績があった出雲臣狛《いずものおみこま》の建立とみる。前にふれたように出雲狛は大宝二年（七〇二）に従五位下に叙せられ、その直後に臣の姓を賜っている。このことを記念して出雲寺の建立に着手したとすると、瓦の示す年代ともほぼ一致する。出雲寺は平安遷都以前にあった京都の寺のなかでは、伽藍の整った寺だったといってよかろう。

足利将軍の屋敷のあった室町殿

室町時代とか室町幕府という歴史用語がよく使われる。これは永和四年（一三七八）に三代将軍の足利義満が上京の室町通に面して造った屋敷の室町殿《どの》（御所）にちなんだものである。室町殿は代々の足利将軍の邸宅で、嘉吉三年（一四四三）に南朝の残存勢力によって京都御所が焼かれたときには、後花園天皇が一時避難したことがあるようである。そのあと応仁の乱で被害をうけ、再建されたがしだいに使われなくなった。

今出川通と室町通が交差する東北角に「従是《これより》東北　足利将軍室町第《だい》址」の石碑が建っている。室町第《だい》は室町殿のことである。この石碑が今日地上にある室町殿関係の唯一の目印である。当時の今出川通は姉小路とよばれたが今出川通とほぼ同じ道筋である。

足利将軍室町第址の石碑

室町殿の建物は一つも現存しない。ただ築山北半町と築山南半町の地名は、今日も室町通の東にそってのこっている。これは室町殿の南寄りにあった広大な築山、つまり庭園があったことを示しているのだろう。この庭園には四季折々の花の咲く木が植えられていたので、室町殿は花の御所ともよばれた。
ぼくが同志社大学に勤めていた最後のころ、築山北半町でマンションの建設が計画された。調査がはじまると案の定、すぐに庭園に使っていたとみられる自然の大石が累々《るいるい》と姿を現しだした。ぼくは地名の築山をみごとに示しているとおもった。これを復元すると立派な室町時代の庭園ができると頭に描いたが、無残にもその場所にはセメントが流され、マンションの基礎にされてしまった。

室町殿の範囲の変革と存続期間の略年表（現在の通り名）（鋤柄俊夫氏作成）

［第一期］（一三七八～一四三一）上立売・室町・烏丸・今出川？（東西一町、南北二、五町？）
三代義満が造営、四代義持は御所を三条坊門とする。ただし、五代義量《よしかず》の期間にも存在していた可能性が記録にある。実質的な御所機能は義満時代の一三七八～一三九七年で約二〇年間。

［第二期］（一四三一～一四四三）上立売・室町・烏丸・今出川？（東西一町、南北二、五町？→東西一町、南北二町以下？）
六代義教が全面再築。できた当初の範囲は第一期室町殿と同じと思われる。

ただし、一四四一年の義教没後は、今出川に面する部分に義教夫人の寺が築かれ、南の範囲が狭くなった可能性がある。実質的な御所機能は約一〇年間。

[第三期]（一四五九〜一四七六）上立売・室町・烏丸・今出川の一筋北の通り？（東西一町、南北二町以下？）

八代義政が北小路新第（室町殿）に移る。実質的な御所機能は二〇年足らず。

[第四期]（一四七九〜一四八一）上立売・室町・烏丸・今出川の一筋北の通り？（東西一町、南北一、五町）**→上立売・室町・烏丸・五辻**（東西一町、南北一町）

焼失した室町殿の再建が計画される。範囲は東西四〇丈、南北六〇丈の地。しかし南方に数多くの町屋があったため南北四〇丈に縮小。しかし一四八〇年に再び焼け、一四八一年に築地を再築するが完成しないままにとりやめ。実質的な御所機能は〇年。

[第五期]（一五四二〜一五四八）上立売・室町・烏丸・五辻（東西一町、南北一町）

十二代義晴が北小路室町の旧地に再建（今出川御所）。**十三代義輝**も利用。範囲は第四期と同様か。実質的な御所機能は七年。

その後数年して、京都御苑の北寄りに迎賓館が造られた。せっかく先人がのこしてくれた京都御苑のゆとりのある空間を狭めてしまうより、室町殿の庭園を再現してそれを迎賓館に利用できたらよかったのにと今でも残念におもっている。築山の石が出土した地点より北東すぐの地でも、築山に使われていたとみられる巨石が前に工事で出土したことがある。この巨石は砕かれて工事現場から運びだしてしまった。室町殿の庭園は広くしかも巨石を集めていたと推測された。

そのことを、中世史の仲村研さんに話すと、室町殿へ北野から大石を運び、そのさい運搬に使っていた牛のひく車がこわれたことを記した史料を探し出してくれた。それが何にでていたかは忘れてしまった。

築山北半町の北に裏築地町があって、ここも室町殿に関係のある地名とみられている。ただし室町殿のなかになるのか、それとも将軍に仕えた奉公衆の居住地だったのかはわからない。

築山北半町の北東の御所八幡町に烏丸通りに面して門跡寺院の大聖寺がある。この西寄りの部分は室町殿にかかっていたとみられる。

大聖寺の建立されたのは一四世紀後半である。光厳《こうごん》天皇の妃が天皇の死後に出家し、義満の招きによって室町殿のなかの岡松殿に寺を開いたのが大聖寺の始まりといわれている。一時ほかの土地へ移ったが一七世紀に現在地に戻っている。ただし義満のときと厳密に同じ場所かどうかはわからない。とはいえ当時の景観を偲べる貴重な空間である。なお大聖寺の南側に岡松町の地名がのこっている。

見方を少しかえよう。室町殿は上京《かみぎょう》にあった。すでに述べたところでも御霊神社、相国寺、同志社大学今出川校地、冷泉家などは上京（今も上京区内）にある。それと見逃せないのは鎌倉時代末の元徳三年（一三三一年、南朝年号の元弘元年）に光厳天皇（上皇）が皇居としたのが今日の京都御所の起源であって、それ以来、北朝系の天皇の住居となり、明治初年までの皇居がありつづけた。つまり中世以来の京都御所も上京の地にあって、室町殿はその近くに造られたという見方ができる。いうまでもなく、北朝は足利尊氏の支援によってできた皇統である。

上京と下京

中世以降の京都をさぐるとき、二条ないし三条のあたりを境として、京の町が上京と下京《しもぎょう》に賑わいの核があったことは見逃せない。周知のように下京（今日の中京区の一部をも含む）には祇園祭の山や鉾《ほこ》をだす鉾町がかたまっている。これらの山や鉾を支えたのは商工業にたずさわる町衆だったし、一旦有事のさいには六角堂（頂法寺）の境内に町の人は集った。

これにたいして上京では、町の人が非常のさいに集るのはもとの革堂《こうどう》（行願寺）の境内だった。革堂について洛東の巻で少しふれたが、もとは一条小川にあって今日も革堂町、革堂仲之町、革堂西町の地名をのこし広大な境内だったことがわかる。

これも名高いことだが、足利義昭が将軍の地位にあった最後の年の天正元年（一五七三）に、天下布武をかかげた織田信長が京都に軍を進め、二条新第《しんだい》にいた義昭と対立を深めた。二条新第は室町殿より南約一キロのところにあって、江戸時代の二条城とは別である。

信長は義昭を支える勢力とみた上京にたいし、矢銭を課し、さらに上京の町々を焼いてしまった。上京の町々が焼かれたのは矢銭のことより、義昭の政治基盤を焼失させることにあったことはいうまでもない。その直後に義昭は京から追放され、足利将軍家は滅んだ。

信長による上京焼打ちは、京都に滞在していたポルトガル人の宣教師ルイス・フロイスが詳しく記録している。注意してよいのは、「上京が矢銭として延棒一五〇〇本（銀か）を信長に提供しようとしたが、義昭の態度に腹を立てて町に火がつけられた。五〇カ村近くが焼けた」という（『日本史』"Historia de Iapan"の一五七三年の第一〇一章）。

上京のことで触れておかねばならないことがある。それは応仁元年（一四六七）にはじまり、一一年間にわたって戦争がおこなわれた応仁・文明の乱である。この戦争は将軍家の後継者問題や、いくつもの大名家の内紛もからんで全国に戦火は及んだ。とはいえ主戦場は京都、それも上京だった。

まず最初は御霊神社の周辺、つまり上御霊の森で戦闘が始まり、東軍の細川勝元の軍は室町殿を含む上京東部を拠点とし、西軍の山名宗全の軍はおおむね堀川以西の上京西部を拠点として相対峙した。このとき山名宗全の陣のあったところにやがて「西陣」の地名が生れた。このように応仁・文明の乱は、上京をめぐっての武家たちの主導権争いでもあったのである。

公家屋敷としての室町殿

この章の「地下に窓をあけるということ」の項で、同志社大学に校地委員会が生れる発端となった発掘のことを述べた。そのさい京都市の文化財担当者（故人）の指摘では、図書館の建設予定地が室町殿の範囲にかかっているから調査の必要があるという理由だった。ぼくは早速、校地委員会のメンバーに近世史の秋山国三教授に加わってもらい、史料からの検討を始めた。秋山氏は京の町組の研究（『公同沿革史』）で知られ、堅実な史料の読み方をされる方だった。

数日たつと秋山氏はぼくに「室町殿は今出川校地までは及んでいません」といわれ、ぼくをほっとさせた。その頃のぼくは、足利将軍の屋敷だからかなり広いものを想像していた。

栃木県の足利市に鑁阿寺《ばんなじ》がある。鎌倉時代にできた寺だが、寺域はもと足利義康の居館であって四方に水をたたえた濠をめぐらし、居館のころの門ものこっている。足利義康は尊氏より七代前の人で、足利氏の祖とされる武将である。ぼくは関東の豪族だったころの足利氏の居館跡が好きで、何度か訪れたことがある。

ぼくが足利義満が建てた室町殿にたいして漠然と描いていたのは、関東での足利氏の居館跡からうけた印象が強かった。だがこれは大きく修正する結果になった。

義満の父の義詮《よしあきら》の屋敷は三条坊門万里小路にあって、三条坊門殿とよばれた。義満もそこを使っていたが、将軍になって一〇年めに屋敷を室町殿に移している。

そのさい屋敷造りの先例としたのは武家の居館ではなく、天皇や公家の屋敷、とくに長らく代表的な邸宅とされてきた花山院《かざんいん》だった。

義満は征夷大将軍でもあったが、内大臣をへて左大臣にも任じられ、京都で育った義満は公家文化に傾倒していたので、ぼくが頭に描いていた室町幕府の拠点の姿とはずれがあったのである。

義満は室町殿を営むにさいして菊亭公直の屋敷の跡地をもあわせた。菊亭家は今出川家ともよばれ、藤原氏の末流で、屋敷の今出川殿に菊が植栽されていたのでいつしか菊亭が氏名のようになった。室町殿が花の御所とよばれる前段階がこの地にはあったのである。

室町殿は公家屋敷として造営されたため、寝殿、釣殿、常御所、対屋《たいのや》などの主要な建物は桧皮葺《ひわだぶき》や板葺きで瓦は使っていない。中門や四足門も板葺きだった。

「洛中洛外図屏風」（以下は屏風を略す）といって京都を俯瞰的に描いた屏風がある。このうち一六世紀にさかのぼるものとして町田家本と上杉家本がある。このうちの町田家本の「洛中洛外図」については、すぐ後の相国寺の項でも述べる。

これら二つの屏風には、ともに左半隻《そう》に室町殿を「くぼうどの」とか「公方様」とよび、桧皮葺や板葺きの建物群を描いている。この図に描かれた室町殿は義満の時のものではない。

応仁の乱で被害をうけた室町殿は一時荒廃していた。相国寺の鹿苑《ろくおん》院の蔭涼軒《いんりょうけん》主の記した日記『蔭涼軒日録』には、上京の土一揆の千人ほどが「花御所跡」に集り時の声をあげたとある（文明一七年八月一四日）。この頃には室町殿は荒地になっていたようである。そのあと室町殿は再建された。おそらく当初の室町殿を再現したものだとおもわれる。町田家本では将軍義晴のころ、上杉家本は義輝のころに描かれたのだろう。

どちらの絵でも、公方様の南寄りに大石を配し木々の茂った築山が描かれ、また屋敷の北東隅に小さな社殿と鳥居が描かれている。これは地名にのこる八幡社であろう。

二〇〇五年に大聖寺の北側で同志社大学の寒梅館の建設があり、事前に調査がおこなわれたが、このあたりまでは室町殿の主要範囲が及んでいた形跡はなかった。

相国寺と造営の意味

義満は永徳二年（北朝年号、一三八二）に発願し、一〇年の歳月をかけて室町殿の東隣りに東西四町、南北六町の敷地をもった相国寺《しょうこくじ》を造営した。この寺の正式の名称は万年山《まんねんざん》相国承天禅寺《じょうてんぜんじ》であって臨済宗である。中国では大臣（宰相）を相国とよんでいるので、内大臣の義満がそれにならったのであろう。室町時代の相国寺の丸瓦に「萬年山」の三字を配したものがある。その瓦は多くはないけれども注意しておいてよかろう。

寺の造営が一応の完成をみたのは明徳三年（一三九二）で、八月に盛大な落慶供養がおこなわれた。この供養は後に述べるように、過度に仰々しかったことでもわかるように、義満が自分の政治力を示す目的もあった。

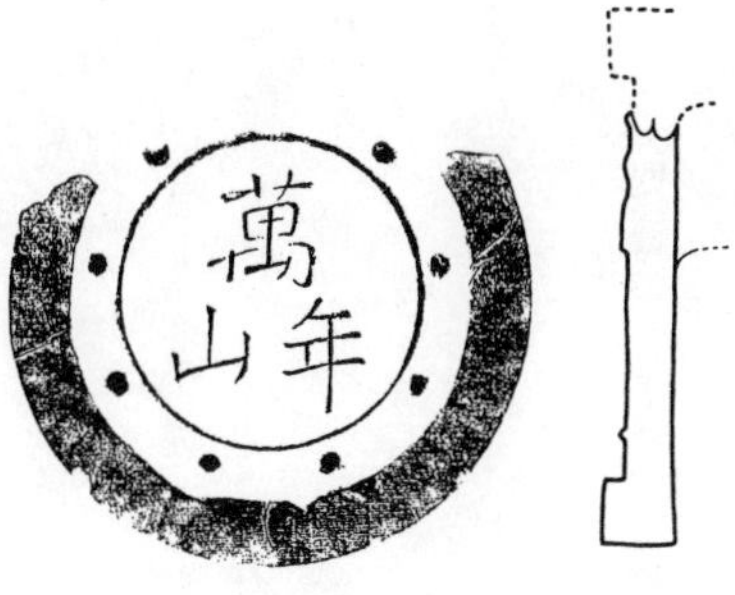

室町時代の相国寺の丸瓦
（大本山相国寺境内の発掘調査Ⅱ、1988）

というのは、明徳三年という年に意味があるのである。その前年には有力な守護大名であった山名満幸が、幕府にたいして反乱をおこした。これが明徳の乱で、苦難のすえ義満は山名氏を討ち、その勢力を削減することに成功した。

山名氏は新田氏の一族で、氏名の山名は上野《こうづけ》三碑のうちの二つがある上野国山名郷（高崎市）にちなんでいて、六分一衆といわれたほど守護をしている国がたくさんあった。

さらに長年の懸案であった北朝と南朝の合体が、北朝勝利の形で終結する直前（二ヶ月前）でもあった。よく「南北朝の合体」の語が使われているが、南朝が北朝に吸収されて終末をむかえたのである。早い話、年号を例にとっても、北朝年号の明徳が統一された年号としても使われつづけたのである。

相国寺の落慶供養には大勢の公卿たちも参列し、足利氏に臣従していた武士たちが総動員される形でおこなわれ、めいめいが華麗な鎧を身につけ自慢の馬をもって参列した。このときの各人の名前、鎧や馬の種類は菅原秀長が記した『相国寺供養記』にのこされている(『新群書類従』第十九巻)。この日は「都鄙の群集が堵《かき》(土塀)のようにかたまり、綺羅《きら》(着飾った人)充満して市のようだった」という(もとは漢文)。相国寺はやがて五山に加えられ第二位に列せられるようになった。

すでに述べたように、室町殿の規模は南北二町、東西一町の規模にすぎなかったが、その東側に広大にして堅牢な建物群の相国寺を配置することで、義満の権勢を天下に誇示するようになった。

相国寺の総門は、平安京の北限の一条通にあったという。この門が室町殿の総門をも兼ねていたという伝えを、前に相国寺の有馬頼底氏(現管長)からうかがったことがあった。たしかに相国寺には室町幕府の行政を補完した形跡があり、ある意味では室町幕府と一体の施設でもあった。

相国寺には代々、中国語の伝承にはげむ係の僧がおられると聞いた。室町時代に、明との外交をしていたころからの伝統のようである。毎年、開山の夢窓国師の供養(開山毎歳忌)の冒頭に、短い中国語による仏への挨拶があると聞いたので、中国語に堪能な森博達氏に供養に列席してもらったことがある。一四、五世紀に習得した明代の中国語を代々口伝えされたものであるのだが、江南の言葉がよく聞きとれたとのことであった。このような仕きたりは他の寺では聞かず、いつまでも伝えてほしいことである。

七重の大塔

相国寺には短期間だが七重の大塔がそびえていた。この塔は京都にとっては未曾有の大塔といってよかろう。一条経嗣が記した『相国寺塔供養記』（『新校群書類従』第十九巻）で、この塔は白河天皇が建立した「法勝寺の塔に八まさりたりとぞうけ給はる」と述べている。

法勝寺の八角九重の塔は高さ約八一メートルの大塔だった。だがそれは室町時代にはすでになかった。今日のこる木造の塔としては、本書のシリーズ第三巻で述べる東寺の五重塔（江戸前期）の高さ五六メートルが第一位である。

相国寺の七重の大塔が法勝寺の塔よりも高かったのは、事実とみてよかろう。この塔は中山定親の日記『薩戒記《さつかいき》』によると、明徳三年の落慶供養のすぐ後で基礎を決め、翌年に立柱がおこなわれ、応永六年（一三九九）に落成している。これとは別に『南方紀伝』によると、応永六年九月一五日に相国寺七重塔供養があったことを記し、「高三百六十尺」と書いている。これが相国寺の大塔の高さを伝えた唯一の史料であるが、信憑性は低い。

三六〇尺といえば一〇九メートルほどあったことになる。京都駅前にそびえるコンクリート造りの京都タワーは高さ一三一メートルだから、ちょうどその展望台のあるあたりが相国寺の大塔の相輪の頂ぐらいだろう。だから京都タワーから京都の町々を眺めるのと似た眺望を体験することになる。ただし寺の塔の最上階にどの程度、人がのぼれたかは別問題としてのこる。

明徳三年に落慶供養をおこなった相国寺では、その翌々年に早くも失火で仏殿や法堂《はっとう》が焼けてしまった。義満はすぐに再建に着手し、まず仏殿が建てられた。七重の大塔の完成は、相国寺の再建のほぼ完成をも意味し、盛大な大塔供養がおこなわれた。そのときの様子は『相国寺塔供養記』に詳しく記録されている。

供養には五山をはじめ東大寺、興福寺、延暦寺、三井寺、東寺などの僧千人が参列し、親王や公卿も列席した。この日、義満は新たに造営していた北山殿から公卿たちを従えて相国寺へ向った。北山殿にはやがて金閣が建立されることになる。

いまも相国寺の東方に上と下の塔の段町があって、ここに大塔の基壇があった。基壇の跡はすっかり住宅地になってしまい、地名をのこすだけとなった。

この大塔は建立の四年あとの応永一〇年に早くも落雷で失われたが、やがて再建されたとみられる。というのは、『看聞日記《かんもんにっき》』に応永三二年（一四二五）に相国寺で火災のあったことを述べ、そのなかで焼失を免れた建物として「大塔」があがっている。なお再建の大塔も七重だったようだが、その規模についてはまだよくわかっていない。文明二年（一四七〇）一〇月三日の夜に雷火によって焼失し、再建されることはなかった。

大塔として忘れられないのは、聖武天皇によって建立された東大寺の東塔と西塔である。東塔は高さ二三丈八寸と『東大寺要録』には記され、相輪をいれると一〇〇メートル近くの大塔だと前に読んだことはある。西塔は早くに焼けているが、東塔は永禄一〇年（一五六七）に松永と三好との合戦で焼かれるまでのこっていたから、相国寺の建立のころにはまだそびえていた。京都の知識人らはそのことをよく知っていたとおもう。このことも相国寺の大塔を考えるとき念頭においてよいことだろう。東大寺の東塔と西塔の基壇はよくのこっていて、奈良へ行くと寄って登ってみることにしている。

大塔から見た「洛中洛外図」

一九五七年に注目すべき研究が発表された。美術史の石田尚豊《ひさとよ》氏の「洛中洛外図屛風について—その鳥瞰的構成—」と題する論文である。これは京都の便利堂が刊行していた『美術史』第三〇号に掲載されたものである。便利堂は美術印刷にすぐれ、一九七二年に見つかった高松塚古墳の壁画の撮影も担当した。石田論文は、ぼくの所属した大学の研究室でも、発表された直後によく話題になった。

石田氏は町田家本の「洛中洛外図」の左半隻《そう》に描かれている寺、神社、公家屋敷の位置関係を検討し、地図のうえにそれぞれを落としてみた。するとその位置が扇状、つまり放射線状に点在していて、扇の要が相国寺の塔ノ段であることを突止めた。

このことを石田氏は高い一定の場所から俯瞰《ふかん》した結果におこったと考えた。その塔ノ段には相国寺の七重の大塔があったのだから、画家は大塔の上から眺めたと仮定した。

室町時代の相国寺には、明や朝鮮との外交についてまとめた『善隣国宝記』の作者として知られている端渓周鳳がいて、一つの漢詩をのこしている。

端渓は相国寺の住持をもつとめ、五山の寺々を支配総括する僧録司《そうろくし》をしたこともある。その詩は「塔上晩望」と題している。

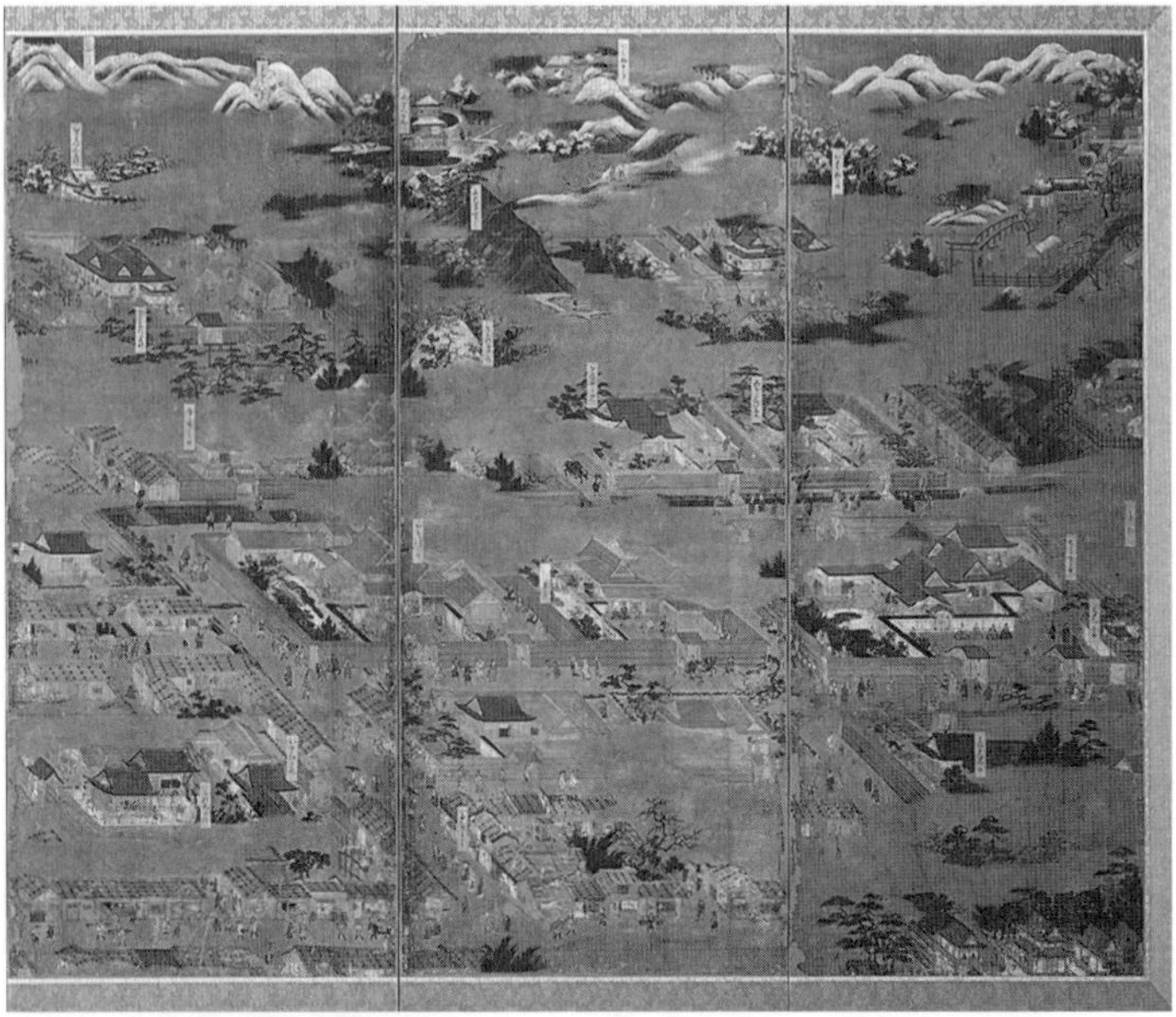

（左隻、国立歴史民俗博物館蔵）

七級浮図洛北東　登臨縹緲歩晴空
相輪一半斜陽影　人語鈴声湧晩風

浮図は浮屠《ふと》ともいって梵語で塔のことである。ぼくなりに読み下してみよう。

七重の塔は洛北の東にある。

昇って眺めてみると縹緲《ひょうびょう》として晴れた空を歩いているようである。

相輪には斜陽の影がさしだしている。

どこからか人の話し声と鈴の音を、夕暮れの風が伝えてくれる。

後に述べるように、相国寺は五山文学の盛んなところだったが、この詩にもその一例をみることができる。この詩は『山城名勝志』に五鳳集を引用したとして掲載されているものだが、石田氏の研究で端渓の詩集「臥雲稿」に

洛中洛外図（町田家本）

本はまだないようである。

石田論文に啓発され感想を述べる。写本があって刊塔にはこの詩にうかがえるように、寺の実力者は登ることがあっても普通の画家は登れそうもない。ぼくの体験でも日本の寺の塔に登ったことはなく、中国の西安《シーアン》市にある大雁塔《だいがんとう》には汗をかきながら最上階まで登ったことはある。玄奘《げんじょう》がインドから持ち帰った仏典を漢訳した寺として有名だが、磚《せん》塔であって木造の塔ではない。

石田氏は相国寺の大塔は文明二年（一四七〇）まであったとしている。そうすると町田家本の「洛中洛外図」が制作されたと推定されている大永年間（一五二一〜一五二八）とは、五〇年ほどのひらきがある。

相国寺にある三人の墓
（左より藤原定家、足利義政、伊藤若冲）

ここからはぼくの感想だが、以上のことから町田家本の「洛中洛外図」の製作年をひきあげなくとも、別の「洛中図」もしくは「洛中洛外図」などが先行作品として存在していて、それを町田家本が参考にしたということであろう。

文明の初年の将軍は義政だった。義政が政治上の目的で「洛中洛外図」の制作をある画家に命じたのではなかろうか。上杉家本の「洛中洛外図」は、足利義輝が始めていた事業を、織田信長がうけつぎ越後の上杉謙信に贈るため狩野永徳に描かせたことはよく知られている。これと同様のことが義政のころにもあったのではないか、もしそうだとすれば「洛東の巻」で述べたように、ぼくの義政観が少し変わる。

五山文学と伊藤若冲《じゃくちゅう》

相国寺には室町時代の建物はのこっておらず、慶長一〇年（一六〇五）に豊臣秀頼が寄進した法堂《はっとう》がいちばんさかのぼる。禅宗の法堂は本堂というより、僧たちが問答をする講堂の役割があると常々おもっている。毎月一度は、東福寺の法堂から僧が問答をする大きな声が、ぼくの書斎まで聞こえてくる。

相国寺といって、ぼくの頭に浮ぶのは開山の夢窓疎石《むそうそせき》をはじめ、開基の義満を指導した義堂周信や絶海中津らの僧である。義堂と絶海とは宗教上の業績もさることながら、五山文学の双璧とたたえられるほど学問にもすぐれていた。義堂と絶海は四国のチベットともいわれる土佐の津野（梼原を含む）の出身である。前に津野を訪れたとき、このような山深い土地から二人の学僧が同じ時代に出たことは、日本文化の底力と感じた。

江戸時代の画家の伊藤若冲も、相国寺とは関係が深かった。若冲については「洛東の巻」の石峰寺で述べたが、力のある画家である。相国寺の僧大典は、早くから若冲の才能を見抜き親交があったため、多くの若冲の作品が相国寺に伝わっている。

二〇〇七年に境内にある承天閣美術館で伊藤若冲展がひらかれたとき、たいへんな人気で入場するまでかなり待ったということをよく耳にした。

大典との関係もあって、若冲の墓は相国寺にもある。本山墓地には義政の墓を真中にして、右に若冲、左に藤原定家の墓が並んでいる。時代は異なるが、それぞれ才能を発揮した三人の墓が並んでいるのはほほえましい。

第5章　山科盆地とその周辺

——山科陵から醍醐寺周辺へ——

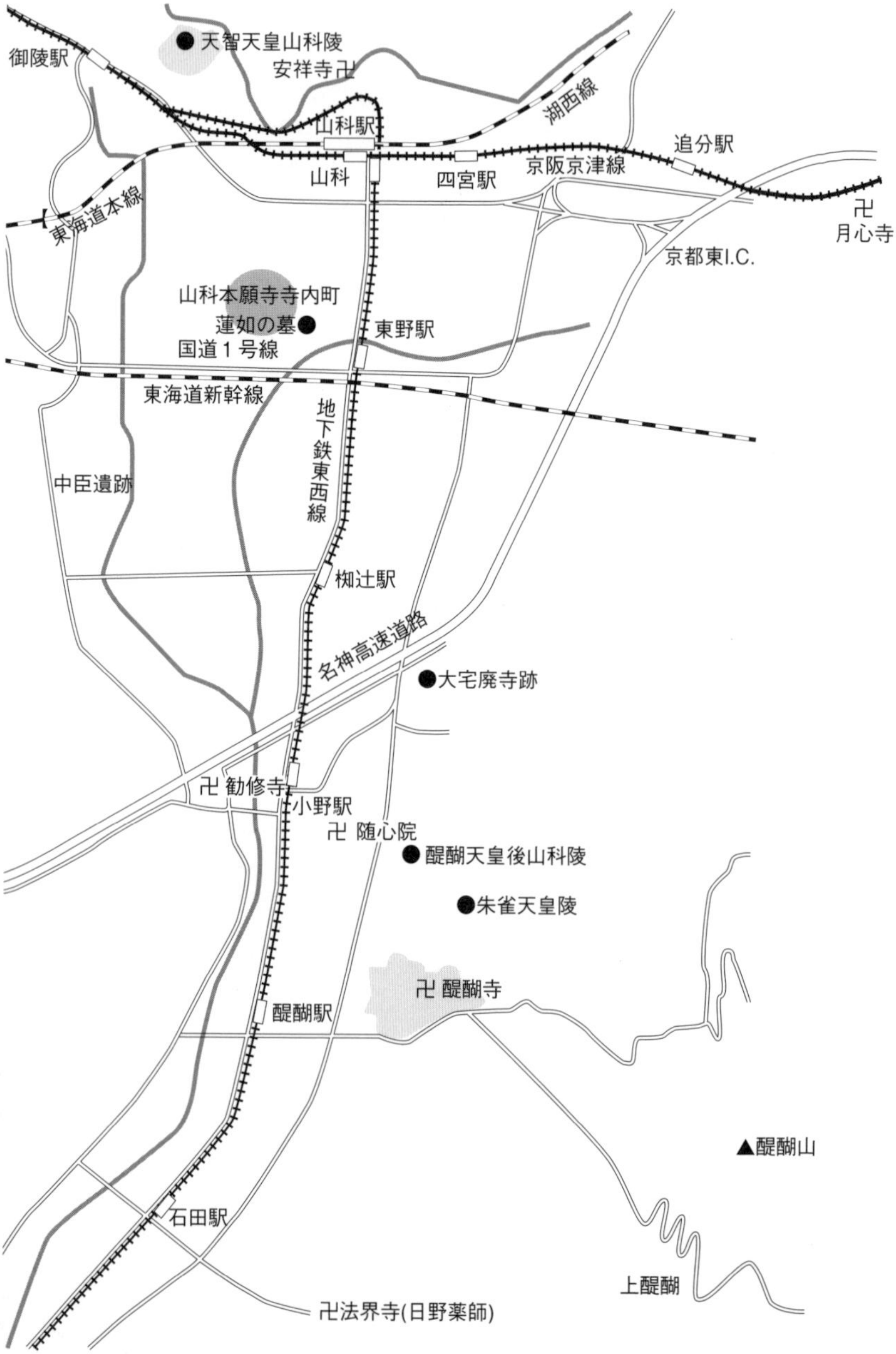
天智天皇山科陵
御陵駅
安祥寺卍
湖西線
山科駅
山科
四宮駅
京阪京津線
追分駅
卍
月心寺
東海道本線
京都東I.C.
山科本願寺寺内町
蓮如の墓
東野駅
国道１号線
東海道新幹線
地下鉄東西線
中臣遺跡
椥辻駅
名神高速道路
大宅廃寺跡
卍 勧修寺
小野駅
卍 随心院
醍醐天皇後山科陵
朱雀天皇陵
卍 醍醐寺
醍醐駅
醍醐山
石田駅
上醍醐
卍法界寺(日野薬師)

近江の大津宮と山科

山科《やましな》の語源はよくわからない。山科は奈良時代になると山階《やましな》と書かれることがあらわれ、科は階でおきかえのできる字であった。

科の意味のなかに、「きざはし」「階段」「段」もあるから、この地形は山と段とで特色づけられたのであろう。後で述べるように、この盆地は七世紀後半ごろから天智天皇を葬った山科陵の広大な兆域にとりこまれ、土地利用の様子が一変する。ことによるとそれまでは盆地周辺の山麓には、段々畠がひろがっていたのだろう。

天智の宮（都）は近江の大津にあった。大津宮という。この宮は大津村の地名を冠している。注意しておきたいことがある。近江に都をおくのは天智が最初ではなかった。

景行天皇は晩年に近江国の高穴穂宮《たかあなほのみや》に遷《うつ》りそこで死んでいる。地名からみると穴穂《あなほ》は今日の大津市にある穴太《あのう》とみてよかろう。穴太は大津宮の北部にあたっているとみられるから、高穴穂宮は重要な伝承として扱ってよかろう。景行の子の成務天皇も近淡海《ちかつあふみ》（近江）の高穴穂宮で政治をとりそこで死んだ（『記』）。

景行や成務は、大ざっぱにいえば古墳前期の大王である。二代にわたっての宮が近江にあったとする伝承は、天智の大津宮の前史を解くときに重視してよいことであろう。

『万葉集』にみる山科陵

『和名抄』によると山科郷は宇治郡に属していた。宇治郡の北部にあった山科郷の周辺には小野郷、小栗郷《おくるすごう》、岡屋郷、大国郷があって、さらに郡衙《ぐんが》のあった宇治郷が郡の南部にあった。

すでに前著「洛東の巻」で少しふれたことだが、宇治郡には木幡村《こばたむら》があって、大豪族の和邇《わに》氏の根拠地があった（『記』の応神の段）。おそらく交通の要衝の地にできた大きなマチだったと推定される。

奇妙なことに木幡を冠した郷名はなく、ぼくは大国郷がこの土地についての別称と推定している（『記紀の考古学』）。交通の要衝としての木幡村や山科村は大津宮ができたことによって、その重要性はさらにたかまったとみられる。

ところで木幡村や山科村、さらには大津村の「村」の単位についてである。村は正式の行政区分では使われていなかったが、長岡京の長岡村や平安京の宇多村など大きな範囲をあらわす地名としてしばしば使われていて、江戸時代の農村としての「ムラ」とは大きく異なる。山科村は貞観一四年（八七二）に山城国宇治郡山科村で渤海の客（使節）をねぎらっている（『三代実録』）。ぼくは木幡や山科が交通の要衝としての拠点集落（マチ）になっていたとみている。

天智は六七一年一〇月に大津宮で死をむかえた。その二年前の五月には弟の大海人皇子《おおあまのみこ》や内臣の中臣鎌足《なかとみのかまたり》らを従えて山科野《やましなの》で縦猟《かり》をしている（『紀』）。縦猟《かり》の意味は不明だが、それが五月だったことから薬猟《くすりがり》だったのではないかとおもわれる。なおこの記事では鎌足のことを藤原《ふじわらの》内大臣《うちつまへつきみ》としているが、これは潤色によって生れた表記である。というのはそのあとの一〇月に、天智は鎌足の家へ行って病気の鎌足を見舞い、数日後に東宮大皇弟《ひつぎのみこ》（大海人皇子、皇太子になっていたようである）を派遣して大織冠《だいよくかん》と内大臣の位をさずけ、氏名を藤原に改めさせた。藤原鎌足という人名はこの時からあらわれるのである。

このときの『紀』の記事では藤原内大臣家としか書いていないが、鎌足の家として名高いのは

「山階の家」あるいは「山階の陶原《すえはら》の家」である。これは『帝王編年記』や『今昔物語集』巻一二などで述べられている。藤原氏の家伝である『藤氏家伝《とうしかでん》』(『寧楽遺文』下巻)では、その私第《しだい》(自宅)とは別の淡海の第《だい》(家)で鎌足は六六九年一〇月に死んだとしている。

六六九年には、天智が山科へ行っているのは、おそらく鎌足のすすめで死後の陵の場所を決めるという目的があったとぼくはみている。

山科野から御廟野へ

天智は六七一年に近江宮(大津宮と同じ)で死んだ。死の直前には宮で火災があったり、大海人皇子が近江をでて吉野に去るなどの、さわがしいことがおこっている。

『万葉集』には天智の死にさいしての「天皇崩時」に作られた七首の歌がおさめられている(二の一四九―一五五)。さらに注目してよいことがある。冒頭に「一書に曰はく、近江天皇(天智)聖躰不予《ふよ》御病急《にわ》かなる時、大后の奉献る御歌」としてあげられている一首(一四八)は、歌の内容からみて天智の死のあとに作られたものであって、七首のすぐ前においている理由がよくわかる。大后とは倭姫王である。

青旗《あおはた》の　木幡《こはた》の上を　かよふとは　目には見れども　直《ただ》に逢はぬかも

青旗は山に使われる枕詞である。この歌では山科でなく木幡がでているのは、山科盆地の入口の木幡でその地名をいったのであろう。また木幡のほうがよく知られた地名だったからであろう。歌の意味は、「(山科の南の)木幡の空を天皇の御魂が通っているのは、目には見えるけれども、もはや直接にお逢いできない」であろう。

この場合の木幡は山科盆地全体をさしたものか、それともヤマトと通じるという意味で木幡が使われているのか、それと歌の冒頭に「一書に曰く」と不可解な註をいわれたことなど問題の多い歌である。

注目してよい歌がもう一つある。「山科の御陵《みはか》より退散のとき額田王《ぬかたのおおきみ》の作った歌（一五五）」である。

やすみしし　わが大王《おほきみ》の　かしこきや　御陵《みはか》仕ふる　山科の　鏡山《かがみのやま》に　夜《よる》はも　夜《よ》のことごと
昼はも　日のことごと　哭《ね》のみを　泣きつつ在りてや　百磯城《ももしき》の　大宮人は　去《ゆ》き別れなむ

この歌によると、天智の死にさいして、山科陵が埋葬をすませられる程度にはできていたらしいこと、さらに御陵のあったのが山科の鏡山であることなどが読み取れそうである。

それにしても「昼も夜も泣いてばかりいた大宮人（官僚）が、立去ってしまったあとの静かさはいっそう悲しい」という、少し冷《さ》めた歌だとぼくは感じる。

額田王は大海人皇子とのあいだに十市皇女《とおちのひめみこ》を生んだ宮廷詩人でもあった。この歌から、山科陵はどこまで整備されていたかは別にして、墳丘は完成していてそこに埋葬したとおもう。

周知のように天智の死の直後に、天智の子の大友皇子と天智の弟である大海人皇子とのあいだで皇位争奪の壬申の乱がおこり、天智の正式の葬儀はおこなわれた形跡はない。それもあって後世には、「天智が山階郷へ行ったとき、山林にはいってしまい、どこで亡くなったかはわからなくなり、沓《くつ》のあったところを陵にした」というような話が『扶桑略記』や『帝王編年記』に語られていて、そのような噂話が盛んにささやかれたようである。

ぼくは古代の天皇陵のうち所在地のはっきりしているのは、天智陵（御廟野古墳）と天武・持統陵（野口王墓古墳）の二つをあげているが、天智陵については整備の完成した時期の問題はのこる。これについてはさらに先で述べる。いずれにしても天皇陵ができたことによって、山科野の地名よりも、御陵がある野としての御廟野《ごびょうの》がよく使われるようになる。

山科陵の造営に関するとみられる『万葉集』の額田王の別の歌（巻一の七）があり以下で点検しよう。

秋の野の　み草刈り葺《ふ》き宿れりし　兎道（宇治）の宮子（都）の　仮盧《かりいほ》し思ほゆ

意味はすぐわかるのだが、これは山科のある宇治（地域の総称）へ行って、御陵選定のための仮の宮居としての都をこしらえたときを回想しての歌とぼくはみる。天智天皇の八年（六六九）のことと推定される。

歌の調子がよいので中学生のころからよく口ずさんでいたのだが、山科陵造営にまつわる歌だとはいままで気づかなかった。長生きしていてよかった。

山科陵を考える

一昔前の考古学の本では、天智陵を上円下方墳の代表としてあげてあった。

しかし最近、宮内庁の技官による墳丘の観察がおこなわれ、上八角下方墳であることが確実になった。

山科陵への参道

ＪＲ東海道本線の山科駅から北西約一キロ、国道一四三号線（旧東海道）の北側に御陵への参道の入口がある。この参道は文久の修陵で造られたものだが、その道を北へ約五〇〇メートル歩くと墳丘正面のご拝所につく。そこから先は入れないが、目を凝らして眺めると墳丘の高まりのあることがわかりだす。

山科陵の上段が八角であることは江戸時代に注意されていた。京都の地誌としては早く（元禄一五年）に成立した『山州名跡志』の宇治郡の天智天皇陵の項に、陵の別名が鏡山であるとしたうえ、「コノ陵ニハ古《いにしえ》上ニ八角堂有リテ宸影《しんえい》ヲ安ンズ」とある。しかし応仁の乱で兵火にかかったが柱礎はのこっており、八角だった様子はわかるとしている。

陵上に八角堂のあった例は、河内の誉田山《こんだやま》古墳（応神陵）の後円部の頂にもあった。この堂は江戸時代にはのこっていた。奈良時代の瓦が使われており、奈良時代に起源のある八角堂とみられる。

幕末（嘉永二年）に作られた『廟陵記』の天智帝の項では、「山城国宇治郡山科郷陵村御廟野」にあるとし「切石ニテ上ノ段八角、中段六角、下段四角」としている。

ぼくはまだ墳丘に立入って自分の目で観察する機会はないが、発表されている墳丘の図面から、基底部では一辺四二メートル、高さ八メートルの上八角下方墳でよいとみている。墳丘の斜面は切石で葺いているといわれており、これは終末期古墳でよく見られる手法である。

山科陵の拝所

先ほども述べたように、この古墳は天智の晩年から墳丘の工事がおこなわれていて、その死のときには一応の完成はみており、そこに葬ったとみられる。というのは、天武天皇のころにはすでに五戸の陵守（戸）がおかれていたとみられる。これは『令集解《りょうのしゅうげ》』の職員令《りょう》諸陵司の項に引いた「古記」のなかに、常の陵守として「山代国五戸」があるのが、山科陵の陵戸とみられる。

天智の埋葬の記事は『日本書紀』にはないが、これは死の直後に壬申の乱がおこったことによるのであろう。さらに乱のあと即位した天武天皇が、先帝の葬儀をおこなった形跡もない。だが『万葉集』には葬儀に関する歌がのせられていて、真相の一端がさぐれることはすでに述べた通りである。

『日本書紀』に、山科陵造営の潤色されたとみられる記事がある。吉野にこもった大海人皇子に、ある舎人《とねり》が伝えたこととして「自分が用事で美濃へいった。すると近江朝（大友皇子の勢力）が美濃と尾張の国司に山陵造りのため人夫を差し定めさせた。ところが、人ごとに兵器を持たせている。自分の考えではこれは山陵を作るためではない。必ず重要な事がおこるだろう。速に対策をとらないと危ないことになるだろう」と。

舎人のこの進言で大海人皇子は挙兵を早めることになったという。だがこの武装した人夫の記事をぼくは『日本書紀』の編者の作り話とみる。近江朝側がいち早く尾張や美濃から武装した人たちを集めていたのであれば、壬申の乱でいとも簡単に敗れはしなかったとみる。どうもこの個所は山科陵の造営記事としては使えそうもない、とぼくは考えている。

山科陵の兆域と中臣遺跡

『延喜式』の諸陵寮の項によると、山科陵は「山城国宇治郡にあり、兆域東西十四町、南北十四町、陵戸六烟」としていて、兆域、つまり墳丘を含む陵の占める範囲が例外的に広大だったことがわかる。東西南北とも一四町とすると、山科盆地の北半分の大半がすっぽりそのなかにはいってしまう。

この兆域は山科陵選定の直後、おそらく天智の存命中に決まったことのようにぼくは考える。山科陵より真南へ二・五キロの山科盆地の南部に中臣《なかとみ》遺跡がある。中臣といえば山科に陶原の家のあった中臣（藤原）鎌足が頭に浮ぶ。それもそのとおり遺跡の中臣はここの町名であり、遺跡のうちの古墳後期から終末期にかけての竪穴住居址群や掘立柱の建物址群は、中臣氏との関係が考えられる。

中臣遺跡には二度の盛期がある。最初の盛期は弥生後期から古墳前期の集落址で、約五〇軒の竪穴住居址のうち八割ほどが火事の痕跡をのこしていて、争乱にまきこまれたとみられている。古墳中期の空白期がすぎ古墳後期には大きく繁栄し、竪穴住居址六〇軒以上、掘立柱の建物址四〇棟以上の大集落であり年代の下限は平安時代におよんでいる。これらの調査は山科盆地の激しい住宅地化の波にともなって断続的におこなわれたため、全貌のつかみにくい点はある。

とはいえ、この地に中臣氏の一大拠点があったことは間違いなかろう。前記の山科陵の広大な兆域は中臣遺跡よりかなり北方が南限とみられ、中臣遺跡が兆域に含まれた形跡はない。山科の地に天智陵を築くように進言したのは、鎌足をおいてほかになかろう。

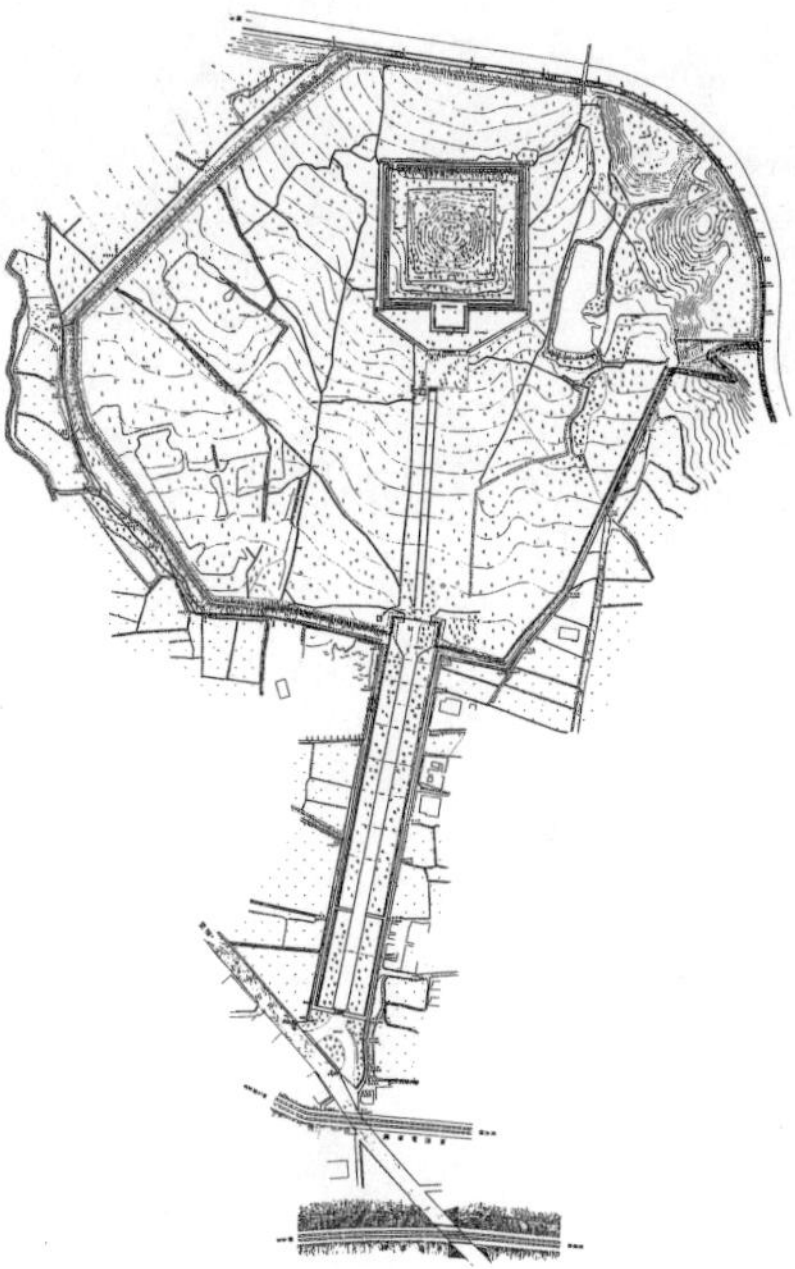
天智天皇山科陵
（宮内庁書陵部『陵墓地形図集成』より）

文武天皇三年（六九九）に越智《おち》山陵と山科山陵の営造（修造）がおこなわれている。越智山陵は大和国にある斉明天皇陵であって、斉明は天智の母である。文武天皇は天武天皇の孫だが母が天智の娘の阿閉《あへ》皇女（のちの元明天皇）であった。

このときの山科山陵の修造に派遣されたなかに、前に述べた山背《やましろ》の豪族の粟田朝臣真人《まひと》がいた。この修造によって山陵の整備がおこなわれたのであろうが、記事には動員された人夫の数はなく、前に述べたように墳丘の造営はすでにできていたのであろう。

奈良時代も中ごろになると、山科陵はたいへん重視されるようになり、天平勝宝六年（七五四）には山科陵だけに唐国からもたらされた信物（贈物）を献じており、このほか過去の天皇陵に遣《つか》いをだすときにはそれらの陵の筆頭にあげられはじめている。

平安時代になって一〇陵八墓が重視されるなか、山階（科）陵がその第一とされつづけた（『三代実録』天安二年一二月九日の詔など）のは、古代国家の成立における天智天皇の役割にくわえ、広大な兆域に守られつづけたからであろう。

山科陵の兆域にとりこまれ、したがってそれ以前に操業していたとみられる生産遺跡がある。須恵器《すえき》窯址と製鉄遺跡である。

このうち須恵器窯址群は山科窯址群とよばれ、いずれも七世紀代の前半から中ごろのものである。製鉄遺跡は御廟野古墳の墳丘より北の山の斜面にあって、鉄鉱石を原料としていたとみられるが年代は不明である。近江に多い古代製鉄遺跡の延長とみられる。これも山科陵の兆域にとりこまれる以前の操業と推定される。

山階精舎から山階寺への問題点

南都七大寺の一つの興福寺は、奈良時代に山階寺《やましなでら》ともしばしばよばれていた。他国の地名をつけた寺としてはヤマトにも紀寺、吉備寺、伊吉（壱岐）寺があったし、山城にもすでに見たように、出雲寺やつぎの巻で扱う平等寺《びょうどうじ》（因幡堂）もあったから珍しいことではない。

興福寺と山階寺との関係についてはかなり伝説めいた話になっているが、『今昔物語集』巻一一にある「淡海公、始造山階寺事」に概要をみよう。以下要約する。

中臣鎌足が中大兄皇子（のちの天智天皇）と一つ心で蘇我入鹿を討とうとした。そして丈六の釈迦と脇士（侍）の二菩薩を造ろうと発願した。（本願成就ののち）山階《やましな》の陶原《すえはら》の家に堂を建てて安置した。鎌足は大織冠《たいしょくかん》と内大臣になったあと死んだ。そこで太郎（本当は次男、長男は若死）の淡海公（藤原不比等）が父の跡をついで出仕し左大臣にまでなった。

（不比等は）元明天皇の和銅三年に山階の陶原の家の堂を解体して、いまの山階寺（興福寺）のところに運んで寺を造り、和銅七年に供養をした。この供養に（藤原氏の）氏《うじ》の長者としての淡海公も列席し、そのときの講師を元興寺《がんごうじ》の行信僧都《ぎょうしんそうず》がつとめ、その日の賞として大僧都となった。そのあとおいおい多くの堂や塔もでき、仏法繁昌の地になった。もと山階にあった堂だから、所は替わっても山階寺というのだ。これが興福寺である。

これと似た話は「興福寺縁起」にも伝えられていて、「週刊古寺を巡る」の『興福寺』には、「興福寺は鎌足が造立した釈迦三尊像を安置した山階寺（京都市山科）に始まる（中略）。山階寺はやがて（天武天皇の）遷都によって飛鳥地方に移り、厩坂寺《うまやさかでら》と称された。七一〇年、平城遷都とともに厩坂寺も奈良に移転し、いまの地に新しく興福寺が造営された」とある。

この二つの伝説めいた話から何を引きだせるか。それにしても山階の陶原の家に営まれた堂、つまり山階精舎は考古学的には関連しそうな遺跡はまだ見出されていない。とはいえ、その謎の寺を山階寺として興福寺の前身とする熱烈な信仰があったのも、一つの事実として見逃せない。

前に引いた『藤氏家伝《とうしかでん》』では鎌足の葬儀を山階精舎でおこなっている。『藤氏家伝』は同時代史料ではないが、奈良時代の中ごろには成立していたとみられるから、準同時代史料といってよかろう。ぼくが疑問におもう点の一つは、山階精舎がどのようにして山階寺にまで人々の信仰にまつわる意識のうえでふくらんだのか、ということである。

考古学的には山階精舎も厩坂寺も、寺跡といえる候補地はまだ知られていない。山科盆地の中央部の東よりに大宅《おおやけ》廃寺とよばれる寺跡はある。名神高速道路の開通やその後の隣接地の住宅地化にさいしての調査によって、飛鳥後期に建立された瓦葺の建物のあった寺であることはわかってきている。

大宅廃寺にたいして山階寺とみる説もあるけれども、ぼくは和邇《わに》氏系の豪族に属する大宅氏の氏寺説に傾いている。この寺跡のある大宅は山科郷内とするより小野郷内にあったとみられる。それと鎌足のときの山階寺のあった場所を「北山科の家」とする記事（『今昔物語集』巻一一の「山階寺焼、更建立間語」）があって、山科郷でも北寄りにあったとする伝えも参考にしている。

鎌足の山科の陶《すえ》（末）原の家の地名だが、全国に分布する陶《すえ》の地名からみて、須恵器窯のある（あった）土地とみられる。水戸彰考館に伝えられた一二世紀の「山科郷古図」では、山科陵は陶田北里にあったことになり、さらにその西方や南方にも陶田の地名がのこっていた。

これらを参考にすると陶原は山科陵に隣接したすぐ南方にあった可能性がつよい。その地は山科陵の兆域内に含まれる土地であって、ことによると山科陵のある土地そのものが鎌足の陶原の家であったことも考えられる。ただしこの付近に瓦葺の寺跡のあった証拠は見つかっておらず、興福寺の伝説にあるような興福寺の前身としての山階寺が本当にあったかどうかは疑問になる。とはいえ草葺のお堂があったことは考古学の分布調査ではわかりにくい。

すぐあとで詳しく述べる「安祥寺伽藍縁起資財帳」は貞観九年（八六七）に作られたものだが、その一節にこの寺の下寺の四至《しいし》（東西南北の境界）を次のようにあらわしている。

「東限諸羽山　南限興福寺地　西限山陵　北限山川」

これによって安祥寺の西が山科陵であることがわかり、安祥寺の南に興福寺地なるものがあったことがわかる。東にある諸羽山は今日もあって、その山麓に諸羽《もろはね》神社が鎮座している。興福寺地はJR山科駅の北方付近と推定され、今日も疎水のすぐ北に（安祥寺）下寺《しもでら》の法燈をつぐ安祥寺がある。この興福寺地というのは、山階精舎の関連の土地の可能性が高く、平安前期に奈良の興福寺が所有していたのである。

正史の『続日本紀』には山階寺についての記事が一〇回もでている。どの記事にも山階寺とだけあって、所在する国名の記載はない。しかし記事の内容から興福寺のこととみられている。

ぼくもそうだとおもうが、一抹の不安はのこる。というのはこれらの記事に先立って養老四年（七二〇）に造興福寺仏殿司が置かれていて、そこでは興福寺の寺名が使われている。ということで、『続日本紀』に一〇回でている山階寺の記事に、興福寺以外の山階寺の記事がまじっていないか、これは念のための注意点にしておこう。もし山階寺のどの記事も興福寺のことが確実であれば、本来の山階寺の存在そのものがあやしくなってくる。

奈良時代の山階寺についての正史（『続日本紀』）の記事が奈良の興福寺のものとしてみても、ぼくは山科陵と山階寺との関連についての可能性をまだ捨てることはできない。

山科陵と山階寺

八世紀中ごろから朝廷では、山階陵を過去の天皇陵のなかでは第一に崇《あが》める陵としての扱いをはじめている。前にもふれたが、とくに孝謙天皇の天平勝宝六年（七五四）には、唐国からの信物（贈物）を山科陵だけに奉《ささ》げるなど、特別の扱いがされだしている。

山科陵を筆頭に扱うことは平安時代を通して守られ、鎌倉時代の正治二年（一二〇〇）にできた『諸陵雑事注文』でも、諸陵の筆頭に「山科　天智天皇也」を掲げている。

一方、山階寺を寺々の筆頭に扱うことがあらわれだした。一例だけを示すが、聖武天皇は天平一〇年（七三八）に山階寺に食封《じきふ》一〇〇〇戸、鵤《いかるが》寺（斑鳩寺、法隆寺）には二〇〇戸、隅院（海龍王寺）には二〇〇戸、観世音寺に一〇〇戸を施入《せにゅう》している。

このうちの観世音寺は、筑紫で没した斉明天皇の供養のため、子の天智が大宰府に建立した官の大寺であり、山階寺にはその一〇倍の食封が施入されている。二番めにでている法隆寺も、寺伝では蘇我氏に暗殺された崇峻天皇への根強い供養をつづけていた（『天皇陵古墳』所収の「藤ノ木古墳と陵山古墳」の項）。

このことから、山科陵と山階寺とは所在する場所は異なるようになったとはいえ、山階寺は山科陵、つまり天智の供養のための寺という意識があって、特別の扱いがつづけられたのであろう。

天平一〇年の記事では山階寺の寺名になっていた。先に述べたようにそれより一八年も前に

「造興福寺仏殿司」の言葉が使われていたのだから、破格の食封《じきふ》（律令時代の俸禄）の施入《せにゅう》（喜拾《きしゃ》）にさいしてわざわざ山階寺の名を使ったとみられるのである。

『続日本紀』のこれらの記載をみると、奈良の興福寺へ山階寺が移されたことはまったくでておらず、むしろ興福寺が盛んに建立されつづけるころに、山階寺が朝廷との関係を深めたことを示す史料が継続してあらわれている。これは不比等の力によるだけではなかろう。それは山科陵が朝廷によって重視されていくことと、軌を一にしているとぼくはみている。ぼくの興福寺を見る目にもかなりの変更があらわれだした。

安祥寺をぼくが知った端緒

京都に住んで間もなくのころ、東山七条にある京都国立博物館を訪れた。考古の陳列室を時間をかけて見たあと、一階正面の仏像の陳列室へ寄ってみた。

そのころ古い仏像は奈良に多いとおもいこんでいたので、さほどの期待もなく足を踏み入れた。すると見事な五つの仏像群が安置されている。中央の大日如来は高さが一六〇センチメートルもある大きな像で、驚いてラベルを見ると安祥寺とある。

これらは「五智如来像《ごちにょらいぞう》」とよばれ、仏像研究のうえではいわゆる貞観仏《じょうがんぶつ》の基準作例として重視されていることを知るようになった。そのころのぼくは安祥寺がどこにあるのかは知らなかったが、妙に印象にのこった。

この仏像群は、もと安祥寺上寺《かみでら》の中心にあった礼仏堂、もしくはその背後の五大堂に安置されていたと考えられているが、上寺が南北朝ごろに荒廃しだし下寺の多宝塔に移されたのである。この多宝塔も明治三九年に火災にあった。たまたま仏像群は京都帝室博物館（今の京都国立博物館）に出陳されていたため、焼失を免れ今日まで伝えられている。

二度めに安祥寺の重要さを知ったのは、昭和三九年に刊行のはじまった『平安遺文』第一巻である。このシリーズは『寧楽《なら》遺文』につづいて竹内理三先生が編集されたものだが、最初これを買い求めるについては多少の戸惑いがあった。

というのは早くから古代学の大切さを提唱していたとはいえ、古文書に目を通すのは『寧楽遺文』まででよいとおもっていた。それぐらいしか能力的に無理だともおもっていた。しかし購入することにきめ、その後『鎌倉遺文』も書斎に備えるようになった。

『平安遺文』第一巻には、「安祥寺伽藍縁起資財帳」（以下資財帳と略す）と題するかなり分量の多い古文書が収められている。

その頃のぼくは、安祥寺の寺域の一部は「前《さき》の摂津国少掾《しょうじょう》上毛野朝臣松雄の松（私か）山一箇峯」を入手したと知り関心をもった。この山には前に述べた鉄鉱石があって、鉄を製錬した遺跡がある。

もう一つは安祥寺の「資財帳」のなかに「船二艘《そう》」があることである。そのうちの一艘は「大津にあって二〇斛《こく》（の米）を載せる」ことと、もう一艘は「岡屋津にあって一五斛《こく》（の米）を載せる」ことが註記してあり、印象にのこった。

というのは、山科郷の山を関東から進出してきた上毛野朝臣《かみつけぬのあそみ》が所有していたことも面白いし、平安前期の山地形にある寺（山寺）が、寺から遠い近江の大津と山城の岡屋津に物資運搬用の船を配備していることも面白かった。

いうまでもなく、大津に配備された船は琵琶湖の水運用であるし、岡屋津は宇治郡岡屋郷にあって、巨椋湖《おぐらの》の水運、ひいては淀川を通って難波へ行ける拠点である。このように山寺といっても、ひたすら僧たちが山にこもって修業に明け暮れていたというわけではなく、経済活動をもおこなっていたのである。

なお岡屋は先ほどからよく出ている木幡《こばた》のすぐ南、宇治のすぐ北にあたる。このあたりのことは予定では、このシリーズの第五巻で扱うつもりである。なおこの「資財帳」では、安祥寺が近江国滋賀郡錦部郷大津村に庄屋をもっている記事がある。先ほど述べたように、大津宮の地名が大津村に由来するという出典はこれだが、おそらく「資財帳」の船は大津村の庄屋に置かれていたのであろう。

「安祥寺伽藍縁起資財帳」は、奈良時代以来の寺の資財帳のなかでは記載内容が豊かである。これは貞観《じょうがん》九年（八六七）に恵《え》（慧）運《うん》が作成し、寺の別当の坂上宿禰《すくね》斯文と参議大江朝臣音人の連署のもと太政官の印をうけ、太皇太后宮（藤原順子《じゅんし》）の御願によって建立された。それが貞観一三年で、『平安遺文』はその年の古文書として収めている。だが内容は貞観九年のものである。なお藤原順子は先の近江国大津村の庄屋もこのときに施入している。

藤原順子は仁明《にんみょう》天皇の女御《にょうご》で、文徳《もんとく》天皇の母である。さらに順子の父は藤原冬嗣《ふゆつぐ》である。だが安祥寺の建立をおもいたったころには、夫の仁明と子の文徳に先立たれていた。貞観七年には、仁明と文徳の両陵の聖霊や多くの人たち、さらに藤氏の含霊（亡き人びと）の菩提を弔うために、安祥寺で経を読ませている。順子自身もこの寺の完成をまたず、貞観一三年に死んだ。連署者の坂上氏と大江氏はともに山城に縁の深い氏に属していた。

恵運と「安祥寺伽藍縁起資財帳」

この寺を開いた恵運《えうん》について述べる。「入唐八家《にっとうはっけ》」という言葉がある。平安前期に唐に渡って勉強した僧たちで、最澄、空海、円仁、円珍とともに恵運がはいっている。これとは別に『入唐五家伝《にっとうごけでん》』という本があって、これにはその筆頭に恵運がはいっている。

余談になるが『入唐五家伝』のなかに、小栗栖《おぐるすの》律師常暁《じょうぎょう》がいる。恵運と同様に真言の僧で、小栗栖の地名からわかるように宇治郡小栗（栖）郷の法琳寺の僧である。法琳寺は現存しないが、小栗栖北谷町にある寺跡からは飛鳥後期の法隆寺式の瓦が出土する。だから寺ができたのは常暁よりもずっと前である。このように宇治郡からは恵運と常暁との二人の入唐僧がでており、宇治郡の文化的な底力を知るうえで注目してよかろう。

恵運は山城の安曇《あずみ》氏の出である。安曇は阿曇と書くこともある。安曇氏は諸国の海人《あま》を統轄した豪族である。海人といえば狭義の漁民を連想しがちだが、航海にたずさわる水夫たちをも含んでいる。安曇の同族は博多湾や大阪湾の沿岸、日本海や太平洋の沿岸さらに滋賀県や長野県の湖の周辺にも広く分布していた。

「資財帳」の冒頭には、恵運の経歴や安祥寺の建立までの話が恵運の行動中心に語られていて、寺の縁起資財帳としてはたいへんユニークである。

恵運と五島の那（奈）留島

ぼくが面白くおもう話を一つ紹介する。恵運が大宰府の観世音寺に講師《こうじ》として滞在していたとき、大唐の商人李處人と知りあい、その船が帰るのに便乗することを願った。中国で修業するためである。

承和九年（八四二）五月に博多津で船にのり、肥前国松浦郡遠値嘉島《おちかじま》の那（奈）留浦についた。ここで船主は船を棄て、楠をさがして新たに船を織り作った。織り作るとは、構造船のような造船をいっているとみられる。三ヶ月を要して船は完成し、海に浮かべて中国の温州に着いた。それから恵運は五年のあいだ、巡礼や仏法の勉強をした。

中国へ渡る途中で船を造り替えた話は珍しい。ここからはぼくの推測になるが、大唐の商人李處人の持船は相当古くなっていて、それを那留浦のある五島列島の那（奈）留島で造り替えることを進言したのは恵運ではなかろうか。恵運は海人文化の担い手としての安曇氏の出であり、五島列島は良質の舟木としての楠を産し、造船技術者のいることを知っていたのだとおもう。

さらに注目してよいことがある。恵運は承和一四年（八四七）、それは唐の大中二年（正しくは大中元年、これは恵運の記憶違い）の夏六月に帰国することになった。このときも唐人張友信と元静らの船に乗り、明州（寧波）から帆をあげて東シナ海を横断している。

注目してよいことの第一は、往きも帰りも唐人（おそらく商人）の船を利用していること、第二の注目点は帰りも西南の風をえて、三昼夜で出発点と同じ小値嘉島の那（奈）留浦に戻っていることである。

当時の航海技術で出発点と同じ港に戻ることは、遣唐使船の実績からみると神業に近いことである。まして奈留島は小さな島である。唐人の操船技術が巧だったことに加えて、恵運が海人族の安曇氏の出であることが、どこかで関係しているようにおもう。

奈留浦のある奈留島は五島列島にある。奈留浦は、恵運の後に入唐した円珍も中国へ渡るさいに利用した鳴浦である。この島の湾の入口に、海蝕洞窟があって波をうけると鳴るという。地名はおそらく鳴が古い表記であろう。

五島といえば僻遠の地とおもいやすいが、そうではない。貞観一八年（八七六）に大宰権帥在原《だざいのごんのそちありわらの》朝臣《あそみ》行平が五島や平戸の重要性を奏上し、上近《かみのちか》と下近《しものちか》とがあることをあげ、壱岐嶋や対馬嶋と同じように値嘉《ちか》嶋として肥前国とは別に扱うことを提案した。

ここでいう嶋《しま》は、一般にいう小豆島や志賀島という場合の島とは違って、国に準じる行政上の用語である。だから対馬や壱岐では、国分寺のことを嶋分寺《とうぶんじ》といっていることでも嶋の意味がわかるであろう。

なお行平の建策のなかに、上近と下近がでている。これらも古くからの地域名である。『肥前国風土記』の松浦郡値嘉郷《まつうらのこほりちかのさと》の項で、北西九州を巡幸していた景行天皇が小近《おちか》と大近《おおちか》のあることを知り、安曇連百足《あづみのむらじももたり》を派遣した記事がある。恵運は安曇氏の出であることを強調してきたが、奈留島を含む五島と安（阿）曇氏との関係は、伝承とはいえ古くにさかのぼる。

行平の建策のなかで五島の豊富な産物にふれ、さらに大唐や新羅から来る人も、本朝から入唐する人もこの嶋（五島）を経由していることを強調している。

貞観一九年は、恵運が中国の江南と往復してから三〇年ほどたっていて、大宰府の官人も東シナ海の航海上での五島の重要性をますます知るようになっていたのである。以上のように恵運のなかに潜む海人の伝統には関心がたかまるけれども、稿を進めよう。

安祥寺上寺

「資財帳」によると安祥寺上寺《かみでら》は宇治郡余戸郷にあって、何度にもおよんでの寺領の寄進によって山五〇町の広大な敷地を占めるようになった。

「資財帳」に記された上寺の四至《しいし》（下寺の四至については先に述べたが）によれば、

「東限大樫大谷　南限山陵　西限堺峯　北限檜尾古寺所」

とあって、南には山科陵がある。

東と西はそれぞれ大谷と峯になっていて山地形であることがわかる。山科陵の北にある安祥寺山の一帯に寺地はひろがっていたのである。山科陵の真北に安祥寺があることはそれなりの意味があったのであろう。

余戸郷はこの「資財帳」にだけあらわれる郷名であって、山科郷のうち、広大な山陵の兆域など律令制での課税の対象にならない土地にできた区分ではないか、とおもう。

安祥寺は広大な寺地を有するとはいえ、実際に活用できる土地は限られていた。幅五〇メートルほどの舌状《ぜつじょう》に張りだした山脚上の尾根に、観音平の地名をのこしている。この平坦地に主要な建物が集中していたと推定される。

この尾根は東と西を深い谷ではさまれ、尾根上の平坦地で海抜三三〇メートルほどある。注意してほしいのは、ここへ至るには急斜面をよじ登るなど山道のないけわしい土地だから、案内人なしでの探訪はひかえるほうがよい。この寺の僧の日常生活はかなりきびしかったことが想像でき、長期におよんで存続しなかった理由も、不便な土地という点にあったのであろう。

観音平を踏査した人に京都国立博物館の景山春樹氏がおられるし、地形を測量したのは八賀《はちが》晋《すすむ》氏である。八賀氏はその成果を「安祥寺寺跡」として、博物館の紀要『学叢』三号へ一九八一年に発表した。

安祥寺上寺には「資財帳」によると礼仏堂と五大堂があり、このほか桧皮葺や板葺きの僧房、客亭、浴堂などがあった。礼仏堂と五大堂は瓦葺だったらしく古瓦が採集されている。浴堂を例にとっても、ここへはずっと下にある谷から水を運んだと推定されるから、寺男たちもたいへんだったと同情する。このように安祥寺上寺は山寺（山岳寺院）のなかでもきびしい環境にあって、恵運がどうしてこの地を選んだのかについても関心はつのる。

安祥寺下寺

「資財帳」によると上寺《かみでら》とは別に下寺《しもでら》があった。広さは十町八段十二歩で、四至《しいし》については前に述べた。上寺と違って周辺に今日では多くの住宅地のある、ゆるやかな斜面の低地であって、その一画と推定される土地に江戸前期に再建された安祥寺がある。

ＪＲ山科駅の真北にあって、流れの早い疎水のすぐ北にある。だがふだんは門を閉ざしていて散策のできる寺ではない。

現在の安祥寺には明治時代に火災で焼失した多宝塔の跡がある。現存する建物のうち青龍権現社は江戸末期のものだが、もと上寺にあった鎮守とみられる。恵運が長安で修業した青龍寺と関係があるのであろう。この社殿からは景山氏によって、唐からもたらされた蟠龍石柱《ばんりゅうせきちゅう》が一九五三年に発見された。青龍寺の義眞から恵運がさずけられたものと推測されるが、このような重量物をも恵運は持ち帰ったのである。もと青龍権現社のご神体としてまつられていたものとみられる。この石柱は京都国立博物館に出陳されている。

門のすぐ右手に鐘楼があって、ここにはもと難波の安曇《あづみ》寺にあった嘉元四年（一三〇六）の製作銘のある釣鐘がある。安曇寺は大阪市南区の安堂寺町（安曇寺から変化した地名か）にあったといわれる。ただしこの地では瓦の出土はなく、創建期の安曇寺はもとの淀川に近い中央区高麗橋《こうらいばし》にあったとみられている。ぼくが『大阪府史』の執筆をしていたとき、京阪線の地下工事で多数の礎石が出土したことを知ったことがある。

安曇寺は恵運の出である安曇氏の氏寺であったことは、注目してよかろう。鐘銘には「摂州渡辺安曇寺洪鐘一口」（後略）とある。

この鐘がいつ安祥寺へ移ったのか、さらに安曇寺の歴史などについても後考をまつ。

以上のように信仰上での主要な建物は上寺にあったのだから、下寺のほうは上寺での僧たちの生活を支えるための施設が多かったようである。

上寺が先か下寺が先かの議論はあるようだが、信仰の面からみると安祥寺といえば上寺であって、この議論はあまり意味はなかろう。すでに前著「洛東の巻」で述べた稲荷社にしても、これから述べる醍醐寺《だいごじ》にしても、山上の社や寺から信仰は始まっている。

安祥寺の仏像（その一）

ぼくが京都国立博物館で四〇年前に見た安祥寺の仏像は、「資財帳」に仏菩薩像の項目の筆頭にあげられている五仏である。毗盧舎那《びるしゃな》仏像、阿閦《あしゅく》仏像、宝生仏像、観自在王《かんじざいおう》仏像、不空成就《ふくうじょうじゅ》仏像で、これらには「金押」と註記されている。

この仏像は久野健氏編の『日本の仏像』〈京都〉（学生社）に「五智如来坐像」として数枚の写真が収められている。一材製ではあるが布張りの上に漆をほどこし、一部には乾漆《かんしつ》がほどこされ

安祥寺五智如来坐像

ているという。貞観仏ではあるが、厳密にいって製作年は貞観よりも少しさかのぼるという意見もある。

先にもいったように、約四〇年前にこの仏像群を初めて拝観したとき、ぼくは強烈な印象をうけた。仏師の力量もさることながら、恵運の情熱が伝わってきたのであろう。

「資財帳」発見の顚末　安祥寺上寺の荒廃は平安後期に始まっており、「資財帳」には信じがたいことが奥書に追記されている。

保延二年（一一三六）のことだが、そのころ安祥寺の運営は勧修寺《かじゅうじ》《かんしゅうじ》に移っていた。勧修寺についてはつぎの項で述べる。JR山科駅の南方約四キロにある。

勧修寺の宝蔵の梁の上に、数十年、誰も気づかなかったが「資財帳」は置かれていた。（見つかった時）湿っていて損《いた》み、雨にぬれ多くの文字は読めなくなっていた。そこで勧修寺の寛信はそれを写させた。

至徳二年（一三八五）に東寺の観智院の賢宝がこれをさらに写させた。これが「観智院本」としてよく知られ、先に述べた『平安遺文』もこれによったものだった。だが残念なことに近代になってから行方不明になったという。なお賢宝がなぜ「資財帳」を写させたかについては、すぐ先で説明する。

安祥寺の仏像（その二）

景山氏は一九六〇年に「安祥寺上寺址について」を発表した。のち『史跡論攷』（山本湖舟写真工芸部、一九六五年）に収められた。

そのなかで、東寺の観智院に安置されている五体の虚空蔵《こくうぞう》仏にふれている。これらの像は『日本の仏像』〈京都〉のなかで、唐代の木彫《もくちょう》で恵運が将来したものとしている。五体ともそれぞれ獅子、象、馬、孔雀《くじゃく》、金翅鳥の大きな台座にのっていて、もと長安の青龍寺にあったと推定されている。

五体のうち騎馬の台座にのった像には、一五世紀の修理にさいしての墨書銘が台座の裏に記されている。概要を述べよう。先年（承和元年ごろ）、安祥寺の金堂（五大堂のことか）が大風で顛倒し、本尊がくだけて塵《ちり》や土に混ざりあった。予（賢宝）が参詣してこの惨状を知り、永和二年（一三七六）に勧修寺に申請して東寺の観智院にうつして修理した。このとき賢宝は、四四歳であった。

賢宝はこれらの像は恵運が将来したものであることを知っていて、先に述べたように「資財帳」を写させた。そのなかに「法界虚空蔵《こくうぞう》仏像壱軀《いっく》」にはじまり五体の名が列挙してあって「右

五仏綵色　各騎馬獣　並大唐」と註記している。

恵運が長安へ行ったころ、廃仏の嵐が吹きあれていて恵運はこれらの仏像を京都まで運んだ。途中の困難は察せられる。安祥寺上寺に安置はしたものの、お堂が大風で倒れ、仏像は塵土で埋まっていた。その惨状を賢宝が見て、これらの仏像をもらいうけ、修理もして、今日まで伝えられた。

賢宝は東寺の三宝といわれるほど実行力のある僧だったし、信仰の何たるかを知り抜いていたようである。これらの信仰財がいままで伝えられてきたことには、恵運と賢宝との、時を異にした合力があったことは見逃せない。なお観智院は春と秋に特別公開されるからそれを利用して拝観するとよい。この仏像にはつぎの巻で述べる予定である。

藤原高藤と勧修寺

安祥寺ができてから約半世紀のちの九世紀後半に、山科盆地の南部で一つの恋物語があって、これが勧修寺《かじゅうじ》の建立へとつながった。このことは『今昔物語集』巻二二に「高藤《たかふじ》内大臣語」として詳しく述べられている。高藤《たかふじ》は藤原冬嗣の孫の藤原高藤のことで、大納言や内大臣になった公卿である。

ぼくは高藤の事績についてはよく知らなかった。だが『延喜式』の諸陵寮の項の最後のほうに「小野墓　贈太政大臣正一位藤原朝臣高藤　山城国宇治郡小野郷にあり」とあって、死後に高い官位が贈られていることがわかる。それとも関連して前に述べた十陵八墓の制では、小野墓つまり高藤の墓も八墓に加えられた（延長八年一二月の「太政官符」）。ではどうして高藤は、死後にこのように丁重な扱いをうけたのであろうか。その発端は、南山城での一夜の恋の物語に始まっている。

高藤が一五、六のとき、南山階《やましな》（科）へ鷹狩に行った。夕方、天候が急に悪くなり、一軒の家に雨宿りをした。この家には板葺きの寝殿もあるから、普通の百姓の家ではなさそうである。年のころ四〇ばかりの狩衣《かりぎぬ》に袴《はかま》姿の男（家の主）がでてきて、高藤が連れていた馬飼（馬丁）に高藤のことを聞き、あわてて家のなかに戻った。主は妻とともにあらわれ、高藤の雨に濡れた衣類を着替えさせた。しばらくすると年一三、四の若い娘が接待にあらわれ、小大根、鮑《あわび》、干鳥などと酒をすすめた（以上のことは家の主のさしがねである）。小大根は前著「洛東の巻」の清水寺の項で述べた蘿蔔《おかね》（すずしろ）のことで、かなり高価だった。

ここで関連した余談を一つしたい。ホムタワケ（応神）が若いとき、宇治の木幡《こばた》村で美しい少女に会った。土地の豪族の和邇《わに》氏の娘である。娘の父は家を飾ってホムタワケを迎え、角鹿《つぬが》（敦賀）でとれた蟹をご馳走した。このとき少女とホムタワケとのあいだに生まれたのが、菟道稚郎子《うじのわきいらつこ》であった。稚郎子《わきいらつこ》は長じてから兄、仁徳と政権を争い、ついに自らの命を絶ったことはよく知られている。

この話は『古事記』に詳しいが、木幡村も宇治郡内にある。このように宇治郡という土地のことや接待の内容、さらに一夜の恋の結果までが類似しているのは興味深い。

六年たって高藤は、（東山の）阿弥陀峯《あみだがみね》をこえて山科へ行き、あの家を訪れると主が出迎えた。するとそのかたわらに五、六歳の女子がいて、高藤と「形ニ似タル事、露許《つゆばかり》モ不違《たがわ》ズ」である。一夜の契《ちぎり》の結晶であった。その家の主とは郡（宇治郡）の大領《だいりょう》（郡《こおり》の長官、郡司）の宮道弥益《みやじいやます》で

宮道神社

あった。

このようにして弥益の娘（列子）は高藤の妻となり、生まれた子は藤原胤子《いんし》とよばれ、宇多天皇の女御《にょうご》となった。胤子の生んだのが醍醐天皇である。

醍醐天皇は若くして即位した。これによって高藤も弥益《いやます》も破格の出世をし、弥益の家を寺にしたのが勧修寺であるという。寺の建立《こんりゅう》は胤子の発願によるとも、その意志をうけついだ醍醐天皇によるとも伝えられている。

『今昔物語集』ではこの話の最後に、弥益《いやます》の妻が東の山辺に堂を起こしたのが大宅《おおやけ》寺だとしている。おそらく荒れていた寺に堂を寄進したのであろう。さらに醍醐天皇の陵は弥益の家、つまり勧修寺の近くにあるともつけ加えている。醍醐の陵とは後山科《のちのやましな》陵のことだが、高藤の一夜の恋がさまざまのことを生みだしたものである。それにしても、高藤の墓も胤子の墓も醍醐の陵も、いずれも勧修寺の近くに営まれることとなった。

ここでぼくなりの疑問点を二つ述べる。宇治郡の大領の家が、どうして小野郷にあったのだろ

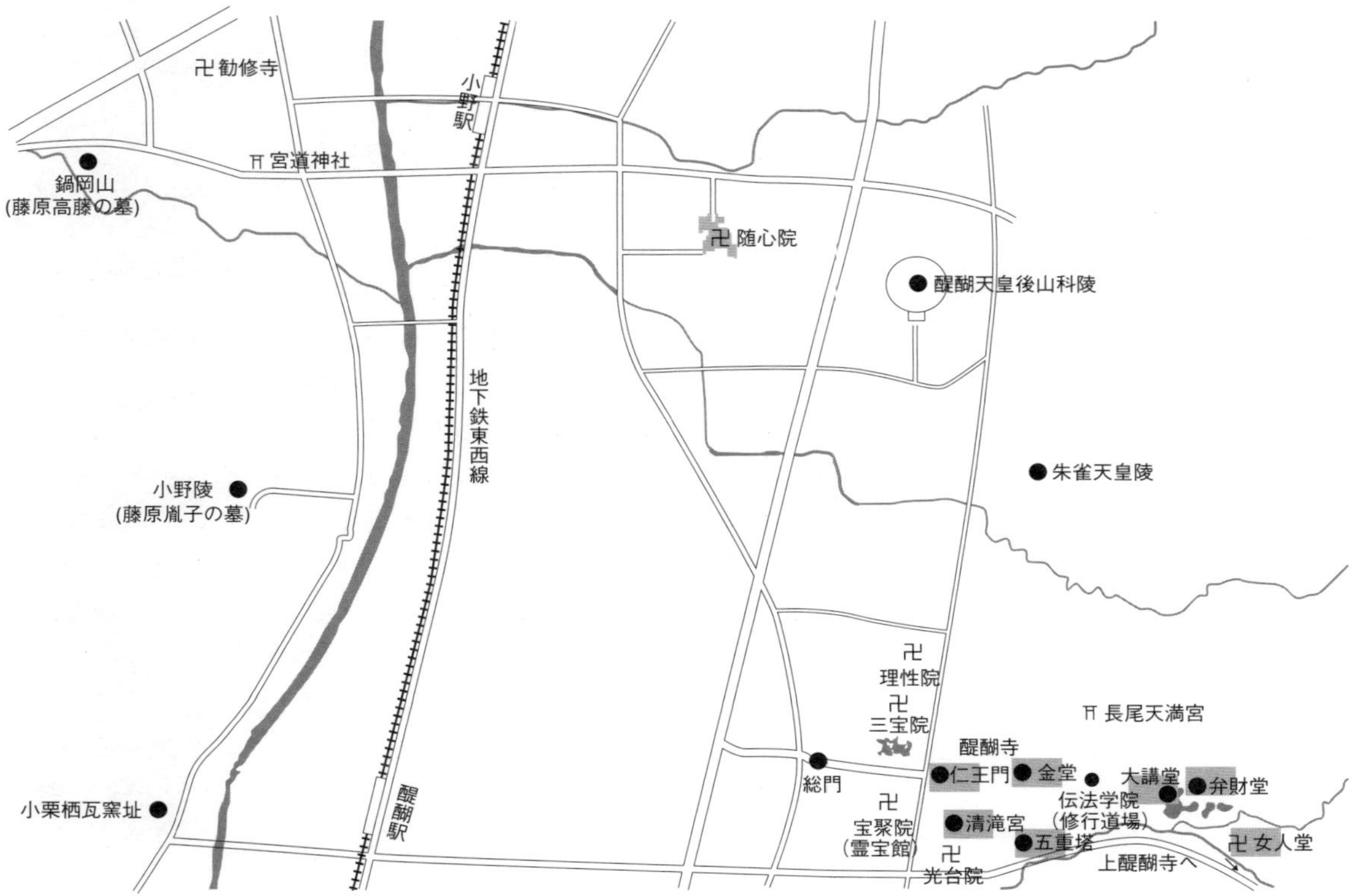
卍 勧修寺
小野駅
⛩ 宮道神社
鍋岡山
(藤原高藤の墓)
卍 随心院
醍醐天皇後山科陵
地下鉄東西線
朱雀天皇陵
小野陵
(藤原胤子の墓)
卍 理性院
卍 三宝院
⛩ 長尾天満宮
醍醐寺
総門
仁王門
金堂
大講堂
弁財堂
伝法学院
(修行道場)
醍醐駅
小栗栖瓦窯址
卍 宝聚院
(霊宝館)
清滝宮
五重塔
卍 女人堂
卍 光台院
上醍醐寺へ

うか。たまたまこのころは、小野郷の有力者が宇治郡の大領をしていたのか、それとも宇治郷の家とは別の私宅を小野郷にもっていたのか、読んでいて気になった。

今日も勧修寺のすぐ南側に小さいながらも宮道《みやじ》神社が鎮座している。豪族の宮道氏の名をのこしていて、ぼくはしばらく境内にたたずんでいた。

もう一つの疑問は注意点でもある。前に桓武天皇という呼称にふれて注意したことだが、醍醐天皇という呼称は帝の在世中にはなかった。もし「醍醐天皇が建立したのだから醍醐寺である」とおもいこんでいる人がいるとしたら、この問題に根ざす誤解である。

先ほどからぼくも「醍醐天皇が生まれた」などと気楽に書いたが、本来は諱《いみな》の敦仁《あつぎみ》親王なのである。醍醐《だいご》は後に述べるように泉からついた地名であり、醍醐寺という寺名は八坂寺や太秦《うずまさ》寺などと同じように地名をつけたものである。治世の元号をつけて延喜の帝ともいわれたが、一一世紀に成立した『栄華物語』では、冒頭に「醍醐の聖帝」と使われているのが早い使用例である。とはいえ煩雑になるので以下も醍醐天皇と使うことにする。

その後の勧修寺

勧修寺の建立年については諸説ある。寺伝では醍醐天皇の即位後の昌泰三年（九〇〇）である。『扶桑略記』では延喜五年（九〇五）に「勧修寺を勅によって定額寺となす」とあり、その頃には建立されていたのだろう。藤原高藤のことを勧修寺内大臣ともいう。ただし高藤は内大臣に任じられて間もなく没している。

以下もすでに述べたことだが、安祥寺が衰えだすと勧修寺が運営を担当しだし、安祥寺の「資財帳」も勧修寺の宝庫の梁《はり》の上に長らく置き放しになっていた。この「資財帳」を発見して写させた寛信とは藤原氏の出で、勧修寺の別当であり、東寺の運営にもかかわっていた。寛信がいなかったらこの「資財帳」は今日まで伝えられなかたのであろう。

鎌倉末期から、皇室からでた法親王がこの寺の門跡《もんぜき》となる仕きたりができ、明治初期までつづいた。このように門跡寺院となるにともない、御所の建物が下賜され書院や寝殿として使われている。ただし、ぼくは門跡寺院としての歴史には関心はない。

勧修寺の境内の庭園は広く、平安時代の趣を伝えている。久しぶりに訪れると、大勢の見学者で賑っていた。庭内の古池を栗栖野氷室《ひむろ》との関係で氷室の池ともいわれているが、栗栖野氷室は前に述べたように北山にある。それと、山科の池では厚い氷は張らなかったであろう。

宇治郡小野郷には勧修寺のほかにも門跡《もんぜき》寺院がある。地名をつけて小野門跡ともよばれる随心院《ずいしんいん》であり小野寺ともいった。

随心院と小野小町伝説

平安中期にこの寺を開くことになる仁海《にんかい》僧正が赤牛となった夢をみて、その牛を探しだして孝養をつくした。まもなくその牛は死んだので、その皮を剥《は》いで両界曼荼羅《りょうがいまんだら》を描《か》き寺の本尊にしたと伝える。これにちなんでこの寺のことを曼荼羅寺《まんだらじ》ということもあるし、山号を牛皮山といっている。なお仁海は俗姓は宮道《みやじ》氏と伝えるから、勧修寺の造営のため自分の家を寄進した宮道弥益《いやます》と同族であろう。

この寺はのち、皇室との関係ができ門跡寺院となった。建物は古いものでも江戸初期であるが、門跡寺院として表書院も奥書院も広く、金剛薩埵《こんごうさつた》坐像や阿弥陀如来坐像など、すぐれた信仰財がある。ぼくが随心院で注目しているのは、この地が小野小町宅跡という伝説である。小野小町は各地に伝説をのこしているが、平安前期に実在した歌人であり、六歌仙に数えられていることは周知のとおりである。『古今和歌集』だけで一八首の歌をのせ、その他の勅撰集の歌をあわせると六六首が知られている。美貌の持主といわれているが、小町についての史料は乏しく、伝説も検討材料にするほかかない。

秋田県湯沢市の雄勝町《おかちまち》付近には小町伝説が集中し、すでに江戸後期の歩く歴史学者として知られた菅江真澄《すがえますみ》もこの地の小町伝説を書きとめている。雄勝には、奈良時代に対蝦夷政策として築かれた雄勝城があった。

平安時代の女流作家のなかには、菅原孝標《すがわらのたかすえ》の女《むすめ》もその一例だが、父や夫が東北を含む東国に役人として赴任し、それに同行した例もある。だから小町の場合も、父（小野良実）が出羽国の役人（郡司）になったときに同道した可能性はある。前に述べたように東北を含む東国と京都との関係は想像以上に密接だったし、その地の産物への憧れも強かった。それに小野氏からは、奈良時代に蝦夷との戦いに動員された者がいた。鎮狄《ちんてき》将軍になった小野朝臣牛養《うしかい》や、雄勝城の造営に功のあった小野朝臣竹良などであり、出羽と小野氏とは関係が深かったのである。

このように一般論からいうと、東北に小町伝説があることはとくに奇とするにはあたらない。ところで、京都での小野氏の拠点は、前に述べたように愛宕《おたぎ》郡の小野郷と宇治郡の小野郷とがある。このうち各地との交通の便を考えると、宇治郡の小野郷がより優位にあったとみられ、随心院のあたりに小町の邸宅があったとする伝説は、小町はともかく、小野氏の拠点としては捨てがたい。つぎに、宇治郡小野郷の周辺での小町伝説に関係のありそうな事がらを検討しよう。

小町は壮年期には絶世の美人として誉《ほまれ》は高かったが、老婆になってからは、醜い肢体をさらし惨めな暮らしをつづけたという根強い伝承が早くから生まれた。このような老残の問題はどの人にも避けることのできない運命だが、それを小町一人に凝縮して語られたとみられる。このような伝承は「(小町女)壮衰書《そうすいしょ》」として早くに成立し、その著者を空海とするような俗説も生れた。

随心院にある小野小町歌碑

ぼくが手元においているのは『玉造小町子壮衰書』(岩波書店)である。玉造とは、東北での小町に縁のあるとみられた地名かとおもわれるが、詳しくはわからない。

ここで注目されるのは、この種の本の古い奥書のあるのは承久元年(一二一九)本だが、それは醍醐寺座主《ざす》憲深《けんじん》が三宝院で書写したものである。随心院と醍醐寺は至近の地にあり、ことによると、憲深が小町に関心をいだいた理由の一つが、地名の小野郷から小町にも親しさを感じたとみることもぼくは捨てがたい。

山科の小野郷の北方四キロに東海道の逢坂関《おうさかのせき》がある。平安時代には三関《さんげん》の一つになった。その関の近くに関寺《せきでら》があり、現在は長安寺になっている。滋賀県大津市に属しているが、京都府との境に近い。注意したいのは、関寺にも霊牛伝説があって、『今昔物語集』巻第一二に収められている。勧修寺の霊牛伝説とともにあわせて研究すればよかろう。

室町時代の世阿弥のころの謡曲（能）に「関寺小町《せきでらこまち》」があって、関寺の僧が近くの山中に庵を作って住んでいる老女（小野小町）に歌の道を聞く、というストーリーである。

関寺があったところより西寄りで、京都市内に入ってすぐのところの東海道の南側に月心寺がある。数年前にここを訪れたが、何度も前を通ったのに探せなかった。ぼくは寺らしい建物を頭に描きながら探したが、ふと気がつくと普通の家と見える建物に月心寺と書いた表札がかけてあった。もと画家の橋本関雪の別邸だったところで、水の多い庭園は見事だった。

月心寺に百歳のときの小町と伝えられる木像がある。開いた胸にはあばら骨が見え、垂れ下った乳房があらわされていて、確かに「壮衰」の「衰」をいやというほど感じた。それでも右手に筆を持ち左手に短冊をもとうとする姿に、歌人だったことを示そうとしている。江戸期の彫刻であろう。

この像を見ているうちに、小町の傑作といわれる

花の色は　うつりにけりな　いたづらに　わが身世にふる　ながめせしまに

の歌が頭に浮んだ。小町は死後にこのような老醜の像が作られることを予感していたかとさえおもった。彫刻としてはそれほど出来がよいものではないが、人生のはかなさを強く訴える小町像ではある。このような小町像は各地にあるようだし、絵画にもあるというが一例を見ただけで堪

能した。

小町の「壮」のころには美人だったことにくわえ、衣食住のどの面の生活のうえでも贅の限りを極めていたと、『玉造小町子壮衰書』では具体例をあげて記している。ぼくは古代人の食文化に関心をもったことがあって、その点からこの書物の食の部分を読んだことがある。そのなかの数例をあげよう。

「鱠《なます》は赬鯉《ていり》（赤鯉）の腴《つちずり》（腹の身）でないと口にしない」「臛《あつもの》は東河の鮎を沸かしたもの」。ここでいう東河とは平安京からみた鴨川だろうか。沸かすと煮るに微妙な違いがあるのだろう。「臓《しるもの》（汁物）は北海の鯛」。これは若狭の鯛のことか。ことによると甘鯛（グジ）を指しているのだろうか。さらに「麀の髄《ずい》」とあるのは鹿の肉ではなくズイを食べるということか。ぼくも牛のアキレス腱は食べたことはある。

ここでは食の達人の知識を描いていて、小町のことかどうかは別にしても、平安時代の人びとの食の知識が今日以上の域に達していたことがわかる。関心のある方は自分なりに検討してほしい。

二〇〇七年の夏、久しぶりに随心院を訪れた。書院は涼しく庭園の眺めも良い。それと驚いたのは「ミス小野小町コンクール」のポスターがあちこちに貼ってあるし、書院の前庭にも小町の「花の色は」の歌碑があったりして、小町を全面におし出している。この寺には小野小町文張《ふみはり》地蔵尊立像や卒塔婆小町《そとばこまち》坐像など小町ゆかりの品々もあり、ぼくも小町を描いた絵馬を求めた。伝説から歴史をさぐるには、まず積極的なＰＲが肝要となる。

醍醐寺《だいごじ》を知るまで

醍醐寺の名は子供のころから知っていたし、京都へ移ってからしばらくして訪れてみた。それ以来何度も見学したが、歴史をさぐるより花の名所としての醍醐の印象が強かった。醍醐の花見の歴史は古く、鎌倉末期の絵巻『天狗草子』にも醍醐の花見の様子が描かれている。その頃のぼくは、醍醐寺については断片的な知識をもっていたにすぎなかった。それを列挙しよう。

朱雀天皇が父の醍醐天皇の冥福を祈るため建立を発願した五重塔は、天暦五年（九五一）に完成した。この塔は文明二年の兵乱の災をもまぬがれ、京都市域では最古の建築物である。塔の高さで相輪《そうりん》の占める割合が大きく、川端康成や井上靖などの作家が、この塔のすばらしさを書いている。

この寺の子院のひとつ三宝院《さんぼういん》の殿堂や庭園は、豊臣秀吉が造営に積極的に関与したものとして名高く、入口のすぐ東にある唐門は伏見城の遺構として名高い。

晩年の秀吉はその権勢を背景として、慶長三年（一五九八）三月に醍醐寺一帯で大がかりな花見をひらき、「醍醐の花見」として世に喧伝《けんでん》された。花見の様子を描いた「醍醐花見図屏風」も伝えられてはいるが、ぼくには成り上り者の趣味の悪い道楽としかおもえない。まして慶長三年といえば、多くの武士たちが二度目の朝鮮出兵で塗炭《とたん》の苦しみを強いられていた。武士だけではなく、朝鮮の民衆の苦痛も計《はか》り知《し》れない。この悪趣味に加担した寺だから、ぼくはどうしても好感をもてなかったのであった。

このときの花見のため、近畿各地から七〇〇本の桜の木を移植させている。これは樹木のため

理性院
三宝院
総門
仁王門
金堂
長尾天満宮
伝法学院
(修行道場)
大講堂
弁天堂
鐘楼
宝聚院
(霊宝館)
清滝宮
五重塔
女人堂
報恩院
光台院
上醍醐寺へ

《下醍醐》

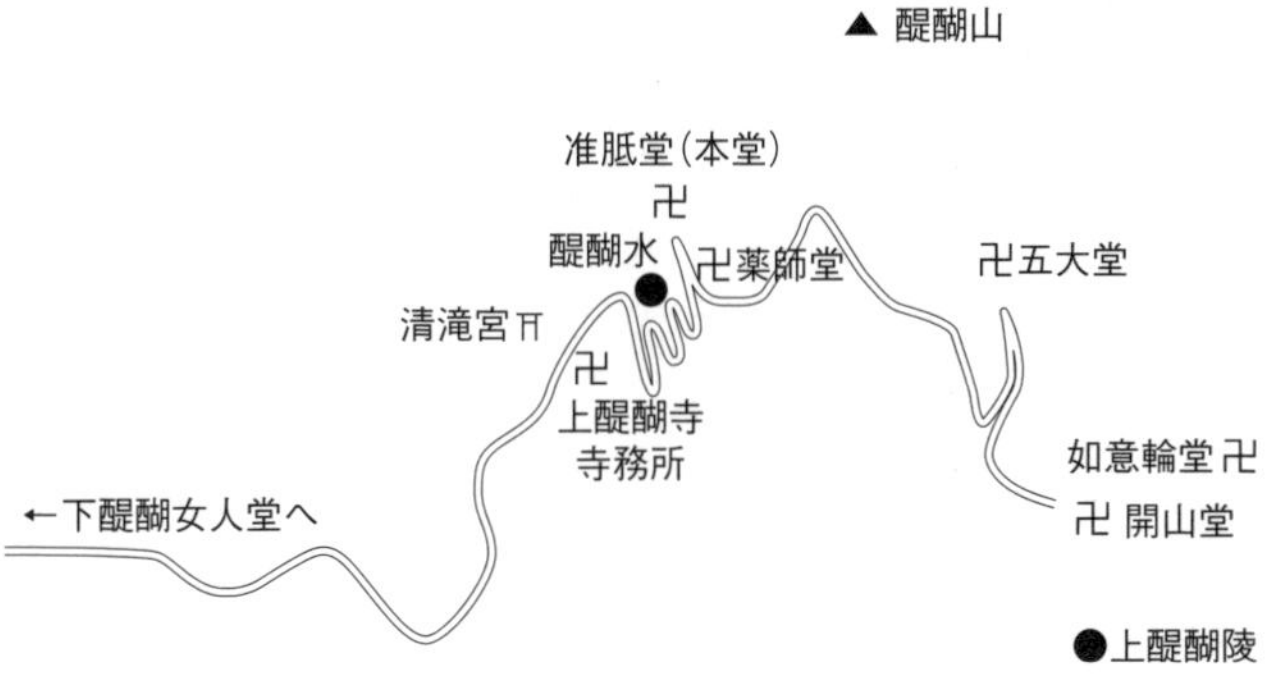

醍醐山
准胝堂(本堂)
醍醐水
薬師堂
五大堂
清滝宮
上醍醐寺
寺務所
如意輪堂
開山堂
←下醍醐女人堂へ
上醍醐陵

《上醍醐》

には残酷であるといってよかろう。そこには自然を愛でる心すらが失われていて、ぼくは、はなはだ不快である。だからあの頃のぼくには、醍醐寺、とくに三宝院には親しみが湧かなかったのである。

そうはいっても、この寺には注目してよい点もある。空海が嵯峨天皇に狸の毛の筆を献じたときの手紙「狸毛筆《りもうひつ》奉献表《ほうけんひょう》」が伝えられ、さらに俵屋宗達の描いた二曲一双の「舞楽図屏風」を所蔵している。躍動するリズム感のよくでた絵画で、ぼくは好きである。このように文化度の高い寺である点には敬意をはらっている。

何年か前に宝物をおさめた霊宝館を訪れた。このときは、河内の高貴寺の慈雲の梵字の書の展示があって、それを見るのが目的だった。そのついでに霊宝館の展示も拝見した。するとその直前（平成一三年）まで上《かみ》醍醐の薬師堂の本尊であった、平安前期の薬師如来坐像と脇侍の日光と月光の立像が展示されていて、作品の見事さに感心するとともに、上醍醐の薬師堂とは何かに関心がつのった。つまりこの日からぼくの醍醐寺観は変化しだしたのである。

上醍醐は、山麓にひらけた普通いう醍醐寺、つまり下《しも》醍醐の東方に聳える笠取山の山頂や山腹に建物群が点在していて、ここから醍醐寺の信仰ははじまったのである。つまり醍醐寺は山岳寺院として出発し、今日なおこの寺の信仰にとっては山が重要な位置を保ちつづけている。

その意味からは、不慮の災害に備えるための措置として、山上の薬師堂から薬師三尊像を山麓の霊宝館に移したのではあるが、本来の信仰からいうと最善の策とはいえない。後で述べるけれども二〇〇七年四月二日に、ぼくが困難は覚悟のうえで上醍醐に登り、薬師堂にも詣ることができた。このときこのお堂に薬師三尊像が安置されていたのなら、感慨はさらに深まったであろう。感慨こそ信仰の出発点である。

醍醐天皇が、延喜七年（九〇七）に醍醐寺を天皇の御願寺としたとき、建立されたのが薬師堂である。現在の建物は保安五年（一一二四）の再建だが、当初の規模を踏襲しており、桁行五間、梁間四間の桧皮葺《ひわだぶき》の建物である。これぐらいの規格の建物が、上醍醐には他にもあったのであろう。なお薬師堂は上醍醐での最古の建物である。

このようにぼくは長年、醍醐寺といえば五重塔のある下醍醐の寺のこととおもいこんでいた。しかしこれはたいへんな認識不足であった。創建期の醍醐寺は、笠取山の山頂や山腹に点在する上醍醐の寺のことだった。いうまでもなく上醍醐の寺は峻険な山岳寺院であり、今日も醍醐寺の信仰にとって重要な場所でありつづけている。下醍醐に寺の建物ができはじめるのは五重塔建立の三〇年ほど前からである。

くどいようではあるが、醍醐寺とは上醍醐（寺をつけていうこともある）と下醍醐（寺）の両方からなっている。この点、早くに上寺のほうから衰えた安祥寺とは対照的である。

上醍醐の下調

上醍醐について下調《したしらべ》を始めた。本当はもっと体力のあったころに登っておくべきだったが、いまさら悔やんでも仕方はない。何としても行ってみたい。だが下醍醐からの登り道はかなり険《けわ》しいようである。

ある本に、上醍醐には「近くまで車で行く事ができる」とでていたので、藁にもすがる思いでそのルートについて調べてみた。京滋バイパスの笠取で一般道へ出て、笠取山を北東から迂回して横峰峠までを車で入り、あと細い山道を歩くと、五大堂のすぐ下に出るようである。薬師堂へはそこから下り道となり、さらに下ったところに准胝堂《じゅんてい》があって、観音の霊場である。そのすぐ下に醍醐水とよばれる聖なる泉があるようである。この泉こそ醍醐寺の名の由来となったのであって、今回もっとも自分の目で確かめてみたい場所である。

横峰峠からの山の尾根道を五大堂からさらに東へと行くと開山堂へ着き、その先は近江の岩間《いわま》寺や石山寺へ通じていると聞いた。岩間寺は前に述べた越の泰澄がひらいたという伝承のある寺である。この尾根道は西国三十三カ所観音霊場をめぐる巡礼の道でもある。

後日談だが、祇園祭の山鉾のひとつ浄妙山《じょうみょうやま》の松村篤之介氏にお会いしたとき、「ぼくも上醍醐へやっと登ってきました」と伝えると、「あの道はたいへんでしょう。私は前に上醍醐から岩間寺をへて石山寺まで歩きました」とのことで、そこまで行けなかった自分を恥じるとともに、山の尾根道への認識を深めた。

一昔前の健康な人なら、山の尾根道を歩くことは日常茶飯事である。後醍醐天皇が元弘元年（一三三一）に金胎寺《こんたいじ》や笠置寺のある山へ逃げたときや、源義経の吉野入りの道筋もこの尾根道だった。ある意味では尾根道には今日の高速道路にも似た役割があった。このことはこれから述べる醍醐寺を開いた聖宝《しょうほう》を理解するうえで、重要事項となるであろう。

今日多くの人が下醍醐から上醍醐へ行くには、下醍醐でもっとも東にある女人堂から東へ向って山道をたどることになる。道はほぼ一直線ではあるが坂がきつい。健康な人でも一時間はたっぷりかかるという。道ばたには一町ごとに鎌倉時代の町石《ちょうせき》が立っていて、現在では上醍醐の本堂となっている准胝《じゅんてい》堂までつづいている。准胝堂の観音への信仰がたかまったころに町石は立てられたのであろう。

修験者としての聖宝

上醍醐に真言宗の聖宝《しょうほう》（理源《りげん》大師）が草庵を建てたのは貞観一六年（八七四）と伝えられている。そのときの様子は「醍醐寺縁起」（『史料京都の歴史』一六、所収）によってうかがうことができる。

各地の名山に登り、名高い巖（岩塊）をも踏みしめてみた修行中の聖宝が、深草のあたりより眺めると、東のほうの山に五色の雲がかかっていた。その山をたずねて登って行くと、笠取山の頂近くで一人の老翁があらわれ、そこに湧く水を醍醐味《だいごみ》だと教えてくれた。聖宝が精舎を建てる地を探しているというと、老翁は自分がこの山の地主の神（横尾明神）であるが、あなたに献上し、自分はその精舎の守護神になろうといった。聖宝がこの泉の近くに精舎を結んだのが、醍醐寺のはじまりになるという。

先ほどもふれたように、ぼくは二〇〇七年四月二日に鋤柄《すきがら》俊夫夫妻の協力で上醍醐行を果たした。通院生活のつづいているぼくにとっては、必死の行動だった。健康な人からすると大袈裟に聞こえようが、たまに地下鉄を利用し地上への階段を登るのに、途中二回は休憩している。自分でも上醍醐行きはかなり無茶だとはおもう。

横峰峠の入口には、登山者が使ってよい杖が一〇本ほど置かれている。下山の終った人が次に使う人のために置いておく仕きたりらしい。ぼくも女人堂の刻字のある一本を持って山登りを始めた。ふだんは杖を使わないが、この日は杖の有難さをいやというほど味わった。何人もの人が追い抜いていくが、一様に励ましの声をかけてくれる。

鞍馬寺のように山腹にやや広い土地があるわけではなく、尾根を利用して点々とお堂が設けられ、懸崖造の建物もある。これらの堂を使いわけたのだから、僧たちはよほど足腰が丈夫で気力があったのであろう。

薬師堂より少し下に本堂（准胝堂）があり、観音信仰で詣る人が多く、お堂の前には色鮮やかな旗がたくさん立てられている。ここから下るとすぐ下に瓦葺きの小さな建物が見え出し、そのなかに醍醐水の泉があった。よく見ると尾根の中央を馬蹄形に掘りひろげていて、そのなかに泉があった。このような土地の利用法は終末期古墳でよくみかける山寄せ工法である。この場合は古墳のある位置が泉の小祠になっていた。

この泉のすぐ南西に清滝宮《せいりゅうぐう》とその拝殿がある。横尾明神よりあとで勧請《かんじょう》（建立）されたのだがすっかり立場が変わってしまっており、ぼくには横尾明神との関係はわからない。山科の安祥寺にも青竜権現がある。醍醐では泉にちなんで、青竜のそれぞれの字に「シ、つまりさんずいへん」を副えたとも伝えられている。あり得ることである。

醍醐とは牛乳から作る酥《そ》（ヨーグルト）の最高のものをいい、「涅槃経《ねはん》」では「醍醐を服すれば衆病皆除かる」と述べている。食物以外のことにも応用される醍醐味という言葉のもとになった。このことからみると地名の醍醐は、この泉の水を酥《そ》にたとえたことから由来するのであろう。昔、山麓から山道を登ってきた僧たちがこの泉の水を口にしたとき、さぞかし甘《うま》かったことだろう。そういう状況を考えないと醍醐の水の有難さは理解できない。

上醍醐への道はきびしい。にもかかわらず聖宝以来この山での法燈がたえなかった理由は、堂を設けるより先に泉を確保できたからであろう。ただ残念だったのは、ぼくが訪れた日には「水は涸れています」の貼紙がしてあって、醍醐味を口にすることはできなかった。

ところで聖宝は皇族の末裔《まつえい》（天智天皇の子孫）ではあるが、入唐の体験者ではない。今までに述べたように、最澄、空海、円仁《えんにん》、円珍《えんちん》、恵運《えうん》などはいずれも入唐を実践していた。では聖宝にとって入唐体験に匹敵したもの、あるいは人びとがそれに匹敵すると認めたものとは何だったのだろうか。それは吉野や大峰、さらに葛城などの山での修業だったのであろう。

醍　醐　水

上からみた醍醐水のお堂

最澄や空海も山について深い知識をもっていたことは、それぞれ比叡山や高野山に寺を開いたことでも察せられる。聖宝の山での修業はさらに強烈なものがあったのだろう。聖宝が修験道の中興の祖とよばれ、今日でも醍醐寺は修験山伏の寺としての一面をもっている。吉野、大峰、葛城などの山での修業は、中国留学に劣らないほど人を鍛える場だと人びとが意識していたのであろう。

聖宝のことを理源《りげん》大師ということもある。これはそれほど古くからあるわけではなく、聖宝の八百年遠忌《おんき》にあたって、醍醐寺が申請して東山天皇の勅によって贈られた大師号である。宝永四年（一七〇七）のことであった。

ぼくの手元に明治一四年の『大峯山上　神変大菩薩報恩式　全』と題した木版刷りの小冊子がある。吉野の住人が作ったのである。

不動明王と金剛蔵王《ざおう》の図像のつぎに、役行者《えんのぎょうじゃ》と理源大師の姿が並べられていて、一九世紀に理源大師が修験道で崇《あが》められていたことを実感した。

役行者は役小角《えんのおづの》ともいい、修験道の祖とされている実在の人で、多くの彫像をのこしている。高い下駄ばきの姿は定番になっている。

理源大師の姿はたくましく、左手に錫杖《しゃくじょう》をもち、右手に仏具の独鈷《どっこ》を握り、足元は草鞋ばきである。

聖宝については、同時代史料からは詳しい人物像はうかがいにくい。豪胆な人だったらしいことは、鎌倉中期の説話集『古今著聞集』巻二に次の話がある。

少年期の聖宝は東大寺で修業をした。東大寺の東坊南第二の室には鬼神がいるといわれたが、聖宝はその部屋で暮らした。鬼神はさまざまの形で現れたけれども、聖宝は怯《おび》えることなく、鬼神のほうで退散したという。

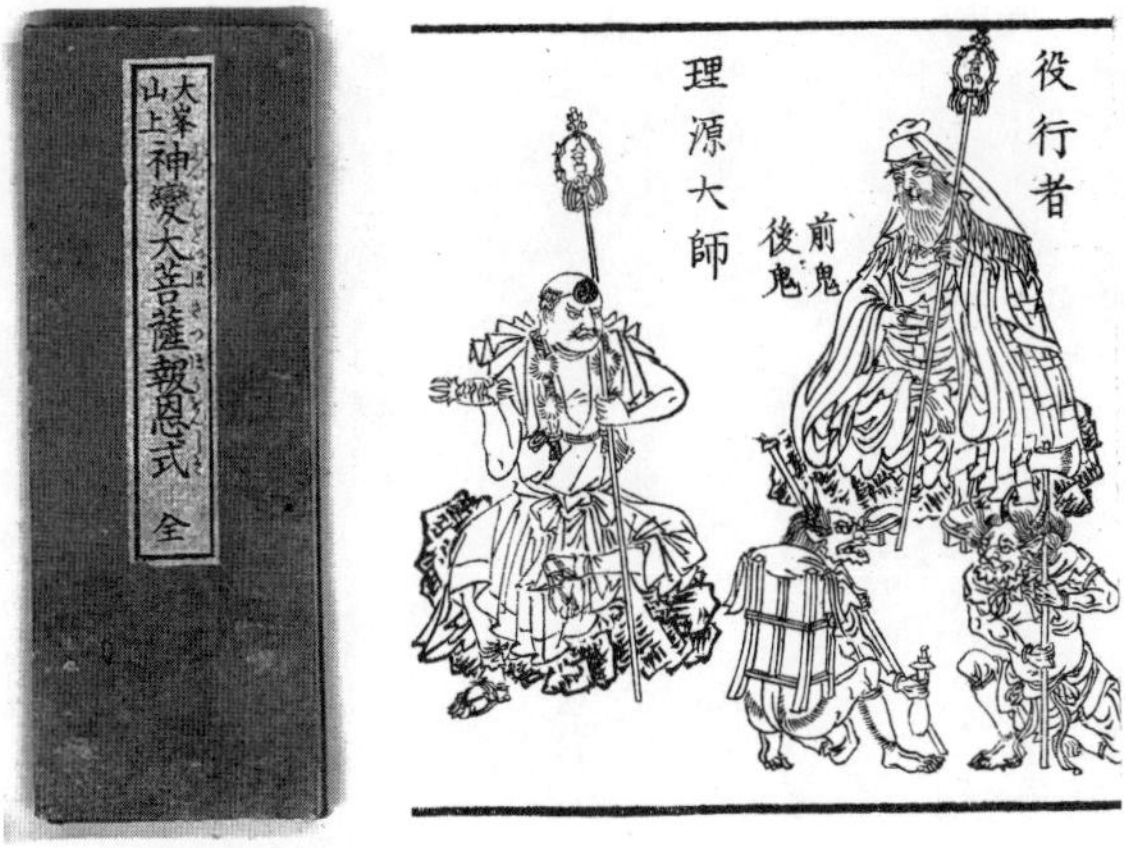

『大峯山上　神変大菩薩報恩式　全』の理源大師

いかにもありそうな話である。

聖宝と醍醐天皇がどのようにして接点ができ、親しくなっていったかについては細かくはわからない。聖宝が延喜九年に死ぬと、二年後に笠取山の頂上近くに開山堂（御影堂）が建立された。本来は廟的な建物とみられるが、文明二年の兵火で焼け、豊臣秀頼の再建したのが現在の建物である。

醍醐天皇は治世が長く、その期間を延喜の治とよばれるように比較的安定していた。天皇は延長八年（九三〇）に亡くなるとともに、生前の意思によるとおもうが、醍醐寺の北、笠取山の西に葬られ、醍醐陵といわずに後山科陵といって、天智陵が意識されていたとみられる。このことは天皇が帰依した聖宝の血脈が、天智天皇につながることと関係があるのだろうか。

醍醐天皇の子の朱雀天皇も、深く醍醐寺に帰依《きえ》した。

先に述べたように、下醍醐に現存する五重塔は、朱雀天皇が父の冥福を祈るため建立を発願《ほつがん》したのであるし、朱雀天皇が亡くなると、火葬された骨を醍醐山陵の傍に置き、山陵は営まなかったという（『扶桑略記』）。ただし現在、三宝院の北東に宮内庁所管の朱雀天皇陵があり、その北約五百メートルに醍醐天皇陵がある。この場合の醍醐山陵とは後山科陵《のちのやましな》のことである。

醍醐寺金堂への感想

総門から醍醐寺に入り、仁王門をすぎると右手に五重塔が、左手に金《こん》堂《どう》がある。桁行七間、梁間五間の入母屋《いりもや》造の瓦葺の平安後期の建築であって、国宝に指定されている。

この金堂も豊臣秀吉の権勢を背景に、高野山の木食応其《もくじきおうご》の入知恵もあって、紀州の湯浅の満願寺の本堂を堂内の薬師如来とともに移築したものである。満願寺は後白河天皇の勅願寺と伝える。金堂の移築は慶長三年の花見には間にあわず、棟札《むなふだ》によると、秀吉の死後の慶長五年四月に移築を終っている。他国の由緒のある寺の本堂を取ってしまったのである。

この建物の棟札は醍醐寺座主《ざす》の義演の草した文章だが、よその寺の本堂を取りあげたことには少しもふれていない。ぼくの人生観では賛成できない行為の多い寺である。

紀州の湯浅といえば、いずれ本書に続くシリーズの四巻で述べる栂尾《とがのお》の高山寺《こうざんじ》の明恵《みょうえ》の出生の地である。それにわが家の母方の湯浅家にゆかりのある土地でもある。本堂を強奪された満願寺が、その後どうなったかも気にかかることではある。

上醍醐行での想い出

二〇〇七年四月二日の上醍醐行のことをもう少し書く。結果的にはやはりぼくのいまの体力では無理だった。

帰りは下醍醐まで下り道だから大丈夫と軽く考えていたが、これは誤算だった。道が細く木の根が露出していたり、石がむき出しになっていたり、山砂利道だったりして、一歩ごとに様子が違う。一歩ずつ杖で体重を支えながら下りるのだから膝が痛みだした。醍醐水をすぎるとすでに四時すぎになっていて気はあせりだす。

この時間にも、かなり大勢の人たちが下から登ってくる。家族連れもあるし夫婦だけの組もある。なかには子犬をつれた女の人もいて、子犬も元気よく駆け上ってゆく。

かなり下ったところの右側に小さな谷があって、谷の砂利を簀《す》にいれては道の凹みに運んでいる初老の男がいた。休憩をかねて話を聞く。ボランティアの人のようで、下っていく人が「先生」と声をかけたところから察すると、定年まで近くの学校にでも勤めておられたかとおもう。急な坂道だから一度雨が降ると土砂が流れてしまい、道がいたむので直しているのだそうだ。ぼくはしんどかったので、話を充分には聞き取れなかった。

下山を再開する。秀吉の花見があったもっとも奥の槍山をすぎる。ここには説明板があった。女人堂まであと二丁ぐらいまでのところで、横峯峠の車を女人堂近くまで廻しに行ってくれた鋤柄俊夫君が登ってきた。ぼくを見るなり「背負います」といいだした。背負われて数歩行った。急な下り道だからこの姿勢はかなり不安定だと感じたとたん、どなたかが大声で「これでは駄目、両方から肩をかしましょう」といって、鋤柄君と二人でぼくを宙吊りにして、どんどん下りだした。何と先ほどぼくが休憩した谷ぞいで道直しをしていた人が、仕事を終えての下山途中だったらしい。あっという間に女人堂についた。五時を少しまわっていた。

ぼくが宙吊りで下りる間にも、なお山へ登っていく人びとがいた。なかには三〇ぐらいの女性一人というのもあった。この時間からの山登りでは、どこかのお堂で夜を明かすつもりの人であろうか。そこにはたんなる山登りではなく信仰が感じられ、いまなお聖宝以来の信仰が生きつづけているおもいがした。

それにしてもぼくは運がよい。ボランティアの男性が肩をかしてくれたとき、仏の出現かとも一瞬おもった。山を下りながらこの人は「先日も夜女性が一人崖から転落しました」とか、「あなたはまだ足がしゃんとしているから運びやすい」とおっしゃる。ぼくはこの方のお名前をお聞きしなかったが、とにかく幸運にも助けられ上醍醐行は終った。

寺内町《じないちょう》としての山科本願寺

山科盆地の最南端に日野の集落があって、すぐ後で述べる日野法界寺がある。この境内に浄土真宗の祖となった親鸞の「えな塚」と「うぶ湯井戸」があるし、日野法界寺に接して西本願寺派の日野誕生院がある。親鸞の父はこの地の日野有範で、日野が親鸞出生の地と伝えられている。

日野氏は藤原北家の流れをくみ、後醍醐天皇のときに過激な行動で命を落とした何人もの公卿を輩出しているし、足利義政の室の日野富子も、女傑として名をのこしている。

浄土真宗は今日では仏教界に大きな勢力を占めている。略して真宗ともいうし、少し古いいい方では一向宗とも門徒宗ともいった。親鸞からのかなりの期間は旧仏教（叡山）からの弾圧をうけるなどして宗勢はさほど振わなかった。しかし室町後期に本願寺八世としての蓮如《れんにょ》が現れるに至って、急速に宗勢が発展した。この場合の本願寺は、京都市東山の大谷にあった親鸞の廟である。この大谷の廟も再び旧仏教の攻撃で破却された。そのあとの拠点となったのが山科本願寺である。

山科本願寺とはいうものの、普通の寺ではなく周囲に堀や土居を配した寺内町《じないちょう》だった。ほぼ

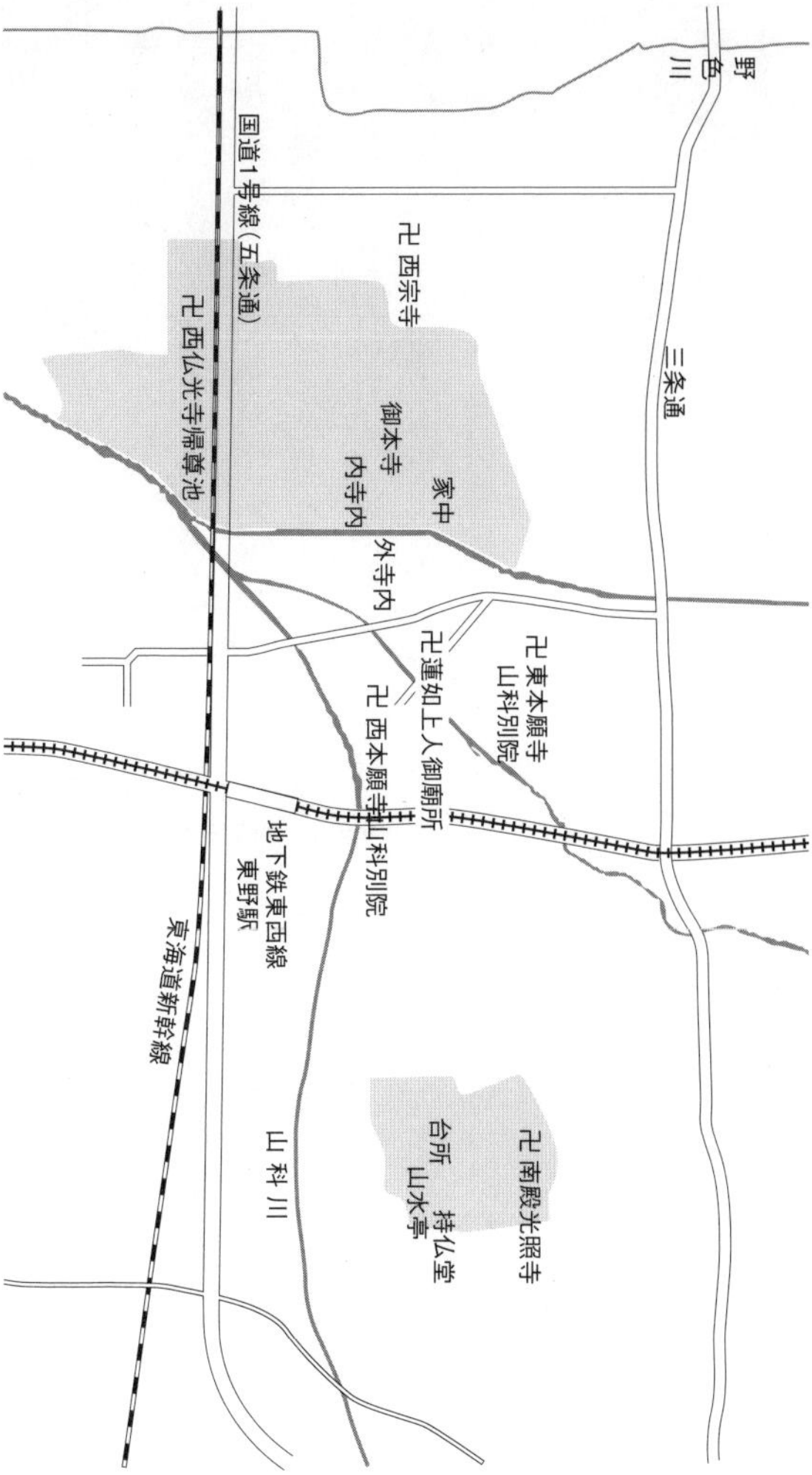

方八町の不整形の敷地をもち、信徒たちにくわえ、さまざまな職人が集り宿舎もでき、阿弥陀堂や御影堂《ごえいどう》を核とした宗教都市といってもよい。このようにして都市の観点での研究も多い。陸上交通の東海道に接していて、古代の山科村以来の伝統をうけた地である。

蓮如が近江、北陸、東海などの信徒の協力で山科に堂を建立し、寺内町建設にふみだしたのは文明一〇年（一四七八）である。そのさい、名主の海老名《えびな》五郎左衛門から土地の寄進をうけたともいうが、三宝院の土地だったという説もある。いずれにせよ山科本願寺ができるにさいして、海老名の力が大きかったのは事実であろう。海老名はのち西宗寺の開祖となったという。このようにして信徒の強力な結束もあって「山科本願寺の城」ともいわれ「寺中は広大無辺、荘厳ただ仏国の如し」（鷲尾隆康の『二水記』）ともいわれた。だがこのような信者の強い結束が、やがてその町を失う原因ともなる。

明応八年（一四九九）に蓮如は八五歳で死を迎えた。葬儀には数万人が群集したという。この数はあながち誇張ではなかろう。蓮如の墓（廟）は八角形に石を積み、もとの本願寺の寺域の一角に今日ものこっている。

ぼくは一九八四年に富山県五箇山の合掌造の民家群を見に行き、赤尾館という旅館に泊まった。前日は暗くなってから宿についたので気づかなかったが、朝早く起きると旅館の前が行徳寺であり、境内に赤尾道宗遺徳館があった。

道宗は蓮如の高弟であり、赤尾の道宗とも妙好人道宗ともよばれ、念仏一道の生活を貫いた人として知られる。武家政権に屈服したあとで、豪華すぎる伽藍となった京都駅前にある東と西の本願寺とは違って、行徳寺はごく質素な建物であり、本来の一向宗時代の道場を見るおもいで清々しかった。

この遺徳館には薪の上で寝る道宗の木像があり、報恩講の最中ではあったが、住職にお願いして拝見し「薪の上の寝仏」として一文を書いた（『新日本史への旅』西日本編、朝日新聞社）。

概説書では、蓮如の信者が北陸にいたなどと漠然と書いているが、拠点のひとつが秘境ともよばれる五箇山の行徳寺だった。このことを知り、蓮如を支えた信徒層の一端がわかったようにおもえた。

蓮如の墓

岩見護氏の『赤尾の道宗』（永田文昌堂）によると、「蓮如上人御在世の時、道宗は一年に二度も三度も上洛して、山科野村の御坊へ参った」とある。その山科本願寺もやがて約半世紀の役割を終えることになる。

蓮如の晩年には、北陸では武装した門徒による一向一揆の嵐が吹きあれ、加賀では守護の富樫正親を倒し、さながら本願寺の領国のようになった。一向一揆は、越前では古くからの仏教勢力であった平泉寺《へいせんじ》をも完全に破壊するなどを、おこなった。

かつてある民俗学者から「加賀では民俗学の研究がしにくい」とうかがったことがある。理由を聞くと

「一向宗が古い仕きたりなどを否定したからです」と聞き、大名を倒して百姓の国になったことしか知らなかったぼくの視野がひろがった。蓮如も北陸での一向一揆の動きには否定的態度を示していたとはいえ、それを止めることはできなかった。

山科本願寺は蓮如の死のあとも子の実如が法主をついだ。余談になるが、蓮如には二七人の子供がいた。大永五年（一五二五）に実如が死んだとき「八町ノ衆ハ片衣小袴ニ取太刀ニテ家々ノ前ヲカタメ申候也」（実如上人闍維《じゃゆい》中陰録）とあって、余分の猛々しさをおぼえる。闍維《じゃゆい》とは火葬、つまり葬儀のことである。

蓮如の孫の証如のときの天文元年（一五三二）に、細川晴元や近江の六角定頼の軍勢と京の法華宗の信者によって、山科本願寺は完全に焼き払われ、それ以後、大坂の石山本願寺へ拠点を移し、織田信長の勢力とも対立し、石山合戦をつづけるようになった。石山本願寺の跡地に、やがて大坂城が築かれることになる。

今日、山科本願寺のあった土地には、西と東の本願寺によって山科別院が設けられているが、江戸中期に建立されたもので、法灯がこの地で続いていたわけではない。

ぼくの家も昔は西本願寺の信者であって、父の葬儀はその系統の僧によって執行してもらった。母はそれよりも四〇年ほど長生きし、死が近づくと、万一の場合、お坊さん抜きの葬儀にしてほしいと強く訴え、葬儀は宗教色抜きで花を供えてもらうだけにした。

ぼくは赤尾の道宗のような僧には親しみを感じるが、京都のいまの真宗の僧から信仰の雰囲気を感じたことは一度もない。蓮如についても人間らしさは何度かは感じたが、一向一揆を含めてその行動力をどのように評価してよいのか、これにはさらに時間がかかりそうだ。

日野と鴨長明と方丈の庵

この巻は日野で終る。今日の日野は京都市伏見区であるが、ぼくの意識のなかでは山科盆地の最南部である。日野のすぐ南は宇治市木幡であるが、すでに述べたように昔は山科郷から宇治郷までが宇治郡だった。

延暦一四年（七九五）といえば平安京に都が遷って間もなくのときだったが、その年の三月と八月に桓武天皇は日野で遊猟をしている。この年だけでも日野のほか、河内の交野《かたの》、山城の柏原野、大原野、登勒野《とがの》、紫野《むらさきの》、栗栖野《くるすの》などで頻繁に遊猟をおこなっている。

これらの遊猟は娯楽としておこなう狩というだけではなく、天皇の存在を土地の人びとにお披露目するための示威行動だったようである。登勒野は栂野《とがの》のことかとおもう。

桓武は次の年の延暦一五年にも三月、十月、一一月の三回も日野で遊猟している（このほかの年は略す。『類聚国史』天皇遊猟の項）。

日野とはどんな土地だったのだろうか。太陽が山城のなかでは早く出る土地として、聖地視されたのだろうか。そういえば山科盆地北部に日ノ岡がある。ことによると山科盆地の全体を日野とよんだ時期があるのだろうか。あるいは焼畑による火野の可能性も捨て難く、後考をまつことにする。

日野は前に述べたように、真宗の開祖の親鸞の出生の地である。それとともに、平安末から鎌倉前期に生きた歌人の鴨長明《かものちょうめい》が、晩年に方丈の庵《いおり》を結んだ土地でもある。

長明は下鴨神社の摂社、河合《かわい》神社の神官の家の出でありながら、晩年には深く仏教にひかれるものがあって、日野に終《つい》の住家を作った。だが日野の庵で書いた『方丈記』を読んでも、どうして日野を選んだかについては説明されていない。

日野を選んだ理由はわからないが、日野での狭い庵には阿弥陀の絵像を中心に、普賢《ふげん》の像を配し、『法花経』や『往生要集』を置いていたから、方丈の仏庵だったといってよかろう。『方丈記』の最後は「時に建暦《けんりゃく》の二年、弥生のつごもりごろ、桑門《そうもん》の蓮胤《れんいん》、外山《とやま》の庵にしてこれをしるす」とあって、自らを桑門《そうもん》（沙門《しゃもん》）の蓮胤の法名で記している。一二一二年三月の最終日のことだった。なお仏庵という用語があるかどうかは知らないが、方丈の住家には仏間の占める空間が広く、長明はその東側に蕨《わらび》のほどろ、つまり伸びたワラビの茎を取って夜の床（寝床）にしていた。信仰の場と就寝の場が同じだったので、仏庵の言葉をぼくはあてた。

日野法界寺（以下日野は略す）を東のほうへと炭山道を七〇〇メートルほど行くと、江戸時代に建てられた長明方丈《ほうじょう》石があって長明の庵の跡ともいう。ただし長明の庵はもっと法界寺に近い山麓にあったのではなかろうか。

長明にとっての日野を考えるとき、忘れられないできごとがあった。一の谷の戦に敗れた平家の武将平重衡《しげひら》が鎌倉へ送られた。重衡は清盛の五男である。その重衡を先年の平家による南都焼打の首謀者として、南都の大衆（衆徒）へ引き渡すことになった。

『平家物語』巻第十一によると、奈良への道として「都へは入られずして、大津より山科どほりに醍醐路をこゆれば、日野はちかかりけり」とある。この日野に重衡の北方《きたのかた》が仮住まいしていた。重衡は今世のおもいでに北方に会うことを願い、それを武士たちは許した。

重衡はやがて木津の河原で、南都の僧たちによって斬られた。その頸《くび》を、法界寺のさるべき僧たちが相談して日野へ持帰り、荼毘《だび》に付して骨は高野へ送り、日野に墓をこしらえた。北方は重衡の菩提を弔う生活を送ったという。江戸中期の『山城名勝志』には、重衡の墓は法界寺の北五町ばかり茶園内にあるという。日野は栄華をきわめた平家の最後を語る悲しい土地でもある。

長明が日野に庵を設けたころには、すでに法界寺に薬師堂や阿弥陀堂があって、堂内の薬師如来像や阿弥陀像が信仰を集めていただろう。これからの影響を長明はうけたことであろう。じつはこの阿弥陀仏とお堂は、ぼくも若い時代から心に残る信仰財だったのである。

室町時代の連歌師の宗長が、大永六年（一五二六）に伏見や木幡をすぎて日野を通りかかった。法界寺は日野七仏薬師としてでていて、その門前を通り「鴨長明閑居の旧跡、彼重衡卿笠立やどりの跡、涙こぼれ侍し」と記している。おそらく長明と重衡二人の運命に涙をこぼしたのであろう（『宗長日記』）。宗長はこのころ、南山城の薪《たきぎ》の酬恩庵《しゅうおんあん》（現、京田辺市の一休寺）を拠点として、各地を旅していた。

日野法界寺の薬師堂と阿弥陀堂

法界寺は日野資業《すけなり》が永承六年（一〇五一）前後に建立をはじめたと伝える。そのさい日野家に伝わってきた最澄自刻といわれる薬師如来の小像を、新たに作った高さ八九センチメートルの木彫の薬師如来立像の胎（体とも）内に収め薬師堂を造営したのである。

醍醐寺でも説明したように、初めに上醍醐へ薬師堂が造営されたと述べたけれども、法界寺でも最初に造営されたのは現世利益《りやく》的な薬師像のためのお堂だった。この薬師堂には日野家の人た

日野法界寺の薬師堂

ちは病気平癒《へいゆ》のためしばしば詣っている。

注意してよいことは、胎内に小像を収めていることである。岐阜県の山間部の谷汲村《たにぐみ》（現揖斐《いび》川町）に最澄ゆかりの横蔵寺《よこくらじ》がある。この寺の薬師如来坐像には、胎内に最澄が唐から持ち帰った小金銅仏を収めている。胎内への収め方から「横蔵」の地名になったといわれている（『東海学事始め』の「最澄が授かった金銅仏」の項）。

仏の胎内に小さな仏像を収める（蔵《かく》す）ということは、人がお腹に赤子を宿したことに準《なぞら》えたのであろうか。法界寺の薬師如来像は、昔から安産と授乳にご利益がある乳薬師として信仰されている。なおこの薬師堂は昔からあった堂ではなく、火災によって失われていたので、明治時代に奈良の竜田の伝燈寺から移築したといわれている。棟木に康正二年（一四五六）の銘があって、室町時代の落着いた建物である。惜しいことは、胎内仏をも含め薬師如来像が秘仏であって、写真で見るほかない（『日本の仏像』〈京都〉の法界寺の項、学生社刊）。

右大臣藤原宗忠は日記『中右記《ちゅうゆうき》』をのこしたので名高い。『中右記』には法界寺の記事がすこぶる多い。宗忠の母が日野氏の出ということにもよるが、宗忠が法界寺に帰依《きえ》していたことにもよっている。宗忠は法界寺にいくつもの仏像を造り、堂塔をも寄進している。建久二年（一一九二）には塔を造りはじめ、数年かけて完成している。心礎と心柱の記事があるから古くからの伝統によった塔と推定される。

日野法界寺の阿弥陀堂

　宗忠は父の遺言もあって、丈六の阿弥陀像を製作し阿弥陀堂を建立している。中野玄三氏の『法界寺』によると、「法界寺には平安後期に少なくとも五体の阿弥陀像の存在していたことが文献によって推定される」という。文献とは『中右記』などである。

　今日の法界寺には一体の阿弥陀如来坐像を安置した阿弥陀堂がある。先ほどの五体のうちの一体であることは間違いないが、文献でのどの像にあたるかはまだ究明されていない。細かい穿鑿《せんさく》も大切だが、ぼくには平安後期の阿弥陀像というだけで充分である。

　高さ二・八メートルの像で定朝作といわれたこともあるが、宇治の平等院鳳凰堂の阿弥陀如来坐像（天喜元年、一〇五三年供養）にくらべると造形的に複雑になっていて、制作年を下げる説もある。いずれにしても

日野法界寺阿弥陀如来坐像

平安後期を代表する作品であって、若き日のぼくがその神々しさにうたれたのだった。

　光背も見事である。透彫《すかしぼり》技法でずらりと縦に配した飛天で飾っていて、各々の飛天の小像はしなやかで見ていると楽しくなる。

　この阿弥陀像を安置する阿弥陀堂は、単層ではあるが裳階《もこし》をつけ、桁行五間、梁間五間の宝形造で桧《ひ》皮葺《わだぶき》の屋根をのせている。鎌倉前期まで年代を下げる説もある。それは承久の乱（一二二一）で焼失し、その後間もなく再建されたことを想定しての考えではあるが、ぼくはこの堂だけが奇跡的にのこったとみている。

　このお堂でのもう一つの観察点は、内陣上方の漆喰の小壁にある壁画である。法隆寺金堂の壁画が火災によって損傷をうけてからは、唯一の壁画といってよい。そこに描かれている飛天が自由奔放な姿をしていて、ぼくは本尊の光背に彫られた飛天とも共通性があるとおもう。それと内陣の四本の柱にも仏画が描かれているが、壁画にくらべると型どおりの絵である。

　平安後期には浄土教の隆盛によって阿弥陀如来への信仰がたかまり、各地で阿弥陀堂が建立された。ぼくはその教義を信じているわけではないが、汎日本的なひろがりで、多くの人びとが阿弥陀に深く帰依《きえ》した事実には心がひかれる。

ぼくは昭和三〇年代に高等学校で日本史を教えていたが、都だけではなく、かなり遠い土地においても阿弥陀堂が建立され、今日にのこっていることに関心をもった。遺跡探訪のかたわら阿弥陀堂があれば足を運んでみた。

岩手県中尊寺の阿弥陀堂（金色堂）、福島県白水《しらみず》の阿弥陀堂、大分県国東《くにさき》半島の富貴寺《ふきじ》の阿弥陀堂へは早くに行ってみたし、南山城の浄瑠璃寺や平等院の鳳凰堂、さらにこの巻で取りあげた大原三千院の阿弥陀堂など、平安後期の人たちの信仰心には目をみはるものがある。

いまとりあげた法界寺の阿弥陀堂も、京都市内にあるとはいえ洛外にあって、ぼくも今回の拝観で訪れたのは二度めである。

この春に訪れて、庫裏《くり》で拝観の希望を申し出て少し待った。やがて住職がぼくたち夫婦を堂内に導き、じつに丁寧に説明してくださった。こういう体験は久しくなかったので、さわやかであった。ぼくたちが退散するとき、若い二人連れがあらわれ拝観を申し出たが、ぼくたちと同じように堂内へ導かれていった。法界寺はぜひ住職のおられるときに拝観することをお勧めする。住職の姿も堂内の風景によくとけこんでいた。

日野の裸祭り

法界寺で正月七日からの一週間、五穀豊穣を願って修正会《しゅしょうえ》が薬師堂でおこなわれる。その結願《けちがん》の一月一四日の夜、阿弥陀堂の広縁で水垢離《みずごり》をとった下帯姿の土地の少年や青年たちが、体をぶっつけるようにして踊る。両手を頭上で合掌して「頂礼《ちょうらい》、頂礼《ちょうらい》」と声をかけあいする。

これは日野の裸祭りとして知られており、このときに使われた下帯は安産のお守りになるといわれている。参詣者には長さ五〇センチ余りの柳の小枝につけた牛王宝印札《ごおうほういんふだ》がまかれ、人びとは

日野法界寺の裸祭り（中田昭氏撮影）

日野法界寺の牛王宝印札

争ってこれを手にいれ害虫除けの札にするという。

平安後期の文化財といわれる国宝の建造物が、今日なお土地の信仰のなかで若者たちによって生きつづけていることは愉快である。

あとがき

本書の執筆にさいして、古代から現代にいたる多くの書物を参考にしました。引用した個所には出典を記し、求めやすい刊行物がある場合はそれも併記しました。利用に困難をともなう場合にはそれを省いたこともあります。

今回も『源平盛衰記』について、加美宏氏からご教示をいただいた。深く感謝します。それとたびたびぼくの仕事場に立寄って、本書の執筆を励まし、さらに上醍醐行のぼくにとっては難行の実現に協力してくれた鋤柄俊夫君にも感謝します。

この校正をしている段階で、三冊目もお土居や高瀬川、西園寺家の北山殿や足利義満の金閣、北野天満宮、大徳寺などを書きあげ、ほどなく終ります。予想していたより快調です。

今の心境に近い古歌を一つ（一字はぼくなりに変えた）。

古《いにしえ》も　かくやありけん　今日のとおとさ

一日をおろそかにする人は人生を失いかねない。プロでもないのに二百回もゴルフをした防衛官僚など、一年にどれぐらい本を読むのだろうか。テレビに映しだされるその顔は読書人の顔ではない。ふとそんなことを考えました。

［索引】

人名・神名・文献・絵画資料

地名・遺跡・陵墓・神社・寺院

[著者略歴]

一九二八年大阪府生まれ。同志社大学大学院修士課程修了。考古学者。同志社大学名誉教授。和泉黄金塚古墳の発掘調査など多くの遺跡を調査。学生のころから、古代学を提唱。二〇一三年逝去。

主な編著書に、『対論　銅鐸』『対論　日本人の考古学』『三世紀の考古学』『唐古・鍵遺跡の考古学』『三輪山の考古学』『古代史を解くキーワード』『「東海学」事始め』（以上学生社）、『山野河海の列島史』『僕の古代史発掘』『記紀の考古学』『食の体験文化史』『考古学と古代日本』『古代史おさらい帖』『日本の深層文化』『倭人伝を読みなおす』など多数。

本書は2008年3月に刊行した初版の
新装版として刊行するものである。

2008年　3月10日　　初版発行
2018年10月25日　新装版発行

【新装版】
京都の歴史を足元からさぐる
［洛北・上京・山科の巻］

著　者　森《もり》　浩《こう》一《いち》
発行者　宮田哲男

発行所　株式会社　学生社
〒102-0071　東京都千代田区富士見2-6-9
TEL 03-6261-1474／FAX 03-6261-1475
印刷・製本／株式会社ティーケー出版印刷

ISBN 978-4-311-80102-0　C0021
N.D.C.216 272p 19cm